民國歷史與文化研究

四　編

第 **3** 冊

成都銀行公會研究
（1934～1949）

張　強　著

花木蘭文化出版社

國家圖書館出版品預行編目資料

成都銀行公會研究（1934～1949）／張強 著—初版—新北
市：花木蘭文化出版社，2016〔民105〕
目 2+248 面；19×26 公分
（民國歷史與文化研究 四編：第 3 冊）
ISBN 978-986-404-671-3（精裝）
1. 成都銀行公會
628.08　　　　　　　　　　　　　　　105012768

ISBN-978-986-404-671-3

9 789864 046713

民國歷史與文化研究
四 編 第三冊　　　　　ISBN：978-986-404-671-3

成都銀行公會研究（1934～1949）

作　　者　張　強
總 編 輯　杜潔祥
副總編輯　楊嘉樂
編　　輯　許郁翎、王筑　美術編輯　陳逸婷
出　　版　花木蘭文化出版社
社　　長　高小娟
聯絡地址　235 新北市中和區中安街七二號十三樓
　　　　　電話：02-2923-1455／傳眞：02-2923-1452
網　　址　http://www.huamulan.tw 信箱 hml810518@gmail.com
印　　刷　普羅文化出版廣告事業
初　　版　2016 年 9 月
全書字數　204297 字
定　　價　四編 6 冊（精裝）台幣 10,000 元
　　　　　　　　　　　　　　　　　　版權所有‧請勿翻印

成都銀行公會研究

（1934～1949）

張強 著

作者簡介

張強（1975.6 月生），男（漢族），河南固始人，四川農業大學馬克思主義學院（政治學院）副教授，歷史學博士。2010 年 6 月畢業於四川大學歷史文化學院中國近現代史專業，獲歷史學博士學位。現任職於四川農業大學馬克思主義學院（政治學院），主要從事大學生思想政治理論課教育教學工作，教任課程有中國近現代史綱要、馬克思主義基本原理概論、馬克思主義發展史等。在核心期刊上發表學術論文 10 餘篇，出版專著 1 本。

提　　要

　　民國時期的成都銀行公會是新式工商同業組織，也是成都現代化進程中的開拓者和推進者之一。作為近代成都金融領域中的自治團體，它的活動內容與影響常常突破經濟範疇而滲透到社會生活中的諸多領域，從而在近代成都社會變遷過程中有著十分重要的作用和影響。論文以民國時期成都銀行公會為研究對象，對 1934 至 1949 年間成都銀行公會的產生、發展、沿革進行了初步梳理，考察其從 1934 年產生至 1949 年結束這段時間內組織機構的演變、所從事的活動和事業以及與其它工商團體的關係，從工商同業組織現代化這一角度來論述成都銀行公會為促進行業發展所發揮的重要作用，並以此為例探討近代工商同業組織在社會經濟生活中的地位。基於這一思路，論文主要從以下幾個層面來探討成都銀行公會在推動成都金融業現代化過程中所作的努力及實際效應：從成都銀行公會的內部治理機構入手，考察它的組織設置及運行機制；通過對成都銀行公會的會員概況和基本功能的剖析，揭示它在謀求同業團結，維護行業秩序，推動金融業發展等方面的努力和實際取得的效果；通過對成都銀行公會從事活動的分析，揭示它在維護行業利益和輔助政府管理方面所具有的雙重職能；通過分析成都銀行公會的對外關係，挖掘它在成都社會生活中的作用和意義。

目
次

前　言

　　民國時期的成都銀行公會作爲新式工商同業組織，是成都現代化進程中的開拓者和推進者之一。作爲近代成都衆多社團中的一類獨特團體，它的活動內容與影響常常突破經濟範疇而滲透到社會生活中的諸多領域，從而在近代成都社會變遷的過程中有著十分重要的作用和影響。因而，研究成都銀行公會無疑具有較高的學術價值和理論意義。而目前有關成都銀行公會的系統研究暫付闕如。有鑒於此，本文以民國時期成都銀行公會爲研究對象，對 1934 年至 1949 年成都銀行公會的產生、發展、沿革進行了初步梳理，考察其從 1934 年產生至 1949 年結束這段時間內組織機構的演變、所從事的活動和事業以及與其它工商團體的關係，從工商同業組織現代化這一角度來論述成都銀行公會爲促進行業發展所發揮的重要作用，並以此爲例探討近代工商同業組織在社會經濟生活中的地位。

　　1927 年以前成都金融行業還沒有出現同業公會，僅有錢幫和兌換銀錢幫。由於兩幫仍然維繫延續著傳統的行會特徵，所以是幫會性質，不是現代意義上的工商同業公會。1927 年以後，爲適應新形勢的變化，這兩個幫會改組爲同業公會，分別成立了銀行錢業公會和錢邦公會，初具現代工商同業公會的性質。之後，國民政府命令整理民衆團體組織，錢莊、銀號組成銀錢業公會。但因當時成都只有中國、聚興誠兩家銀行是經財政部批准備案的合法銀行，不足建立銀行同業公會的法定數量，只好與銀號、錢莊合併成立銀行錢業公會。1934 年，軍閥戰亂結束，川局漸趨穩定，一批渝幫銀行來成都開拓業務，設立分支行處，使成都的銀行數量達到建立同業公會的法定數量。經過精心籌備，1934 年 5 月，成都銀行公會宣告成立。1934 年 5 月至 1943 年 8 月是成都銀行公會的委員制時期；1943 年 9 月至 1949 年 12 月是理事制時期。

　　抗戰爆發之前，成都銀行公會因成立時間不久，組織機構尚未健全，其主要活動是在尋找自我定位、自我完善中努力履行輔助同業發展的職責。如通過不斷完善內部組織機構而具有更多的「現代性」因素，以改進管理方式，更好的服務於同業發展；通過應對渝鈔風潮和地鈔危機，使金融秩序趨於穩定，維護行業整體利益；通過輔助政府推行金融政策，發揮了維護同業利益及協助政府行政的雙重職能。

　　抗戰爆發之後，以四川為中心的西南後方成為「國家民族最後生命之所寄託」，被認為是「復興民族最後之根據地」。因此，國民政府十分重視大後方的開發建設，國家銀行紛紛來川，為成都銀行業的發展提供了契機。同時，其它各省銀行或因省區淪陷，或因臨近戰區，也相繼來川設行，成都的銀行業可謂盛極一時。這一時期，成都銀行公會得到快速發展，其主要活動是輔助遵行各項戰時金融法規；組織會員參加各種無償捐獻活動；統籌會員承擔各類借貸款項。通過這些活動，成都銀行公會逐漸衍生出較大的社會效應，獲得社會各方的重視，成為成都社會生活中不可或缺的民間組織，也為抗戰的勝利作出一定的貢獻。

　　抗戰勝利之後，成都金融業在維持一段時間的繁榮後，便因內戰爆發而逐漸勢微。金圓券的發行更是對銀行業的致命打擊，許多私營中小銀行經受不住打擊，紛紛陷入破產倒閉的境地。這一時期，成都銀行公會的主要職責是組織會員銀行對中小工廠予以貸款，資助成都工商業的恢復與發展，以維持生產，安定社會。當然，成都銀行公會迫於政府威力，也曾協助國民政府催促會員銀行以銀錢外幣交兌形同廢紙的金圓券，損害了會員的利益。1949年12月，成都解放，半殖民地半封建社會的四川金融貨幣，至此全面崩潰。成都銀行公會就此解散，退出歷史舞臺。

　　基於上述分析，本文主要從以下幾個層面來探討成都銀行公會在推動成都金融業現代化過程中所作的努力及產生的實際效應：從成都銀行公會的內部治理機構入手，考察它的組織設置及運行機制；通過對成都銀行公會的會員概況和基本功能的剖析，揭示它在謀求同業團結，維護行業秩序，推動金融業發展等方面的努力和實際取得的效果；通過對成都銀行公會從事活動的分析，揭示它在維護行業利益和輔助政府管理方面所具有的雙重職能；通過分析成都銀行公會的對外關係，挖掘它在成都社會生活中的作用和意義。

導　論

一、研究緣起

（一）問題的提出及意義

同業公會是商品經濟發展的產物，「蓋當太古經濟問題發生後，由自然經濟時代，而進為貨物交易時代，乃所謂同業公會者，遂應運而生焉。」〔註1〕所以，「同業公會」這一名稱早已有之，只是這裏的「公會」之意在於「公眾之會」，與現代意思的「公會」之意相去甚遠。現代工商同業公會是一種新型的行業經濟治理機制，它產生於民國北京政府時期。「工商同業公會」這一名稱源自於 1918 年 9 月北京政府農商部頒發的中國第一個工商同業公會法規——《工商同業公會規則》，「吾國工商業團體，本於會館公所制度之精神，其稱為工商同業公會者，則始於民國七年頒佈之工商業同業公會規則」〔註2〕。工商同業公會以「維持同業公共利益，矯正營業上之弊害為宗旨」〔註3〕，它不僅在行業的自治與自律、整合與管理過程中起著不可或缺的作用，而且在維護各行業的同業利益，促進各行業發展乃至整個社會經濟生活的運轉進程中也發揮了令人矚目的影響，同時在很大程度上又是新的歷史條件下政府進行經濟調控與管理的重要市場中介組織。〔註4〕所以，工商同業公會很快成為

〔註1〕彭澤益主編：《中國工商行會史料集》（上），中華書局 1995 年版，第 115 頁。

〔註2〕工商部工商訪問局編：《商會法、工商同業公會法途釋》，1930 年印行，第 67 頁。

〔註3〕《農商部公佈修正工商同業公會規則令》（1918 年 4 月 27 日）。中國第二歷史檔案館編：《中華民國檔案資料彙編》第三輯「農商」（二），江蘇古籍出版社，1994 年版，第 844 頁。

〔註4〕參見朱英：《同業公會——中國近現代社會經濟史研究的新領域》，《華中師範

民國時期各重要行業的組織形式，全國各大都市與中小城鎮都出現興辦同業公會熱。

銀行公會作為工商同業公會之一種，它在中國的出現不是由傳統的會館、公所、幫會等傳統行業組織自然過渡而成，而是建立在近代新式金融形態──銀行產生與發展基礎之上，並在外國資本輸出加劇經濟侵略加深的情況下為與外資銀行抗衡而產生的。20 世紀初期，中國銀行業雖有所發展，但舊中國的金融市場一直為外資銀行所控制，各類新成立的銀行因缺乏健全的法制環境和行業內部的自律、監督機制而各自為政，缺乏整體意識，所以「對外既不足以抵抗洋商銀行之競爭，對內復互相競爭傾軋，不獨消弱本身之力量，致無力應付偶來之風險」〔註5〕。因此，為擺脫外資銀行及本國錢莊票號的束縛和夾擊，維護華資銀行的公共利益，並使其」矯正營業上之弊害」，加強銀行間的團結與合作成為當時中國銀行界的共識。有鑒於此，上海的銀行家們〔註6〕率先發起籌建銀行公會的活動。1918 年 7 月 8 日近代中國第一家銀行同業組織──上海銀行公會宣告成立。

銀行公會一經產生，便顯示了作為同業組織的重要作用。它對內謀求同業團結，改進業務經營，穩定金融秩序，推動行業整體發展，如籌設銀行業聯合準備委員會和票據交換所；對外在維護同業利益的前提下，努力加強對外聯絡，如參與社會公益事業，參與反帝愛國運動，充當商人與政府間的橋梁角色等。所以，銀行公會興起之初，當時的一些學者便紛紛撰文，初步探討了銀行公會的價值作用等問題，論證了建立銀行公會的必要性和重要性。如士誥在漢口《銀行雜誌》第 1 卷第 2 號上發表的《銀行公會效能之發揮》；陳行在該刊第 1 卷第 16 號上發表的《我國銀行公會與近代銀行發展之關係》；徐永祚在上海《銀行周報》第 2 卷第 30 號上發表的《論銀行公會之職務》。此外，徐滄水主編的《上海銀行公會事業史》（1925 年）一書，詳細介

大學學報（人文社會科學版）》2004 年 5 月。

〔註 5〕陳光甫：《我國銀行公會之回顧》，上海商業儲蓄銀行總行調查研究「論文譯著」，上海商業儲蓄銀行檔案，上海檔案館館藏資料：S275-1-2130。

〔註 6〕主要有錢新之、李馥蓀、盛竹書、宋汗章、張嘉璈、陳輝德、倪遠甫等人，他們是受過新式教育掌握近代經濟金融知識的有識之士。作為當時上海各中資銀行管理者，在中國金融領域嶄露頭角，並逐漸成長為對近代中國經濟金融發展起到關鍵作用的銀行家階層。參見童麗：《近代銀行家：中國金融創新思想的先驅（1912～1949）》，復旦大學 2004 年博士學位論文；張天政：《上海銀行公會研究（1937～1945）》，復旦大學 2004 年博士學位論文。

紹了上海銀行公會的組織流變及活動概況，展示了上海銀行公會早期的變遷軌跡。〔註7〕這些「當時代」人主要是經濟領域的學者，其論著大多是從保護行業利益、維護行業發展這個角度來闡明同業公會建立的必要性和重要性的。但由於論述較爲直觀，對現在的研究者而言，這類著文的史料價值更甚於其研究價值。

民國時期成都銀行公會〔註8〕作爲成都銀行業的同業公共組織，既是民國時期成都重要的金融同業組織之一，也是成都的一個非常重要的社團組織。其在成都金融業及成都經濟社會的現代化進程中扮演著不可或缺的角色。目前，就筆者有限查閱，有關民國時期成都銀行公會的研究僅在個別論文論著中稍有提及，或是在本地的方志中作一下通史性的介紹，而對民國時期成都銀行公會的組織狀況、職能作用及對外活動等，作系統梳理和論述的研究成果暫付闕如。有鑒於此，本文以民國時期成都銀行公會爲研究對象，考察其在 1934 年至 1949 年間組織機構的演進、所進行的活動和事業、及其與各工商業團體的關係。從工商同業組織現代化這一角度，論述成都銀行公會爲促進行業發展所發揮的重要作用。並以此爲例探討近代工商同業組織在社會經濟生活中的地位和作用。本文主要以成都市檔案館所藏的大量成都銀行公會史料爲依據，對民國時期成都銀行公會的歷史進行系統梳理，以期能客觀眞實的還原其歷史面貌。

（二）研究對象及範圍

1927 年南京國民政府成立後，頒佈了包括《商會法》、《工商同業公會法》、《銀行註冊章程》及其實施細則、《銀行法》、《儲蓄銀行法》等一系列金融法規。雖然此時的政府當局旨在實施「訓政」，整飭工商團體，企圖通過控制金融業來統一全國財政經濟。但這些金融法規的頒行爲成都市銀行公會的成立

〔註7〕士浩：《銀行公會效能之發揮》，《銀行雜誌》第 1 卷第 2 號，1923 年 11 月 16 日；陳行：《我國銀行公會與近代銀行發展之關係》，《銀行雜誌》第 1 卷第 16 號；徐永祚：《論銀行公會之職務》，《銀行周報》第 2 卷第 30 號，1918 年 8 月 6 日；徐滄水：《上海銀行公會事業史》（1925 年），沈雲龍主編：《近代中國史料叢刊三編》第 24 輯，文海出版社。

〔註8〕成都銀行公會成立於 1934 年 5 月，1949 年解散，歷經 15 年。其存在期間，公會的決策及執行體制幾經變化，名稱也幾經變更：1934 年 5 月至 1943 年 8 月，名爲「成都市銀行業同業公會」；1943 年 8 月至 1949 年，名爲「成都市銀行商業同業公會」。爲了行文方面，除在具體論述中需用全稱外，全文以「成都銀行公會」統稱之。特此說明。

提供了法律依據，即法律的合法性。

　　民國時期成都銀行公會成立於「三軍」〔註9〕掌控成都結束之後的 1934
年 5 月，較之於北京、上海、天津、漢口、杭州、南京、蚌埠、濟南等地，
成都銀行公會建立的時間較晚。因為成都作為一個內陸省會城市，雖是川省
的「中心」，但和中東部地區相比，成都經濟較為落後，商旅貿易不甚發達。
成都的金融市場由錢鋪、錢莊、票號、典當等傳統金融機構主導，現代新式
銀行業屈居其下，難抵傳統金融機構的夾擊，更無法搶佔它們的市場份額。
所以，成都銀行業發展較為緩慢。此外，「三軍」共管成都長達八年（1926～
1933）之久，各軍首腦為擴軍籌餉，開闢利源，往往以活潑金融為名，紛紛
開設錢莊、銀行。但因銀行控制較嚴，私自開設尚難，設立錢莊比設立銀行
更為容易。當時成都 70 多家金融機構中只有少數幾家銀行，比重遠小於錢莊、
銀號。而且，這些軍閥開設的銀行在不斷的擠兌風潮和戰事影響下，紛紛倒
閉。到 1933 年底「二劉大戰」〔註10〕結束時，除中國、聚興誠兩家銀行無恙
外，其它銀行所剩無幾。

　　1934 年劉湘入駐成都，重慶的川康、川鹽、美豐、市民、四川地方等一
批渝幫銀行先後在蓉開設分支行處，加上原有的中國、聚興誠兩銀行，成都
的銀行總數已有 7 家。根據南京國民政府 1929 年 8 月頒佈的《工商同業公
會法》之規定，「同一區域之同業、公司、行號有七家以上須依本法組織公
會」，成都的銀行數量已達到設立同業公會的法定數量。在此情形之下，成
都銀行界「為加強同業團結、互相臂助，推進同業之發達，矯正營業上之弊
害」〔註11〕起見，於 1934 年 5 月 20 日召開銀行公會成立大會，會員有中國、
聚興誠、川鹽、川康、美豐、重慶市民、四川地方 7 家。〔註12〕公會全稱為

〔註9〕 「三軍」指從 1918 年四川防區制開始到 1935 年川政統一。各派軍閥混戰不
　　　 休，成都曾為渾防區，即二十四、二十九、二十八軍三軍共管。
〔註10〕 「二劉大戰」指二十一軍軍長劉湘和二十四軍軍長劉文輝為爭奪對「天府之
　　　 國」的四川的控制權而進行的大混戰。「二劉大戰」亦稱「二劉爭川」，始於
　　　 1932 年冬，終於 1933 年底。在四川軍閥的三百餘次大小混戰中，它是最後一
　　　 次，也是規模最大的一次。
〔註11〕 《工商同業公會法》（1929 年 8 月 17 日），中國第二歷史檔案館編：《中華民
　　　 國檔案資料彙編》第五輯第一編財政經濟（八），江蘇古籍出版社，1991 年，
　　　 第 691 頁。
〔註12〕 參見田茂德、吳瑞雨編《民國時期四川貨幣金融紀事（1911 年～1949 年）》，
　　　 西南財經大學出版社，1989 年，第 118 頁；何一民主編《變革與發展：中國
　　　 內陸城市成都現代化研究》，四川大學出版社，2002 年 4 月。

「成都市銀行業同業公會」，採用委員會制的組織方式。

　　1935 年川政統一，政治經濟形勢漸趨穩定，「四行二局」等國家行局均在成都設立分支機構，其帶來的雄厚資金，活潑了成都的金融市場，帶動了成都地方銀行和商業銀行的飛躍發展。爲加強行業自律與管理，規範成都金融市場，並擴大公會的規模，成都銀行公會大量吸收銀行入會，其擁有會員數量不斷增加。特別在抗戰時期，會員數量更是突飛猛進。據統計，1939 年會員家數達到 29 家〔註 13〕，1944 年達到 46 家〔註 14〕，成都市的絕大多數銀行都是成都銀行公會的會員。抗戰時期，成都市銀行公會轉入爲戰時金融服務及設法維護同業利益的活動中，並在國民政府的監督下爲穩定戰時成都市金融市場及扶助大後方的經濟建設等做出諸多努力。抗戰勝利後，成都銀行公會一如既往服務於成都工商經濟的發展，但因內戰爆發，幣值跌落，物價暴漲，金圓券的發行使各銀行受到致命打擊，銀行公會也無力維護會員銀行的利益，形同虛設，直到 1949 年結束。

二、研究現狀及拓展空間

（一）學術史回顧

　　金融對現代國家來說尤其重要，正如易棉陽、姚會元所形容，「金融爲百業之首，它似一條長江大河，其流域就是整個經濟。」〔註 15〕而銀行乃金融之主體，其功能特點「術同點金」，具有「無而能爲有，虛而能爲盈，約而能爲泰」〔註 16〕的神功妙效。正是由於銀行的神奇功能，一直以來，中國近代銀行史倍受研究者的追捧。無論是民國時期，還是新中國成立初期，抑或是上世紀 80 年代之後都有關於銀行史的研究成果。〔註 17〕歸納起來，這

〔註 13〕「民國成都市政府工商檔案」（1939 年 1 月），成都市檔案館：全宗號 38，目錄號 11，案卷號 678。簡注爲成都市檔案館：38-11-678（下同）。

〔註 14〕「財政部成都區銀行監理官辦公處檔案」（1943 年～1945 年），四川省檔案館：全宗號 74，案卷號 27。簡注爲四川省檔案館：74-27（下同）。

〔註 15〕易棉陽、姚會元：《1980 年以來的中國近代銀行史研究綜述》，《近代史研究》2005 年第三期。

〔註 16〕康有爲：《理財救國論》（選錄），《康有爲政論集》（下冊），中華書局，1981年，第 772 頁。

〔註 17〕民國時期：潘承俘：《中國之金融》，上海大東圖書公司 1908 年版；中國銀行編印《各省金融概略》，1915 年版；謝霖：《銀行制度論》，中國圖書公司印刷所 1917 年版；賈士毅：《民國財政史》，上海商務印書館 1917 年版；馬寅初：《中華銀行論》，商務印書館 1929 年版；徐寄廎：《最近上海金融史》華豐印

些研究成果主要圍繞近代私營銀行、近代國家銀行和中央銀行制度、近代銀行業的內外關係、近代地方銀行等主題展開。〔註18〕銀行公會作為現代金融業的主要組織形式，屬於「近代銀行業的內外關係」這一主題，所以銀行公會的研究一直以來都是銀行史研究的熱門話題，只是絕大多數的研究聚焦在上海銀行公會上面。對上海銀行公會的研究民國時期即以開始，如徐滄水編《上海銀行公會事業史》，張輯顏的《中國金融論》；徐寄廎主編的《增改最近上海金融史》；上海銀行公會編《上海市銀行業同業公會會務報告彙編》，《銀行周報》等〔註19〕，這些時人的著述雖然比較膚淺、直觀、零散，但對上海銀行公會的早期活動、歷史沿革、內部制度、下屬組織及與其它團體的關係進行了初步梳理，為後學搭建了堅實的研究平臺。

20世紀80年代以來，隨著現代金融經濟的發展與新史學的興起，以及跨

刷鑄字所印，1932年增改第三版；王志莘：《中國之儲蓄銀行史》，商務印書館1932年版；郭榮生：《中國省地方銀行概況》，重慶中央銀行經濟研究處1945年版，等等。新中國成立初期：張郁蘭：《中國銀行業發展史（1896～1937年）》，《中南財經學院學報》1957年第2期；沈雲蓀：《辛亥革命時期的上海中華銀行》，《近代史資料》1958年第2期；金研：《清末中國自辦的第一家銀行——中國通商銀行史料》，《學術月刊》1961年第9期；黃鑒暉：《中國通商銀行是在銀號基礎上改組的嗎?》，1963年6月30日《光明日報》，第4版；金洪文：《從一家銀行看民族資本家對勞動人民的剝削——上海商業儲蓄銀行解放前的歷史調查》，1965年6月20日《解放日報》，第4版，等等。80年代以來：近30年來有關銀行史的研究成果大量問世，史料、論著、論文應有盡有，限於篇幅，僅舉幾篇，聊以代表：《中華民國金融法規檔案資料選編》，檔案出版社，1989年版；《中華民國檔案資料彙編——財政金融卷》，江蘇古籍出版社，1994、1997年版；黃鑒暉：《中國銀行業史》，山西經濟出版社，1994年版；姚會元：《中國貨幣銀行（1840～1952）》，武漢測繪科技大學出版社，1993年版；程霖：《中國近代銀行制度建設思想研究》，上海財經大學出版社，1999年版；徐鼎新：《舊中國上海銀行的經營管理》，《學術月刊》，1981年第9期；洪葭管：《上海中國銀行反對停兌事件試析》，《檔案與歷史》，1985年第1期；劉慧宇：《論抗戰時期中央銀行的職能建設》，《中國社會經濟史研究》，1999年第2期；杜恂誠：《中國近代兩種金融制度的比較》，《中國社會科學》，2000年第2期，等等。

〔註18〕 參見易棉陽、姚會元：《1980年以來的中國近代銀行史研究綜述》，《近代史研究》2005年第三期。

〔註19〕 徐滄水編：《上海銀行公會事業史》（1925年版）；沈雲龍主編：《近代中國史料叢刊》三編，第24輯，臺北，文海出版社，1988年；張輯顏：《中國金融論》，民國叢書，第三編，上海書店，1991年；徐寄廎主編：《增改最近上海金融史》（1929年版）；上海銀行公會編：《上海市銀行業同業公會會務報告彙編》（第一集），1938年。

學科研究方法的引入，金融史研究領域不斷拓展。在世紀之交，金融史研究
逐漸被推向高潮，上海金融史及銀行公會研究越來越受到更多的關注。復旦
大學中國金融史研究中心的學者們對上海銀行公會進行了系統的考察，他們
的研究成果較爲清晰地勾勒了上海銀行公會的發展軌跡。

　　法國學者白吉爾的《上海銀行公會（1915～1927）——現代化與地方團
體的組織制度》〔註20〕是較早關於上海銀行公會的研究成果，該文初步考察
了上海銀行公會的成立、初期發展、內部結構及對內對外活動，分析了上海
銀行公會創始人群體的基本性格和政治特徵，指出上海銀行公會在謀求本團
體成員利益的同時，也力求實現維護國家和民族利益這一目標。同時，白吉
爾認爲由於這一時期國家政權的不穩定，上海銀行公會又承擔了在現代化國
家中通常屬於制定政府政策的某種職責。朱華、馮紹霆的《崛起中的銀行家
階層——上海銀行公會早期活動初探》〔註21〕，以上海銀行家階層爲主題，
考察了上海銀行公會最初10年的活動及其機關刊物《銀行周報》同一時期的
言論，揭示了上海銀行公會在謀求同業進步、扶助民族經濟、參與社會公益
事務等方面的努力，以及它與外商銀行的關係及銀行家的政治趨向等問題。
此文爲進一步研究上海資產階級的歷史，提供了一項集團研究的基礎。韓國
學者金承郁的《北京政府時期的上海銀行公會》〔註22〕，介紹了上海銀行公
會在北京政府時期的組織概況及其爲實現廢兩改元所進行的努力。該文通過
對上海銀行公會發起銀行及創立人的考察，認爲創辦者是接觸過西歐知識和
技術的「新」人物；在對上海銀行公會創辦的《銀行周報》之內容、1919年
至1923年間呼籲廢兩改元、籌設票據交換所與上海造幣廠等言行及公會的性
質等進行研究後指出，該會倡導金融制度革新，是一個主張「改革」的組織，
並在金融改革及中國金融業發展方面作出了努力。

　　以上論文從研究時段來看集中在1927年之前，就內容來說主要探討的是
近代上海銀行公會的產生背景、創始人群體特徵、發展環境、內部組織構成
及發展機理等，揭示了早期上海銀行家階層及銀行同業組織爲謀求同業利

〔註20〕（法）白吉爾：《上海銀行公會（1915～1927）——現代化與地方團體的組織
　　　　制度》，《上海研究論叢》，第3輯，上海社會科學院出版社，1989年版。
〔註21〕朱華、馮紹霆：《崛起中的銀行家階層——上海銀行公會早期活動初探》，《檔
　　　　案與史學》1999年第6期。
〔註22〕（韓）金承郁：《北京政府時期的上海銀行公會》，2002年上海金融的現代化
　　　　與國際化國際學術討論會論文。

益，併兼顧平衡民族與國家的利益而做出的種種努力。最近幾年，1927～1945年間的上海銀行公會一度成爲研究者關注的熱點，概括起來，可分爲以下幾個方面。

1、上海銀行公會與金融法規建設

鄭成林對此頗有研究，他在《上海銀行公會與近代中國銀行信用制度的演進》中〔註 23〕認爲：中國的信用制度在抗戰之前就已取得明顯進步，主要表現爲具有公共物品性質的信用機構的產生、信用工具品種的增強、鑒證類中介組織的發展以及信託業與企業治理結構的結合。上海銀行公會在該項制度的演進歷程扮演著重要的角色，它不僅採取各種措施促進會員銀行穩健經營，增強會員銀行的信用意識，而且創建了一系列信用機構和信用工具，並在同業之間構建了一個信任與合作的平臺，有力地提升了華商銀行業的競爭力，所以對促進近代中國社會信用發展也有著重要意義。

鄭成林還論述了上海銀行公會與近代中國幣制改革的關係，在《上海銀行公會與近代中國幣制改革述評》〔註 24〕一文中，從籌建上海造幣廠、提倡和促進廢兩改元、擁護法幣政策三方面闡述上海銀行公會與幣制改革的關係。指出上海銀行公會試圖通過多種途徑促進幣制改革，希望最大限度地參與政府相關政策的制定。儘管政府與上海銀行公會在幣制改革的目標、原則與措施等方面存在較大差異，但二者的合作卻佔據主導，也正是因爲二者的合作，近代中國幣制改革的許多具體措施才得以實施並取得一定的成效。本文透視了上海公會與政府之間錯綜複雜的關係。

同樣，在《上海銀行公會與銀行法制建設述評（1927～1936）》〔註25〕中，鄭成林論述了南京國民政府時期，上海銀行公會積極參與銀行法制建設，嘗試採取多種措施、通過多種途徑與政府交涉，希望最大限度地參與政府相關政策的制定，既維護了銀行業的合法權益，也爲政府金融政策和措施的制定與調整提供了依據。然而，由於在法制建設上依據的標準和原則不同，雖然政府在一定程度上採納了上海銀行公會的意見與建議，但二者之間仍然存在

〔註23〕 鄭成林：《上海銀行公會與近代中國銀行信用制度的演進》，《浙江學刊》2007年第 4 期。

〔註24〕 鄭成林：《上海銀行公會與近代中國幣制改革述評》，《史學月刊》2005 年第 2 期。

〔註25〕 鄭成林：《上海銀行公會與銀行法制建設述評（1927～1936）》，《華中師範大學學報（人文社會科學版）》2004 年 7 月。

不少衝突與矛盾，以致制約了近代中國銀行法制建設的進程。

此外，張天政的《「八一三」時期的上海銀行公會》〔註26〕認為，戰前上海銀行公會對政府制定金融法規危及同業利益時，總會表現出一定的不合作姿態。但「八一三」滬戰爆發後，上海銀行業和銀行公會所面臨的問題與戰前明顯不同，上海銀行公會先制定同業暫行辦法 4 條，供國民政府財政部參酌制定戰時安定金融法規；隨後組織上海銀行業遵行《非常時期安定金融辦法》及補充辦法，並對社會各界的反應做出應對，為上海轉入戰時金融體制做出諸多積極努力。同時，上海銀行公會還為限制外匯供應採取一些措施。為支持抗戰，曾組織會員行、下屬組織及銀行業同人認購救國公債，為抗敵籌措經費。另外，還為會員行 8 月份公債交割與上海華商證券交易所及國民政府財政部屢次進行交涉，並最終獲得解決。所以，張天政認為上海銀行公會為「八一三」時期滬市轉入戰時金融體制及穩定金融做出重大貢獻。

2、上海銀行公會與政府的關係

復旦大學中國金融史研究中心吳景平教授在這方面頗有見地，有一系列相關文章。吳景平、王晶的《「九一八」事變至「一二八」事變期間的上海銀行公會》〔註27〕在對「九一八」事變至「一二八」事變期間上海銀行公會之活動進行研究後認為，「九一八」事變爆發後，上海銀行公會在一些重要事項的交涉中能夠採以社會公眾力量代表的角色定位，既體現了維護銀行業基本利益的傾向，也反映了民族主義意識的強化和愛國主義精神的昇華，在一定程度上適應了工商經濟和社會發展的需要。同時，還認為，在「一二八」事變前後，國內形成蔣汪合作局面，上海銀行公會在內債還本付息問題上與南京國民政府合作，在支持淞滬抗戰、維持上海金融市場乃至國內金融業穩定，以及發起成立銀行業聯合準備委員會等方面具有不可替代的作用。

吳景平在《上海銀行公會改組風波（1929～1931）》一文中，考察了 1929 至 1931 年上海銀行公會的改組過程，認為這次改組風波本質上是南京國民政府對工商界實施控制與工商界反控制的體現。改組風波是在南京國民黨政權實施訓政、在上海地區整飭總商會等商人團體的背景下發生的，上海銀行公

〔註26〕 張天政：《「八一三」時期的上海銀行公會》，《抗日戰爭研究》2004 年第 2 期。
〔註27〕 吳景平、王晶：《「九一八」事變至「一二八」事變期間的上海銀行公會》，《近代史研究》2002 年第 3 期。

會不甘被強制改組爲同業公會，聯合錢業公會以及平、津、漢等地銀行公會，奔走交涉於各方之間，要求國民政府頒佈銀錢公會單行法規，但在強大的壓力下最終遵行法規組織起同業公會，又改組原公會爲銀行學會，這得到了金融業的贊同，也爲國民黨當局所認可。銀行公會改組風波對上海金融業所產生的衝擊，還只是外在的，間接的。

在《從銀行立法看 30 年代國民政府與滬銀行業關係》〔註28〕一文中，吳景平圍繞 20 世紀 30 年代《銀行法》、《銀行收益稅法》、《兌換券發行稅法》和《儲蓄銀行法》等有關銀行法規的頒行，論述了南京國民政府與上海銀行業之間進行了一系列交涉，這不僅從一個特殊角度體現了國民政府金融統制政策的形成，揭示上海金融業與國民黨政權的關係，客觀上也表明這一時期金融市場的運作、金融業務的開展乃至金融體系的構架，都不能離開法制手段。

3、上海銀行公會與錢莊、外資銀行及其它同業組織的關係

何品的《上海中外銀錢業聯合會籌建述論（1921～1929）》〔註29〕將 20 世紀 20 年代的上海中外銀錢業三方共同組建的一個金融合作組織——中外銀錢業聯合會作爲對象，考察了它的籌建過程，指出中外銀錢業聯合會除具有金融業同業公會的特徵外，還具有最顯著的不同之處，即它集國際性、地域性雙重特徵於一身，由此也揭示了近代上海中外銀錢業——上海外國銀行公會、上海銀行公會、錢業公會在三足鼎立格局中利益與力量的互動關係。

在 1933 年國民政府正式宣佈「廢兩改元」前夕，銀行與錢業之間圍繞是否實施「廢兩改元」展開了激烈的爭辯，吳景平在《評上海銀錢業之間關於「廢兩改元」的爭辯》〔註30〕一文中對這次銀錢兩業關於「廢兩改元」的爭辯過程、結果、影響作了詳細的考察，認爲這是銀錢兩業的最後一戰，實際反映了上海銀行公會、錢業公會及國民政府三者之間在利益上的博弈。爭辯的結果是銀行業最後取得優勢，得以參與擬訂「廢兩改元」方案，實際上反映了當時中國金融貨幣改革的趨向。

〔註28〕吳景平：《從銀行立法看 30 年代國民政府與滬銀行業關係》，《史學月刊》2001年第 2 期。

〔註29〕何品：《上海中外銀錢業聯合會籌建述論（1921~1929）》，《史學月刊》2004年第 6 期。

〔註30〕吳景平：《評上海銀錢業之間關於廢兩改元的爭辯》，《近代史研究》2001年第 5 期。

　　此外，王晶、杜恂誠、李一翔〔註 31〕等都有與此相關的論文，分別從不同角度剖析了上海銀行公會與企業、錢莊、外商銀行及其它地區銀行公會之間錯綜複雜的關係，進一步明晰了近代上海銀行公會的發展演變軌跡。

　　對近代上海銀行公會研究最全面、最深入的當數最近幾年出現的一批已刊和未刊的博士學位論文，這些論文有份量、有深度，論及上海銀行公會的方方面面，基本上縷清了它的來龍去脈，爲全國其它地區銀行公會的研究提供很好的借鑒。

　　王晶的《上海銀行公會研究（1927～1937）》〔註 32〕認爲 1927～1937 年是上海銀行公會歷史發展中的第二個十年，十年間上海銀行公會會員從 24 家增至 45 家，公會的組織管理及對外協調能力日漸成熟，對外影響繼續增長。論文以 1931 年爲界分爲成上下兩篇，分別從上海銀行公會不同時期的組織管理及運作、它在維護銀行業利益及參與政府政策咨詢等方面展開論述，通過上海銀行公會的個案研究，爲考察近代工商同業組織在社會經濟生活中的地位和作用，探求政府與民間團體的互動關係提供了一個具體的範例。

　　鄭成林的《從雙向橋梁到多邊網絡——上海銀行公會與銀行業（1918～1936）》〔註 33〕考察了早期上海銀行公會的內部概況，該文運用網絡理論探討了上海銀行公會近二十年和平期間的行業內部自治及監督，開拓銀行票據交換業務，拓寬貼現、拆借市場範圍，以及推進金融制度現代化方面發揮著政府不可替代的作用。文章著重探討了上海銀行公會在金融制度建設方面所做的貢獻，對瞭解與認識 1937 年以前上海銀行公會頗有助益。

　　張天政在《上海銀行公會研究（1937～1945）》〔註 34〕中將研究的視角定位在抗戰時期，論文分兩個階段進行探討：第一階段從 1937 至 1941 年 12 月初期，上海銀行公會爲維護同業利益，曾就儲蓄存款準備金問題、銀行業領券展期、公債延付本息、繳納稅款等，與有關方面進行磋商，解除銀行業及同業組織的後顧之憂。該時期上海銀行公會對滬市及國內抗日金融體制確立與鞏固具

〔註31〕 王晶：《1927～1937 年上海銀行公會述略》，「上海金融的現代化與國際化學術研討會」提交論文（上海 2002 年）；杜恂誠：《北洋政府時期華資銀行業內部關係三個層面的考察》，《上海經濟研究》1999 年第 5 期；李一翔：《近代中國工業化進程中的銀行與企業關係》，《改革》1998 年第 3 期。
〔註32〕 王晶：《上海銀行公會研究（1927～1937）》，復旦大學 2003 年博士論文。
〔註33〕 鄭成林：《從雙向橋梁到多邊網絡——上海銀行公會與銀行業（1918～1936）》，華中師大 2003 年博士論文。
〔註34〕 張天政：《上海銀行公會研究（1937～1945）》，復旦大學 2004 年博士論文。

有相當大的影響；1941 年 12 月底至 1945 年爲第二階段，探討了上海完全淪陷時期銀行公會的概況。該時期內上海銀行公會的內部決策體制、領導人及相關制度章程乃至該會的性質等，實際上已發生較大變化。但上海銀行公會爲維護金融業的運作及利益，多次與日僞當局進行磋商、交涉，如銀行公會反對法幣與中儲券脫離等價的交涉活動，反對日汪金融控制的交涉、開放銀行業倉庫的磋商，呼籲明確銀行業所隸屬機關，領券合約清理，上海銀行公會在繳稅方面的應對，在處理銀行業甚至金融業與日僞當局關係，以及保護華商金融機構、維護同業利益等方面盡到自身的職責，在維護同業利益方面發揮重要作用。

此外，在已版論著中，或多或少論及上海銀行公會的還有許多，如小科布爾《上海資本家與國民政府（1927～1937）》（中國社會科學出版社 1988 年版），洪葭管、張繼鳳合編《近代上海金融市場》（上海人民出版社 1989 年版），洪葭管主編《中國金融史》（西南財經大學出版社 1993 年），吳景平主編《抗戰時期的上海經濟》（上海人民出版社 2001 年），吳景平主編《上海金融業與國民政府關係研究》（上海財經大學出版社 2002 年版），杜詢誠主編《上海金融的制度、功能與變遷（1897～1997）》（上海人民出版社 2002 年版）等，都在不同程度上討論了上海銀行公會問題。

由於學術界對上海銀行公會研究的成果頗豐，但凡研究近代上海經濟史、同業公會史、銀行史的論著都會涉及上海銀行公會，所以本文不可能一一列舉，只列舉以上有代表性的論文、著述以示說明。

（二）有待探討的問題

綜觀中國近代銀行公會研究，目前學界已基本縷清了銀行公會的產生背景、發展演變的軌跡與脈略，論述了銀行公會與政府、企業、其它團體組織及社會經濟發展等方面的關係，探析了民間組織與國家現代化的問題。但檢視這些成果，十之八九集中在上海，因爲上海作爲近代中國的金融中心，毗鄰國民政府的政治中心，研究其銀行同業組織具有較強的代表性，還因爲解放後上海保留了相對豐富的經濟和金融方面的資料，所以有關上海銀行公會的研究成果層出不窮，而其它地區的相關研究卻很少或沒有。據筆者有限查閱，全國其它地區銀行公會較爲系統的研究只有少數幾篇〔註35〕。

〔註35〕 胡建敏：《民國時期杭州銀行公會研究（1930～1937）》，浙江大學 2006 年碩士學位論文；李柏槐：《民國時期成都工商同業公會研究》（文中部分内容涉及成都銀行公會），四川大學 2005 年博士學位論文。

　　回溯以往研究成果，主要集中在江浙、上海一帶，這雖然有「解剖麻雀」或「見微知著」之效果，但也難免會有以偏概全之嫌，因爲近代中國各地經濟水平不同，金融銀行發展存在差異，同業組織的發展模式及其與各該當地政府的關係都有區別。比如，就成都銀行公會來說，抗戰爆發後成都成爲大後方中心城市，國家銀行紛紛在這裏設置分支行處，淪陷區的地方銀行也大量遷入，以及成都本地新設銀行如雨後春筍般的出現，成都市銀行數量急劇增加。作爲銀行業的同業組織，成都銀行公會是如何實施對會員銀行的管理，如何規範成都金融市場，如何組織會員行參與後方經濟建設爲抗戰勝利出錢出力等一系列問題都有它自己的特性，這與 1941 年後「孤島時期」上海銀行公會所處的環境有很大的不同〔註36〕。因此，成都銀行公會的研究尚有較大的闡釋空間。

　　而且，關於成都銀行公會的研究，除了《四川省志・金融志》、《重慶金融》和成渝兩地的《文史資料》以及隗瀛濤、謝放、楊天宏、何一民、李德英、李柏槐等學者所編、所寫、所著的論文、著述從不同角度涉及到此類問題之外，還至今沒有發現一本有關成都銀行公會的專門性、專業性的學術論文。基於此，筆者選取這一論題作爲本人的博士學位論文。

三、資料來源及研究方法

（一）資料來源

　　本課題是就民國時期成都市眾多同業公會中的一員——成都銀行公會進行研究的，屬於微觀史的研究範疇，資料少而零散，缺乏系統性的整理。因此，在資料的收集整理上必須做到廣破土、深挖掘。筆者本著「寧可錯查千卷，不讓一條漏網」的信念，翻閱了成都市檔案館、四川省檔案館、四川大學建國前報刊室和港臺圖書室等有關成都銀行公會的大量珍貴史料，拍攝了近萬張照片，複印了無數張資料。整理歸納起來，分爲以下幾類。

1、檔案資料

　　成都市檔案館館藏資料：103 全宗（成都市工商聯檔案）；104 全宗第 1、2 號（成都市商會檔案，由於成都市銀行公會屬於成都市商會會員，銀行公會

〔註36〕「孤島時期」是指 1941 年 12 月 8 日太平洋戰爭爆發至 1945 年 9 月 2 日抗戰結束期間上海完全淪陷時期。在此期間日軍進佔公共租界後，上海銀行公會被納入日僞的金融控制之下，上海公會的內部決策體制、領導人及相關制度章程乃至該會的性質等，較之以前，都已發生較大的變化。

的大量史料歸納在商會史全綜裏）；38 全宗（成都市政府檔案）第 1 號，第 11 號、1、2、3、4 冊。以上兩個全綜是本書史料來源的主體。另外，8 號全宗（聚興誠銀行成都分行檔案）、9 號全宗（和成銀行成都分行檔案）、10 號全宗（四川銀行成都分行檔案）、11 號全宗（通商銀行成都分行檔案）、12 號全宗（建業銀行成都分行檔案）、13 號全宗（成都縣銀行成都分行檔案）、21 號全宗（四川省銀行成都分行檔案）、23 號全宗（川鹽銀行成都分行檔案）、24 號全宗（成都大川銀行檔案）、26 號全宗（成都旗昌商業銀行檔案）等所涉及的各銀行，有的本身就屬於成都市銀行公會會員，雙方存在業務關係；有的雖然是非會員銀行，但與銀行公會有書信往來，從中可以窺見成都市銀行公會的具體活動狀況。

四川省檔案館館藏資料：歷史資料目錄（一）綜合類；歷史資料目錄（六）財政經濟類；71 全宗（中國農民銀行成都支行檔案）；72 全宗（四川省銀行檔案）；74 全宗（財政部成都區銀行監理官辦公處檔案）；77 全宗（川鹽銀行成都分行檔案）；78 全宗（大川銀行檔案）；81 全宗（山西裕華銀行成都分行檔案）；85 全宗（中央合作金庫成都支庫檔案）。以上兩館卷宗相同的資料可以相互補充，以免掛一漏萬。

2、民國報刊雜誌

四川大學圖書館建國前報刊室有《新新新聞》、《成都快報》、《國民公報》、《華西日報》等民國報紙，《四川經濟季刊》、《四川省政府公報》、《四川統計月刊》、《銀行周報》、《銀行界》、《金融知識》、《金融導報》等民國期刊。港臺圖書室有《全國銀行年鑒》、臺灣成文出版社出版《國民政府公報》、周開慶編《民國川事紀要》（臺灣）等各類史料或論著。

3、方志、文史資料及資料彙編

方志有《四川省志・金融志》，《重慶金融》；文史資料有《文史資料選輯》第 10 輯、第 31 輯，《成都文史資料選輯》第 8 輯，《重慶文史資料選輯》第 8 輯；資料彙編有《中華民國檔案史料彙編》第三輯金融（一）（二），第三輯農商（二），第五輯第一編財政經濟（四）（八），第五輯第二編財政經濟（三）（四），《中華民國金融法規檔案資料選編》，《四聯總處史料》，《國民政府財政金融稅收檔案史料》，《民國時期四川貨幣金融紀事（1911～1949）》。

此外，超星數字圖書館和高等學校中英文圖書數字化國際合作計劃（CADAL）中的相關古籍、電子圖書，也是本文重要的資料來源。

（二）研究方法

歷史科學畢竟是一門嚴格的實證科學，必須從歷史資料出發而不僅僅是從「問題意識」出發。能否發現和佔有大量實證性的歷史資料成爲同業公會史研究能否得以開展的一個先決條件。〔註 37〕受其啓發，本文擬在借鑒已有學術成果及其研究方法的基礎上，深入細緻的做好資料收集整理工作，盡力做到讓「一切結論都應該是依據客觀事實、順乎歷史邏輯自然產生的。」〔註 38〕因此，注重史實重建是本文的主要特點。

此外，在行文過程中，必會涉及到經濟學、組織管理學、金融學方面的知識。因此，要結合研究對象，在注重實證性研究的基礎上，嘗試運用經濟學、統計學、社會學、金融學、管理學等相關學科方法，走多學科方法交叉研究的路子。這樣既有尊重史實論證的描述性成果，也有注重經濟理論的分析性成果，使民國時期成都銀行公會能夠更爲客觀眞實地呈現在讀者面前。

四、佈局謀篇

本文以成都市檔案館、四川省檔案館等所收藏的成都銀行公會檔案資料爲主，結合當時報刊雜誌，以民國成都銀行公會爲對象，以近代社會轉型爲背景，通過綜合分析成都銀行公會的歷史，廓清其創立、內部組織、運作機制及該會重要活動或關注的主要問題，探討該會在規範成都金融秩序、促進銀行業發展等方面的作用，及其與其它社會團體、地方政府之間的關係，以期揭示成都銀行公會和成都近代社會變遷之內在聯繫。

基於上述思路，全文共分五章。大致內容如下：

第一章論述了近代中國銀行業的發展及成都銀行公會的產生。任何事物只有放在歷史的長河中去觀察、研究，瞭解它的來龍去脈，才能更清楚地揭示其本質和發展規律。本章試圖通過探討成都銀行公會產生之前的「大歷史」〔註

〔註37〕馬敏：《中國同業公會史研究中的幾個問題》，《理論月刊》2004 年第 4 期。
〔註38〕楊天宏：《口岸開放與社會變革——近代中國自開商埠研究》，中華書局，2002年，緒論第 13 頁。
〔註39〕黃仁宇的「大歷史」觀點是：從小事件看大道理；從長遠的社會、經濟結構觀察歷史的脈動；從中西的比較提示中國歷史的特殊問題；注重人物與時勢的交互作用、理念與制度的差距、行政技術與經濟組織的衝突，以及上層結構與下層結構的分合等。參見 http://baike.baidu.com/view/55157.htm。本文所提的「大歷史」僅指先把成都銀行公會的產生放在全國銀行業的發展歷程中加以考察，以縷清其來龍去脈。

39），透析銀行公會在中國產生、發展的歷史淵源。近代以前，在中國的封建社會中沒有銀行，銀行作為現代金融機構，它是伴隨著西方資本主義工商業的發展而產生的。鴉片戰爭後，資本主義國家開始侵略中國。19世紀末，中國成為帝國主義的商品銷售市場和掠奪原料的基地，帝國主義設在中國的企業日益增多，資本周轉數額巨大。這就需要擴大資金融通，而中國傳統的帳局、錢莊、票號已不能適應現實需要，必然要求用現代新式銀行來調劑融通資金。同時，帝國主義國家在華設立的銀行，操縱中國的金融業，他們獲得的高額利潤對中國資產階級形成了極大的誘惑，也大大刺激了中國人自辦銀行的意圖。1897年，中國第一家銀行──中國通商銀行由盛宣懷組織成立，開創了近代中國金融業發展的新紀元。與傳統金融機構票號、典當先比，中國通商銀行擁有優秀的人才、嚴格的紀律和科學的管理，具有無與倫比的優勢（當然銀行的抵押貸款方式為時人難以接受，人們傾向於接納票號、錢莊的信用放款方式），成為各地競相傚仿的對象。之後，各類銀行接踵成立，至清朝結束時新設銀行共達十幾家。民國建立後，無論是南京臨時政府還是北京政府，都較重視發展金融及工商各業。華資銀行業迅速發展起來，為「應付偶來之風險」並「矯正營業上之弊害」，各銀行實有聯合之必要。於是成立金融同業組織，就成為銀行業快速發展之後的必然要求。1918年上海銀行公會宣佈成立，標誌著中國現代金融同業組織的出現。上海公會對全國各地的銀行同業組織起到領導和示範作用，在其影響之下，北京、杭州、天津、漢口、濟南、蚌埠等地的公會接踵成立。銀行公會成為中國各地銀行業發展之後的普遍組織形式。成都作為內陸省會城市，其工商、金融發展水平遠遜於上述各大城市，且受難於軍閥之間的相互踐踏，致使20世紀30年代中期以前，成都的現代新式銀行業一直沒能發展起來。30年代中期以後，川政統一，渝幫銀行來蓉開拓業務，成都銀行業才漸呈發展之勢。成都銀行公會就是在這樣的背景下醞釀成立的。

第二章主要論述成都銀行公會的成立及會員概況。本章首先對成都銀行公會的醞釀、籌備及成立過程進行較為詳細的論述，考察政府及主管官署在成都銀行公會創建過程中所發揮的作用。這種指導和監督作用可以保證銀行公會能在政府許可的範圍內運行。這也表明成都銀行公會是依照法定程序設立的，具有法律的合法性。其次介紹了成都銀行公會的會員及職員概況，特別是通過對公會各職員教育背景的考察及分析，說明成都銀行公會是一個有較強「現代性」因素的同業組織。

　　第三章主要論述了成都銀行公會的治理結構和基本職責。銀行公會作爲現代金融同業組織，只有組織結構健全，運作機制完善，才能保證銀行公會眞正發揮集合眾議、維護同業宗旨的效能。成都銀行公會機構設置從 1934 年至 1943 年爲委員制時期，從縱向層級結構上看，公會由主席、常務委員、執行委員（監察委員）、會員構成；在權能結構上分爲會員大會、執行委員會議（監察委員會議）、常務委員會議、主席及其下設的各辦事機構，組織結構十分完善。1943 年至 1949 年爲理事制時期，在縱向層級結構上轉變爲理事長、常務理事（常務監事）、理事（監事）、會員，在權能結構上轉變爲會員大會、理事會議（監事會議）、常務理事會議、理事長及其統領的各辦事機構。在運作機制上，確立了會員的出入會管理、會議制度、選舉制度、經費管理制度等等。完善的組織運營制度，爲成都銀行公會基本職責的履行提供了制度上的保障。成都銀行公會的基本職責包括：制定營業規程；溝通政府與會員之間的管理；管理日常事務；處理業內外糾紛。

　　第四章論述了成都銀行公會的主要活動。成都銀行公會成立之後，在團結同業、平定金融風潮、維護行業利益和信用等方面作出不小的成績。特別在抗戰期間，組織會員銀行遵守各項金融法規、帶頭參與各種捐輸等方面所作出的成績更是引人注目，爲後方金融市場的穩定和抗日戰爭的勝利發揮了十分重要的作用。抗戰之前，成都銀行公會的主要活動是組織會員銀行應對渝鈔風潮、地鈔危機，並輔助政府推行法幣政策；抗戰期間，公會的主要活動是輔助遵行各項戰時金融法規；組織會員參加各項無償捐獻活動及承擔各類借貸款項；抗戰勝利之後，竭力扶助成都工商業發展；協助國民政府推行金圓券。成都銀行公會通過參與各項活動，逐步衍生出較大的社會效應，獲得社會各方的重視，成爲成都社會生活中不可或缺的民間組織。但成都銀行公會在國民黨政權行將崩潰之時，迫於政府威力協助推行金圓券，損害了會員的利益，留下了極不光彩的一面。

　　第五章主要論述了成都銀行公會的對外關係。隨著成都銀行公會社會效應的增長，其對外活動和聯絡的範圍逐步擴大，在此過程中它與社會的方方面面發生著聯繫。本章考察了成都銀行公會與政府、成都錢業公會及全國銀行公會聯合會的關係。政府制定的各項金融政策需要銀行公會去貫徹施行，銀行公會無法自行解決同業內部矛盾及成都金融市場中出現的問題時，需要向政府尋求幫助，在此過程中合作和衝突必然共存，所以二者是一種合作衝

突的互動關係。作爲成都金融市場中的兩大金融同業組織，銀行公會和錢業公會各代表不同團體的利益，利害衝突不可避免。因但兩公會成立時間都比較晚，成立不久又遭逢抗戰開始，在成都金融市場上需要兩公會共同解決的問題太多，只有互相配合，團結互助，才能提高自身實力和抵抗金融風險的能力。所以，成都銀錢兩公會之間就少了一些矛盾衝突，更多表現爲合作共贏。這也是成都銀錢兩公會之間的關係有別於其它城市銀錢兩公會之間關係的特殊之處。

結語部分綜合分析了成都銀行公會發展的幾個階段，通過對成都銀行公會歷史的初步梳理，總結其產生與發展方式的不同特點並加以簡要評析。

第一章　近代中國銀行業的發展及銀行公會的產生

銀行作爲現代金融機構，肇端於西方資本主義工商業的發展。其在中國的出現是伴隨著西方資本主義國家的侵略而產生的。中國銀行業〔註1〕產生之後，其發展舉步維艱，不但有本國傳統金融機構的排擠，更有在華外資銀行的夾擊，根本無法應對各種風險。爲了保護銀行業利益，成立同業公會以加強業內團結，共謀行業發展，就成爲中國銀行業發展之後的必然要求。本章探討了成都銀行公會產生之前中國銀行業發展概況，透析銀行公會在中國產生、發展的歷史淵源。

第一節　中國銀行業發展概況

一、中國近代銀行業的產生及發展

（一）中國銀行業的產生

1、中國近代「銀行」觀念的由來

銀行是隨著近代社會經濟的發展而產生的。近代以前，在中國的封建社會中沒有銀行，「只有銀號、錢莊、官錢局等」〔註2〕。即使後來出現了銀行的觀念，其與現代意義的銀行也是相去甚遠。據記載，清代廣東有銀業行，

〔註 1〕 本文行文中所用的「中國銀行業」「現代銀行」「新式銀行」等稱呼均指除在華外國銀行之外的本國華資銀行，不包括外資銀行。特此說明。

〔註 2〕 《清朝續文獻通考》（商務印書館十通本），轉引自楊瑞六編著《清代貨幣金融史稿》，生活・讀書・新知三聯書店，1962 年，第 365 頁。

與十三行、七十二行相似，大體相當於上海的錢莊。其公共組織是忠信堂，相當於上海的錢業公所。乾隆二十四年（1769），重建銀行會館，重建碑記上有「銀行會館在城西連珠里」一語。廣州金融業者常稱爲忠信堂銀行會館。銀行名稱大率即由此出。〔註3〕

最早主張在中國設立銀行的是洪仁玕，早在 1859 年，太平天國幹王洪仁玕在其帶有資本主義色彩的《資政新篇》中，就提出了「興銀行」的建議。他說：「倘有百萬家財者，先將家資契式稟報入庫，然後準頒一百五十萬銀紙，刻以精細花草，蓋以國印圖章；或銀貨相易，或紙銀相易，皆准每兩取銀三釐。或三四富民共請立，或一個請立，均無不可也。此舉大利於商賈，出入便於攜帶，身有萬金，而人不覺；沈於江河，則損於一己，而益於銀行，財寶仍在也；即遇賊劫，亦難驟然拿去也。」〔註4〕之後，容閎、鄭觀應、盛宣懷等晚清名流懷著不同的動機，從不同角度提出設立銀行的建議。如 1860 年，容閎向太平天國建議七條，其中第五條關於創立銀行制度及釐定度量衡標準；1892 年，鄭觀應的「盛世危言」第 4 卷，有「銀行」一章，詳細地敘述了近代銀行的業務及其作用。這些建議、主張爲中國新式銀行的出現做了輿論準備，提供了思想意識條件。

2、中國銀行業產生的歷史背景

就世界範圍來說，銀行業的產生不外兩種途徑，即古老的典當業、貨幣經營業向銀行業的轉化和產業資本、商業資本新創辦的銀行業。〔註5〕馬克思對這兩種途徑作過明確的論述。他指出：「那幾種在產業資本以前，在已成長的或正在衰落的社會生產狀態中就已出現的資本，不僅要從屬於產業資本，要和產業資本相適應來改變它們的職能的機構，而且只能在產業資本的基礎上運動，從而要和它們的這個基礎同生死共存亡。」〔註6〕這是就高利貸資本和商業資本向銀行業轉化而言的。他又說：「產業資本爲了使生息資本從屬於自己而使用的眞正方式，是創造一種產業資本特有的形式——信用制度。」〔註7〕世界上早期的資本主義國家如荷蘭的貨幣經營業從屬於產業資本，就是這種

〔註3〕楊瑞六編著：《清代貨幣金融史稿》，生活‧讀書‧新知三聯書店，1962 年，第 365 頁。
〔註4〕《太平天國》第二卷，第 538 頁。
〔註5〕黃鑒暉：《中國銀行業史》，山西經濟出版社，1992 年，第 27 頁。
〔註6〕馬克思：《資本論》第二卷，第 66～67 頁。
〔註7〕馬克思：《剩餘價值論》第三卷，第 519 頁。

轉化的表現，而中國的高利貸資本和貨幣經營業卻沒有完成這種轉化。作為中國的高利貸資本——典當，雖然歷史悠久，且在明清時期的江南地區也曾出現轉化的徵兆，但卻未能完成轉化。史實告訴我們，直到道光初年都沒有發現江南地區有銀行的存在。典當業之所以沒有完成這種轉化，可能與它不願放棄月息三分高額剝削的頑固性有關。同樣，作為中國的貨幣經營業——錢鋪，雖經幾個世紀的發展，至乾嘉時期已相當可觀，但卻未發現它對工商業放款。可能是因為資本較弱，無力提供貸款，從而也沒有完成向銀行轉化。〔註8〕在中國，既然高利貸資本和貨幣經營業都沒有轉化為銀行業，剩下的就只有另一種可能，由產業資本或商業資本創造一種屬於自己的銀行業，因而在清雍正乾隆之交，即18世紀二三十年代，產生了經營工商業借貸業務的銀行業。但此種銀行業只有「銀行」之名，而無現代意義上的銀行之實，相當於錢莊。由上可知，現代意義的銀行不是中國封建經濟體的產物。

銀行作為現代金融機構，它是伴隨著西方資本主義工商業的發展而產生的。近代中國銀行業不是中國封建經濟體內自發產生的，而是在外國資本輸出加劇、經濟侵略加深的情況下，為與外資銀行相抗衡而產生的。鴉片戰爭後，中國成為帝國主義的商品銷售市場和原料掠奪基地，列強設在中國的企業日益增多，資本周轉數額巨大。就當時對外貿易而言，同治三年（1864），進出口貿易總額是9486.4943萬海關兩，光緒二十年（1894）增加到29020.7433萬海關兩，在31年間，增加了兩倍還多。宣統三年（1911），更增加為84884.2109萬海關兩，在17年間，增加了1.9倍。〔註9〕對外貿易不斷上陞，直接需要金融業的擴大，而中國傳統的帳局、錢莊、票號已不能適應現實需要，這就必然要求用現代新式銀行來調劑融通資金。同時，帝國主義國家在華設立的銀行，操縱中國的金融業，他們獲得的高額利潤對中國資產階級形成了極大的誘惑，也大大刺激了中國人自辦銀行的意圖。

總之，中國新式銀行的產生，帶有社會歷史的特徵，是當時形勢發展的必然產物。正如吳江所說：「中國銀行業的發展，並不像一般資本主義國家的銀行業那樣是工業生產發展的結果，而是由於帝國主義在華貿易的發展，政府財政上的需要……以及內地財富集中沿海口岸的結果；同時，也由於在

〔註8〕參見黃鑒暉：《中國銀行業史》，山西經濟出版社，1992年，第28～30頁。
〔註9〕楊瑞六編著：《清代貨幣金融史稿》，生活・讀書・新知三聯書店，1962年，第368頁。

外國資本壓迫下許多官僚們覺得投資工業不如進行銀行投機業更爲有利」
〔註10〕的結果。

3、中國第一家近代銀行的出現

中國通商銀行作爲中國第一家現代銀行成立於 1897 年 5 月 27 日（光緒
二十三年四月二十六日），創辦人是時任督辦鐵路總公司事務大臣太常寺少卿
盛宣懷。1896 年 11 月 1 日（光緒二十二年九月二十六日），盛宣懷在向光緒
帝上奏《自強大計摺》時，附上「請設銀行片」，說：「近來中外士大夫灼見
本末，亦多見開設銀行之議。商務樞機所繫，現又舉辦鐵路，造端宏大，非
急設中國銀行，無以通華商之氣脈，杜洋商之挾持。」〔註11〕陳述了在中國
開設銀行的必要性和緊迫性。但他認爲銀行應由商家來辦，官方應予扶持，「臣
惟銀行者商家之事，……擬請簡派大臣，遴選各省公正殷實之紳商，舉爲總
董，號召華商，招集股本銀五百萬兩」；並建議總行應設在商業繁盛的上海，
其餘各省會、各口岸，逐次添設分行；銀行用人辦事「悉以滙豐爲準，而參
酌之，……總期權歸總董，利歸股商……」。〔註12〕光緒皇帝閱後批示交由軍
機大臣、總理各國事務衙門和戶部妥議具奏。

經上述三大中樞首腦奕訢、李鴻章、翁同龢協商後，認爲銀行可以開辦，
便於 11 月 12 日通知盛宣懷，說奉皇上面諭：「責成盛宣懷選擇殷商，設立總
董，招集股本，合力興辦，以收利權。」12 月 17 日又正式下達諭旨，命令盛
宣懷開辦銀行。獲得皇帝恩准後，盛宣懷便開始組織其幕僚和懂商務的一些
人「以滙豐爲準」，擬訂了《中國通商銀行章程》22 條，計劃招集股銀 500 萬
兩，開始遴選商董。

作爲傳統社會中的新生事物，中國通商銀行的開辦並不是一帆風順，從
籌備到成立可謂「艱難曲折」。一方面，帝國主義對中國自辦銀行千方百計地
進行阻撓和打擊。如帝國主義分子赫德企圖插手中國自辦銀行事務，當他聽
說中國要自辦銀行時，就揚言要招華資開設中英銀行，企圖掠奪商股。盛宣
懷深知赫德有海關在手，華商易被籠絡，赫德計劃如果實現，通商銀行就辦

〔註10〕 吳江：《中國資本主義經濟發展中的若干特點》，《經濟研究》1955 年第 5 期，
第 70 頁。

〔註11〕 盛宣懷：《請設銀行片》，《皇朝經世文新編》卷 2，《愚齋存稿》第 1 卷，第
14～15 頁。

〔註12〕 參見楊瑞六編著《清代貨幣金融史稿》，生活・讀書・新知三聯書店，1962
年，第 370 頁。

不起來。於是向有關方面接連不斷的聯繫催洽，強調「聞赫德覬覦銀行，此事稍縱即逝」。要求清政府早日批准通商銀行的開辦。〔註13〕另一方面，國內封建頑固勢力認爲開設銀行有動搖「國本」之虞，會造成混亂，對自辦銀行竭力阻遏，百般刁難。他們針對通商銀行的章程多所駁詰，致使招股工作大受影響，正擬入股的人裹足不前，已入股的人有的要求退出，原定 1897 年 4 月間開業，不得不推遲。爲了把通商銀行開辦起來，盛宣懷對駁詰各點逐一解釋，並多方交涉以獲取支持。幾經周折後，中國通商銀行在清朝統治集團內部傾軋爭吵和帝國主義國家覬覦之下，才於 1897 年 5 月 27 日（光緒二十三年四月二十六日）艱難誕生。是年，就將業務發展到全國各地，在漢口、廣州、汕頭、煙臺、鎮江等處設立分行。

中國通商銀行是仿傚西方銀行成立的有限股份制銀行，也是中國第一家以「銀行」命名的銀行。其規定資本銀 250 萬兩（資本額擬定爲 500 萬兩，先收半數 250 萬兩），實收資本 213 萬兩，所以是中國銀行業有史以來出現的第一家大銀行，開創了中國大銀行和股份制銀行的新紀元。

創生於晚清時期的中國通商銀行並非完整意義上的現代金融機構，對清王朝仍然有很大的依附性。如盛宣懷雖在「請設銀行片」中，強調「銀行者商家之事」，應由商董自行經理，但又請派大臣，遴選各省公正殷實之紳商，舉爲總董；對於股本的籌措，他主張利用半公半私的輪船電報兩局華商股份，但又請撥生息公款；對於營運資本，主張不徇私情，抵押放款，但又請將各省官款統交銀行收存彙解。所以，張之洞稱這家銀行具有「不官不商，亦官亦商；不中不西，亦中亦西」兩種特性。

（二）中國近代銀行業的發展

1、早期發展概況（1897～1911 年）

1897～1927 年是中國現代銀行業的早期發展階段。該階段中國銀行業發展速度較爲緩慢。其中，1897 至 1911 年 15 年間一共只增設了十幾家銀行，平均每年不到兩家，且還有部分創建不久即歸倒閉。〔註14〕其中比較重要的幾家略述如下：

〔註13〕洪葭管：《在金融史園地裏漫步》，中國金融出版社，1990 年 03 月第 1 版，第 155～156 頁。

〔註14〕唐傳泗、黃漢民：《試論 1927 年以前的中國銀行業》，《中國近代經濟史研究資料》第 4 輯，上海社科院出版社 1985 年版。

（1）第一家國家銀行——戶部銀行。1904 年清政府戶部以中國向無國家銀行對「國用盈虧不足資以輔助」為由，奏請設立「戶部銀行」。1905 年 8 月，清政府批准的第一家國營銀行——戶部銀行宣佈成立，設總行於北京。戶部銀行開辦時資本 400 萬兩，每股 100 兩，共 4 萬股。官商各認購一半，是一家官商合辦銀行。1908 年戶部改為度支部，戶部銀行也改稱「大清銀行」，總辦改稱監督。擬訂「大清銀行則例」24 條，規定添招資本 600 萬兩，仍為官商合辦，除戶部銀行所規定業務外，還有代募公債之特權，分支行處遍設各省。戶部銀行的業務發展很快，以存款為例，1906 年為 1056 萬兩，而到了1911 年上半年為 6339 萬兩，而同樣擁有眾多分支機構的中國通商銀行的存款卻只有 200 萬兩上下。〔註 15〕大清銀行具有雙重職能，既試圖向中央銀行方向發展，致力於統一國庫，經理各地關稅和對外賠款，具有中央銀行性質，又從事工商各項存放彙業務，具有商業銀行的性質。可見「大清銀行」是綜合性的國家銀行。1911 年，革命軍起，大清銀行宣告停業，上海大清銀行改為中國銀行。民國元年，各地分支處出均改稱中國銀行。1913 年 4 月 15 日，公佈「中國銀行則例」13 條。

（2）第一家儲蓄銀行——信成銀行。信成銀行成立於 1906 年 4 月 28 日（光緒三十二年四月初五日），資本 50 萬元，全部為商股。創辦人是無錫人周廷弼，時任商部三等顧問官候選道，為亦商亦官的名流。周曾赴日考察銀行業，回國後即按日本各銀行法規創辦銀行。按周氏自己的解釋，他所辦的銀行「係為方便小本經紀及凡農工商食力之夫積存零星款項而設。存款不拘多少，無論何人，凡有銀洋滿一元以上，均可存儲行中生息」。〔註 16〕這改變了當時銀行不收受零星小款的情況。所以，信成銀行可稱為中國儲蓄銀行之鼻祖。信成銀行總行設在上海，在無錫、南京、天津、北京四地設有分行，總計前後共收資本 110 餘萬元。1911 年，「辛亥民軍起義，該行輸納不少，卒以金融緊迫而告停業。」〔註 17〕

（3）其它私營、國家銀行的設立。1907 年郵傳部奏准籌設交通銀行，辦理輪船、鐵路、郵政、電報四個部門的款項收付，以便集中資金，靈活調度，

〔註 15〕西南財經大學經濟研究所編：《中國金融史》，西南財經大學出版社 1993 年版，第 177 頁。

〔註 16〕楊端六：《清代貨幣金融史稿》，生活・讀書・新知三聯書店，1962 年，第 376 頁。

〔註 17〕王志莘：《中國之儲蓄銀行史》，商務印書館 1934 年版，第 21 頁。

改變「向由分儲，各立界限，此盈彼絀，不能互相挹注，……而鏴虧之折耗猶其顯焉者」情形。〔註18〕1908 年 1 月正式開業，資本額爲 500 萬兩，官股 4 成，商股 6 成，分 5 萬股，每股 100 元。先收 250 萬兩，郵傳部認購 2 萬股。該行總部設在北京，在上海、天津、漢口等地設立 23 個分行。交通銀行仿照各國普通商業銀行辦理，兼採中國通商銀行、四川濬川源銀行、浙江興業銀行各規則，與中央銀行性質截然不同；並援照商業各銀行銀號通則，兌出銀兩銀元票紙，以資周轉。其存款主要來自於政府機關、路、郵、電、輪的營業收入。對私人放款的比重較大，規模較大的求新造船廠、大生紗廠等企業都是交通銀行的客戶。

此外，浙江興業銀行原名浙江鐵路興業銀行，成立於 1907 年 10 月 16 日。股本初期定爲 100 萬元，先收四分之一開業，由浙江鐵路公司現認半數。總行初設於杭州，1916 年後遷往上海，分行有漢口、天津、南京、鄭州等處。銀行的主要投資人和董事，幾乎都是浙江、上海、和漢口的商人。他們認爲鐵路公司附設銀行不妥當，銀行應該獨立。於是，銀行便從浙江鐵路公司獨立出來，更名爲浙江興業銀行。民國建立後，該行發展較快，稱爲「南三行」之一。

總之，中國銀行業不是從錢莊、票號演變過來，而是仿照西方股份銀行的模式在半封建半殖民地的特殊社會環境中產生，繼而又在政局更迭中不斷發展。在外國銀行和錢莊、票號的夾擊中艱難生存，先天性脆弱，有的銀行開業不久就倒閉。所以，關於清末尚存銀行家數，各人所說不一，較爲混亂。〔註19〕參酌各書，筆者較爲認同楊瑞六的說法，認爲到 1911 年尚存銀行 12 家。茲將清末銀行設立及尚存的家數表列如下：

表 1-1：1896～1911 年設立銀行統計表

年度	銀行名稱	總行所在地	備　註
1896 年（光緒 22 年）	中國通商銀行	上海	--
1902 年	直隸省銀行	天津	--
1906 年	戶部銀行	北平	--

〔註18〕《清朝續文獻通考》（商務印書館十通本）卷 65。
〔註19〕楊蔭溥認爲是 7 家，見《中國金融研究》第 98 頁；錢亦石認爲 8 家，見《近代中國經濟史》第 213 頁；張家驤認爲 11 家，《中華幣制史》第 2 編；楊端六認爲是 12 家，《清代貨幣金融史稿》第 378 頁；洪葭管認爲 16 家，《金融話舊》，第 58～59 頁。

年度	銀行名稱	總行所在地	備　註
1906 年	濬川源銀行	成都	--
1906 年	信成銀行	北平	--
1907 年	四海通銀行	新加坡	--
1907 年	浙江興業銀行	上海	--
1908 年（光緒 34 年）	大清銀行	北平	由戶部銀行改組
1908 年	交通銀行	北平	--
1908 年	四明商業儲蓄銀行	上海	--
1908 年	信義銀行	鎮江	有說 1906 年成立
1908 年	裕商銀行	未詳	--
1909 年（宣統元年）	浙江銀行	杭州	--
1910 年	北洋保商銀行	北平	--
1911 年	福建銀行	福州	--
1911 年	四川銀行	成都	併入濬川源銀行
1911 年	殖邊銀行	天津	--

說明：＊屬省地方銀行。資料來源：張郁蘭《中國銀行業發展史》，上海人民出版社 1957 年版，第 27 頁。

表 1-2：清末尚存銀行家數統計表

銀行名稱	設立時間	備　註
中國通商銀行	光緒 22 年設立	--
大清銀行	光緒 30 年開設戶部銀行	光緒 34 年改稱大清銀行
濬川源銀行	光緒 31 年設立	--
浙江興業銀行	光緒 33 年四月設立	--
交通銀行	光緒 33 年 11 月設立	--
四明銀行	光緒 34 年設立	--
浙江銀行	宣統元年設立	由官銀號改組
北洋保商銀行	宣統 2 年設立	--
廣西省銀行	宣統 2 年	由官銀錢號改組
直隸省銀行	宣統 2 年 9 月	由天津銀號改組
殖邊銀行	宣統 3 年 3 月設立	--
福建省銀行	宣統 3 年 8 月	由官錢局改組

資料來源：楊瑞六編著《清代貨幣金融史稿》，生活·讀書·新知三聯書店，1962 年，第 378～179 頁

2、快速發展時期（1912～1927 年）

南京臨時政府的建立及第一次世界大戰的爆發使中國民族資本主義工商業處於繁榮興盛階段，資本盈利率達到高峰。高額利潤誘使社會上大量閒置和間歇的資本流向借貸領域。〔註 20〕隨著工商業的發展和擴充，社會對借貸資本的需求，必然繼續增高。〔註 21〕這就給商辦銀行的發展帶來極爲有利的時機。

同時，南京臨時政府成立後，新的國家政權亦大力倡導和促進商業銀行的發展。1912 年 3 月，南京臨時政府命令財政部擬訂《商業銀行條例》十四條，體現了南京臨時政府發展商業銀行的政策。條例強調「商業銀行之組織萬不容緩」，「但銀行立業首貴穩固」，所以，既要積極扶持，又要管理與監督。在這個條例影響下，全國銀行家數逐年遞增。1911 年僅爲 16 家，1912 年增爲 37 家，1913 年爲 42 家，1914 年爲 47 家，1915 年爲 53 家，1916 年爲 59 家，1917 年爲 65 家，「本國銀行也就進一步發展起來」〔註 22〕。資本自 100 萬元至 500 萬元不等，中國銀行業的發展「向來未有如此之盛」〔註 23〕。然而，這一時期也是政局動蕩、軍閥混戰較爲頻繁的時期，遭擠兌倒閉、停業清理的銀行年有增加。根據唐傳泗整理的《1897～1925 年全國歷年開設的華資銀行簡略表》統計，1912～1925 年間，全國華資銀行歷年開設、停業和實存家數情況示如下表：

表 1-3：全國華資銀行歷年開設、停業和實存家數表

年　份	初期實存家數（1）	開設家數（2）	停業家數（3）	期末實存家數（1）+（2）-（3）	改組家數
1912	16	23	2	37	1
1913	37	11	6	42	-
1914	42	8	3	47	1
1915	47	10	4	53	1
1916	53	10	4	59	-

〔註 20〕參見馬克思：《資本論》第 3 卷，人民出版社 1975 年版，第 459 頁。
〔註 21〕唐傳泗、黃漢民：《試論 1927 年以前的中國銀行業》，《中國近代經濟史研究資料》第 4 輯，上海社科院出版社 1985 年版。
〔註 22〕洪葭管：《金融話舊》，中國金融出版社，1990 年 03 月第 1 版，第 58～59 頁。
〔註 23〕杜恂誠：《民族資本主義與舊中國政府（1840～1937）》，上海社會科學院出版社 1991 年版，第 159 頁。

年　份	初期實存家數（1）	開設家數（2）	停業家數（3）	期末實存家數（1）+（2）-（3）	改組家數
1917	59	11	5	65	1
1918	65	16	22（1918～1920年3年共停業家數）	103（1918～1920年3年共實存家數）	-
1919	-	22			-
1920	-	22			-
1921	103	33	69（1921～1925年5年共停業家數）	158（1921～1925年5年共停業家數）	-
1922	-	36			-
1923	-	30			1
1924	-	13			-
1925	-	10			1

原注說明：1、本表統計範圍不包括總行設在香港、海外的華僑資本銀行及各省之銀號；2、本表統計的僅爲資本在5萬以上之銀行；3、1918～1920年和1921～1925年的停業銀行數，因資料不全，故未能分年統計。資料來源：參見唐傳泗、黃漢民：《試論1927年以前的中國銀行業》，《中國近代經濟史研究資料》第4輯，上海社科院出版社1985年版，第63～64頁。

　　此外，華資銀行資本總額也在逐年上陞：1911年末，實存銀行16家，實收資本總額2.1555萬元；1920年，資本總額達到8.8084萬元，是1911年末的4倍左右；1925年實收資本總額增加到16.9140萬元，較1920年又增加92%。〔註24〕總之，辛亥革命後，中國銀行業獲得空前發展。從1912年到1927年，全國新設立銀行313家，資本總額達到20663萬元。日益壯大的中國銀行業蘊育著銀行公會的產生。

二、中國早期銀行公會的產生

　　當時，中國銀行業雖然發展較快，但中國的金融市場一直爲外資銀行所控制。新成立的各類銀行因缺乏健全的法制環境和監督機制而各自爲政，缺乏整體意識，所以「對外既不足以抵抗洋商銀行之競爭，對內復互相競爭傾軋，不獨消弱本身之力量，致無力應付偶來之風險」。〔註25〕爲了規範金融市場，避免惡意競爭，發揮同業間的自律監督輔助功能，並能擺脫外資銀行及

〔註24〕參見唐傳泗、黃漢民：《試論1927年以前的中國銀行業》，《中國近代經濟史研究資料》第4輯，上海社科院出版社1985年版。

〔註25〕陳光甫：《我國銀行公會之回顧》上海檔案館館藏資料，轉引自張天政博士論文《上海銀行公會研究（1937～1945）》，第21頁。

本國錢莊業的束縛或夾擊，維護華資銀行的公共利益及「矯正營業上之弊害」
〔註26〕，金融同業組織便應時而生。

1915 年 8 月 24 日，北京政府公佈了由泉幣司擬訂的《銀行公會章程》17
條，對銀行公會的組織形式、入會條件、職能及應盡責任等作了詳細規定。〔註
27〕1918 年 8 月 28 日，北京政府又公佈了由財政部補充修訂的《銀行公會章
程》14 條。其中，第 5 條規定，「各地銀行公會的組織設立係直接由財政部核
准，銀行公會的章程及其它各項規約，也是呈請財政部核准施行」。〔註28〕財
政部就成為銀行公會的最高主管官署。

同時，為促進同業公會的設立，1917 年 11 月，北京政府農商部致函各
地商會，指出「公會係為聯絡同行，改良業務起見，亟應遵照組織，以資
研究而維同業之利益」〔註 29〕，要求各地加快同業公會建設。接著，1918
年 4 月，北京政府頒佈了《工商同業公會規則》，該規則規定全國重要城市
的工商業必須按行業建立同業公會，並對同業公會的宗旨、職能、政府與
工商同業公會的關係等方面作出具體規定。《工商同業公會規則》在中國工
商同業組織的發展史上具有承前啟後的地位：首先，用法令來推廣工商同
業公會，這在中國近代是第一次；其次，從條款內容看，該法令已經相當
成熟，《商會法》中一些符合歷史潮流的條款都被移植了過來，並且更加完
善，許多條文後來一直留在南京國民政府頒佈的同類法令中；再者，從宗
旨看，宗旨是一個團體的靈魂，1918 年的《工商同業公會規則》對宗旨的
表述相當精湛，「工商同業公會以維持增進同業之公共利益及矯正營業之弊
害為宗旨」，1929 年及此後南京國民政府的幾個法令對宗旨的表述幾乎一字
不易照抄〔註30〕。

〔註26〕　《農商部公佈修正工商同業公會規則令》（1918 年 4 月 27 日）。中國第二歷史
　　　　檔案館編：《中華民國檔案資料彙編》第三輯農商（二），江蘇古籍出版社，
　　　　第 844 頁。
〔註27〕　《財政部總務廳機要科送還銀行公會章程至泉幣司付》（1915 年 8 月 24 日）。
　　　　中國第二歷史檔案館編：《中華民國史檔案資料彙編》第三輯，金融（一），
　　　　江蘇古籍出版社 1991 年版，第 56～58 頁。
〔註28〕　《財政部抄送改訂銀行公會章程公函》（1918 年 8 月 31 日）。中國第二歷史檔
　　　　案館編：《中華民國史檔案資料彙編》第三輯，金融（一），第 59～60 頁。
〔註29〕　天津檔案館編：《天津商會檔案彙編（1912～1928)》（一），天津人民出版社
　　　　1992 年版，第 192 頁。
〔註30〕　1929 年 8 月南京國民政府頒佈的《工商同業公會法》對同業公會宗旨的表述
　　　　與《工商同業公會規則》對宗旨的表述完全一致，前者照錄後者。

這樣，伴隨著中國銀行業的發展，銀行公會章程的制定及工商同業公會法的公佈實施，全國主要城市銀行公會逐步建立起來。上海銀行公會於 1915 年發起，1918 年正式成立。截至 1927 年止上海公會共有會員銀行 26 家，並創辦《銀行週報》（1917 年創辦）作為同業交流信息、研究業務的平臺。同一時期，全國其它地方的銀行公會也隨之而生，從 1918 年到 1920 年，上海、漢口、天津、蘇州、杭州、哈爾濱等地先後成立了銀行公會。

第二節　成都銀行業發展概況

一、成都近代銀行業的產生及發展

（一）成都工商業發展簡況

由於近代銀行業是與工商業的發展相伴而生的，所以在分析成都銀行業發展概況之前，首先要瞭解成都工商業發展情形。

成都位於岷江、沱江之間，為一大平原。這裏河流交錯，土沃水美，夏無酷暑，冬無嚴寒，所以物產豐富，人口殷繁，堪稱天府之國。成都為四川的政治、經濟中心，全省的財政收支大部分彙集於此，眾多軍政文教機關團體和其人員消費，以及附近數十個富庶縣區人民的生活用品，皆仰賴成都的市場供應。又因成都所處位置在省內稍偏於西北，是川西、川北一帶貨物集散地，每年進出口貨物總值均在千萬元以上。〔註 31〕所以，成都在四川省內的經濟地位，是僅次於重慶的第二大商貿中心，工商業具有較強的發展潛力。

然而，清末民初，川戰頻仍，兵戈擾攘，社會動蕩不安。受其影響，成都工商萎頓，百業蕭條。兼之外國商品入侵，成都原有手工業奄奄待斃，而新興生產事業，又得不到社會的重視和政府的支持，無法成長起來。直到川政統一，市場穩定，工商業才稍現繁榮。據調查，成都 1934 年度進口貨物約值一千六七百萬元，以棉紗疋頭占首位。出口貨物約值一千二三百萬元，以煙葉為大宗。兩相比較，全年入超已有四百萬元。令據統計，全市重要商業資本，約值五百萬元，全年交易額約計二千萬元；工業資本合計有一百萬元，

〔註 31〕《抗戰前國家建設史料——貨幣金融》，參見秦孝儀主編：《革命文獻》第 74 輯，1978 年 3 月出版（臺灣），第 423 頁。

計有電燈廠三家，鐵工廠一家，紡織工廠五家，日用品製造如肥皂火柴皮革等工廠八家，全年營業約計一百五十萬元。〔註32〕由此可見，成都的工、商兩業尚欠發達。

由於成都工商業不甚發達，無法給予現代金融機構在成都的發展提供強勁動力，所以，成都新式銀行業出現的時間較晚於其它城市。〔註33〕成都的金融業主要握於錢莊之手，錢莊、銀號等傳統金融機構具有較強的實力，主導著成都金融市場。

（二）成都銀行業的產生

成都出現的第一家現代銀行是四川濬川源銀行，產生於清朝末年。它也是中國近代第一家地方銀行〔註34〕。1905年5月（清光緒三十一年五月），四川總督錫良向朝廷上《銀行章程》36條，呈請在川開辦濬川源銀行，其奏摺中說：「茲際銀緊錢荒，本省出入款項，亦復周轉不靈，官商咸以為苦。銀行為貨幣總匯之所，自應亟籌興辦，以濬財源」，並在其所呈報銀行章程中明確提出：「設立銀行牌名濬川源，取開通川省利源之意，……係為維持四川財政而設，應由藩司主政」〔註35〕。同年7月得到朝廷批准，10月正式成立濬川源銀行。當時只設有成都、重慶兩行，外面掛牌是「濬川源銀行」，內部關防則為「四川官銀行」，隸屬於省藩司，並委藩司為督辦，另派山西候補知府周克昌為總辦。內部組織基本仿照票號，資本總額共50萬兩，其中藩庫撥銀30萬兩，招募商股20萬兩，官商股本均於當年8月起息，年息5釐。主要業務是承彙公私款項，兼辦私人存放業務。1908年（清光緒三十四年），因商股提用資金者多，乃改訂規則，將商股一律退還，專用官本。其結賬期也照山西票號規矩，由原來的每年結賬一次，改為四年總結一次。〔註36〕由上觀之，

〔註32〕《抗戰前國家建設史料——貨幣金融》，秦孝儀主編：《革命文獻》第74輯，1978年3月出版（臺灣），第423頁。

〔註33〕如重慶的第一家華資銀行出現的時間早於成都。1900年，中國通商銀行在重慶開設分行，是近代四川出現的第一家華資銀行。

〔註34〕目前學術界對誰是中國近代第一家地方銀行尚有不同看法：有的認為從成立年限看，應是在成都創辦的「濬川源銀行」（1905）；有的認為從銀行性質看，應是在上海創辦的「信誠商業儲蓄銀行」。前者屬官辦，後者屬民辦。參見李飛主編《中國金融通史》第二卷第327頁；姜宏業編：《中國地方金融史》第188頁。

〔註35〕《四川官報》光緒乙巳年，第23冊。

〔註36〕《民國時期成都金融實況概述》（上）。成都市政協文史資料委員會編：《成都

濬川源銀行在性質上屬於省立銀行，其特點是打著「銀行」的招牌，實則爲官錢局，在當時中國的 30 餘家省立金融機構中，稱官銀行的僅此一家，其它各省大都稱官銀錢號或官錢局。

濬川源銀行成立後，業務不斷拓展，先後在北京、上海、漢口、宜昌、涪陵、五通橋、自流井等地相繼建立分行。除存彙官款外，還以藩庫爲後盾，資金可隨時流用，有力的支持了存放業務。同時，銀行資金一律實行支發票項，不准挪作別用；銀行業務在於「維持財政，擴大商業」〔註37〕。可見濬川源銀行的創辦宗旨和經營方針，已不同於舊式的票號、官錢局，而多少具備了一些資本主義的性質。辛亥期間，成都兵變，藩庫存銀 200 餘萬兩被洗劫一空，濬川源銀行成都總行庫存銀 23 萬餘兩亦被搶光，該行乃告歇業。〔註38〕民元之後，該行於 1913 年復業，1927 年復又解體。

1907 年 5 月成都商人季念祖「仿外人儲蓄勸業銀行辦法，……大行招集股本，組織一銀錢總匯業」，準備成立成都信立錢業有限公司〔註39〕。該公司訂立章程，公舉總、副司理各一人，設立庶務所。股份分爲九七平銀 20 萬兩，每股 10 兩，共 2000 股。業務範圍爲「抵借、信貸、存放三部。係銀行之營業」。由於種種原因，遲至 1908 年 9 月才正式在農工商部註冊。〔註40〕該銀行是成都出現的第一家私有銀行，開創了成都設立私人銀行之先河。

當時，成都各類新式銀行無論在資金規模還是從營業範圍，與佔據經濟生活主導地位的票號、錢莊相比，都不佔優勢。加之，當時銀行業處於初創時期，人們對其尚缺乏瞭解，「縱有豐裕資金，亦需仰息錢莊，方能與工商業發生關係」〔註41〕。就連銀行自身在工商業放款中，也不得不「大都假手錢莊」。〔註42〕所以，其影響和作用十分有限。儘管如此，新式銀行客觀上適應了近代工商業發展的需要，代表了成都金融業發展的趨勢。

文史資料選輯》（第 8 輯），1985 年，第 13 頁。

〔註37〕《彙報》1905 年 6 月 28 日，第 8 期，第 41 號，「時事」第 314 號。

〔註38〕何一民主編：《變革與發展：中國內陸城市成都現代化研究》，四川大學出版社，2002 年版，第 254 頁。

〔註39〕《四川官報》丁未年第 12 冊，「新聞」。

〔註40〕《商務官報》戊申第 25 冊，「公司註冊各案摘要」。

〔註41〕周開慶著《四川經濟志》，臺灣商務印書館發行，1972 年 8 月版，第 122 頁。

〔註42〕平漢鐵路管路局經濟調查班編：《支那經濟資料·2·重慶經濟調查》（上卷），日本東京株式會社生活社 1940 年發行。轉引時廣東博士論文《1905～1935：中國近代區域銀行發展史研究——以聚興誠銀行、四川美豐銀行爲例》。

（三）成都銀行業的發展

1、初步發展時期（1912～1925 年）

成都銀行業曾在辛亥革命中遭受重創，又在其後的軍閥割據中陷入極度混亂狀態。成都銀行業就是在這樣的環境下艱難的向前發展。

濬川源銀行在成都兵變後停歇，財政部於 1912 年 1 月在濬川源銀行舊址成立「四川銀行」。該行既無資金，也無發行準備，依靠軍政府支持，濫發毫無準備金的軍用票，並強制推行使用，導致軍用票價格跌落，失信於民。代理川督胡景伊為維持幣信，穩定金融，對拒用軍用票者，不惜殺人以資儆服（蜀商陳少卿即以拒用軍用票而獲罪被殺），仍然無濟於事。四川銀行旋即隨著軍用票的貶值而於同年撤銷。〔註43〕

1913 年初，川督胡景伊恢復了濬川源銀行，總部設在成都，代理省庫。1914 年，該行總經理黃雲鵬想借商力恢復元氣，將濬川源銀行改為官商合辦，資本 100 萬元，官四商六。1915 年，陳宦督川，又將濬川源銀行改為官辦，退還商股。1920 年靖國軍川軍總司令熊克武戰敗退出成都，濬川源銀行總、支行也因受戰事影響而宣告停止營業。此時成都亦無地方銀行。1923 年，熊克武再次奪回成都，在署襪街濬川源銀行舊址成立成都官銀號，負責發行紙幣，成都地方銀行又告恢復。1924 年，熊克武、劉成勳失敗退出成都，楊森入住成都，撤廢成都官銀號，尚未收兌之官銀票亦全部作廢。楊森主政成都期間，成都既無地方銀行，也未發行過紙幣。〔註 44〕一切公私交易，皆用現金。

此外，1915 年 4 月，中國銀行在成都設立分行，後改為支行，行址在署襪街原大清銀行舊址。該行有代理國庫之權，辦理一切公款收支。因所發行的兌換券準備充足，所以信用堅固。後因金融風潮，軍閥壓迫提款，中國銀行在民間的絕好信用開始喪失，幣價即告下跌。

這一時期，成都的私家銀行也開始緩慢發展起來，根據銀行業主籍貫劃分，可分為成都、重慶兩幫。1913 年，成都一些熱心銀行事業的士紳與四川省議會副議長朱大鏞擬籌辦「殖邊銀行」，以開發邊區實業、裕國富民為號召，

〔註43〕參見《民國時期成都金融實況概述》（上）。成都市政協文史資料委員會編：《成都文史資料選輯》（第 8 輯），1985 年，第 15 頁。

〔註44〕何一民主編：《變革與發展：中國內陸城市成都現代化研究》，四川大學出版社，2002 年版，第 255 頁。

擬招股集資 2000 萬元（每股 100 元）。因過於浮誇，不求實際，及內部紛爭等原因，結果未能如願。1914 年，從殖邊銀行中退出的副董袁弼臣等另行籌組「勸業銀行」，同樣號稱籌資 2000 萬元（每股 100 元），同樣虛張聲勢，不求實際，結果仍無下文。

同時，重慶作爲西南地區重要口岸城市，受經濟急速發展趨勢的強勁拉動，金融業較西南地區其它城市發展爲快，新式銀行業以超乎尋常的速度急劇發展起來。〔註 45〕爲了開拓市場，重慶的一些資力較強的銀行紛紛來成都開設分支行處，也促進了成都銀行業的發展。它們是：（1）聚興誠銀行成都分行，該分行成立於 1917 年，行址在成都華興街，總行設在重慶，註冊資本 100 萬元，其主要營業爲收受存款及抵押放款等。因其資金雄厚，匯兌方便，信用度高且經營靈活，故業務蒸蒸日上。但 1921 年後，重慶總行發生危機，陷入困境，兼以時局不穩，軍閥混戰，成都分行因之業務萎縮。1923 年，成都發生官銀票災難，爲保全信譽，成都分行準備大量現銀，保證兌現所發執照。這一做法不但贏得商民的信任，而且扭轉了業務不振的狀況，並於成都增設了幾個辦事處和倉庫，增辦了各種定期儲蓄存款等業務。聚興誠銀行成都分行，因其信用堅固，經營靈活，所以業務呈現一派生機，從而在成都金融業中佔據重要地位。（2）大中銀行成都分行。1919 年，重慶大中銀行成立，號稱集資百萬，並先後在成都、上海、天津、漢口開設分行。後因直奉開戰，奉軍敗退北京，所欠北京總行借款無法收回，受其牽連，成都分行因之擱淺。（3）中和銀行成都分行。該分行成立於 1922 年，由重慶官商合組而成，主要經營劉湘的軍需出入款項，得此官款周轉，營業頗佔優勢。該行先後在成都、敘府、萬縣等地設立分行，後因軍款收不敷支，呆滯過巨，漸難支撐。1923 年，成都官銀號撤廢，市面金融紊亂。受此影響，該行遂告停撤。

綜合以上，這一時期（1911～1925 年）是成都現代銀行業的初步發展時期，不管是國家銀行，還是省地方銀行，抑或私營商業銀行都已出現，並獲得初步發展。但因局勢不穩，大多數銀行在缺乏政府保護的情形下，或自生自滅，廢存無常；或慘淡經營，勉強圖存。

〔註45〕川省金融業向以成都爲中心，1896 年重慶開埠之後，重慶經濟地位逐漸提高，整個四川的經濟重心逐漸東移，國家銀行和外省銀行紛紛來渝開設分行。重慶乃成爲四川乃至西南地區的金融中心。參見重慶金融編寫組編：《重慶金融（上卷）》，1991 年 8 月版。

2、畸形繁榮時期（1926～1933 年）

1925 年 11 月，四川統一之戰結束，楊森退出成都，鄧錫侯、田頌堯、劉文輝三支軍隊進駐成都，成都開始成為「三軍」共管區域。「三軍」共管成都長達八年（1926～1933 年）之久，最初幾年他們在表面上尚能和平共處，政局較為安穩，工商業有所發展。但為擴充實力，各軍閥大都插手金融行業。他們把開設銀行視為搖錢樹，為擴軍籌餉，攫奪財源，往往以活潑金融為名，濫設毫無準備金的銀行。同時，各銀行也主動向軍閥攀緣，以尋求支持和政治庇護，藉以保存和發展自己。這樣，「軍閥視銀行為外庫，銀行視軍閥為利源」〔註 46〕，雙方各取其利，一時成都的金融業呈現畸形繁榮之態。其中，僅「三軍」開設的銀行就有以下幾家。詳見下表：

表 1-4：成都「三軍」時期開設的銀行

軍系	行莊名稱	成立時間（年）	資本（元）	出資人	負責人	備　註
28 軍	天府儲蓄銀行	1927	40 萬	王愼等	鄧國璋	提督街
	西南儲蓄銀行	1929	40 萬	鄧國璋 陳書農	李克狀	春熙北路
	蜀信商業銀行	1928	40 萬	鄧錫侯	雷少成	春熙南路
	新川銀行	1931	40 萬	鄧錫侯	李光含	原康泰祥改，在東大街
24 軍	裕通銀行	1926	20 萬	劉文輝	文和笙	東御街
29 軍	四川西北銀行	1930	20 萬	田頌堯	常惠清 林誌筠	春熙路
其它	民信平民銀行	1928	2000	段治平	--	春熙路，合作社性質
	心記銀行	--	--	--	--	--

說明：1、本表所列主要是「三軍」直接開設的銀行，不包括成都原有的中國銀行、聚興誠銀行及「三軍」開設的錢莊，也不包括成都以外四川各地的行莊。由於當時各銀行廢存無常，無法確切統計，其實際數量遠不止這些。2、民信平民銀行 1935 年歇業，心記銀行 1930 年歇業。3、表中所示各項內容係參照《成都文史資料選輯》第 8 期和匡珊吉、楊光彥主編《四川軍閥史》綜合而成。

〔註 46〕　《民國時期成都金融實況概述》（上）。成都市政協文史資料委員會編：《成都文史資料選輯》（第 8 輯），1985 年，第 16 頁。

以上各家銀行，無論是「三軍」直接開辦，還是由與軍政當局關係密切的各方人士所辦，都是自行批准，沒有財政部備案，基本上不具合法性。其資金來源和營利的獲取，都與軍事掠奪、政治強制有著密切的聯繫，往往隨軍閥勢力的消長而消長，廢存無常。同時，銀行、錢莊在各路軍閥支持下一轟而起，業務競爭自然十分激烈，經營路徑更是五花八門，金融市場極為混亂。所以，「三軍」時期，包括銀行、錢莊在內的成都金融機構雖然多達 70餘家，形成一種畸形繁榮現象，但大多經不起市場競爭的考驗，在不斷的擠兌風潮和戰事影響下，紛紛倒閉。到 1933 年底「二劉」大戰結束時，除中國銀行和聚興誠銀行等尚存外，其餘銀行所剩無幾。

二、成都金融業的地位

1934 年，四川軍閥混戰結束，川政統一。劉湘任川省主席，在召開21 軍成區財政金融會議後，去南京向蔣介石、孔祥熙請示，回川後便著手整理紊亂已久的四川貨幣金融。不久，蔣介石入川，先後設四川財政特派員、駐川財政監理處，開始對全川財政金融進行整理和控制。1935 年 11月，法幣政策開始在川推行。自此，四川的幣制暫時歸於統一，金融漸趨穩定。

1934 年 3 月，劉湘進駐成都；1935 年四川省政府、四川善後督辦公署和四川「剿匪」總司令部均由渝遷蓉。隨著劉湘和各機構來蓉，重慶各銀行鈔券隨之在成都市場上流通，重慶的川康、川鹽、美豐、市民、四川、重慶、四川商業等 7 家銀行也先後來蓉開設分支機構。它們的資金和業務遠勝於成都原有之銀錢業，居於優勢地位，對成都千瘡百孔的金融業起到了彌補作用。同時，隨著國民黨勢力深入四川，中央、中國、交通、農民四大國家銀行及中央信託局、郵政儲金彙業局等國家行局均來成都設置分支機構，其所擁有的雄厚資金，增強了成都金融的活力，推動了成都社會經濟和工商業的發展。這樣，成都恢復了全省財賦散聚中心的地位，公私消費大增，工商業逐步復蘇。成都金融業逐步恢復並日趨繁榮，從國家到地方再到私營銀行都已建立，銀行業逐漸佔領金融市場的主導地位，並逐漸形成了一個完整的金融體系。下表反映了成都市銀行數量分佈狀況。

表 1-5：1934 年成都市銀行數量統計

區域	東區	南區	西區	北區	外東區	共計
數量	16	18	1	2	1	38

資料來源：《四川省公安局工作年報》1934 年，轉引何一民主編：《變革與發展：中國內陸城市成都現代化研究》，四川大學出版社，2002 年版，第 257 頁。

　　總之，川政統一之後，隨著成都社會經濟的逐步復蘇和和銀行業的發展，成都變爲四川乃至西南地區僅次於重慶的第二大金融重鎮。成都銀行業的發展和金融重鎮地位的形成，蘊育著銀行同業公會的誕生。

第二章 成都銀行公會的產生及會員概況

第一節 成都銀行公會的產生

一、合法性問題分析

　　合法性是政治社會學的一個概念，它表明的是某一個具體事物具有被承認、被認可、被接受的基礎，該基礎即為合法秩序。它由道德、宗教、習慣和法律等構成的，且還涉及行為規則與社會資本等因素，一定的社會價值或共同體所沿襲的各種先例也可以成為合法性的基礎。所以，合法性分解為社會（文化）合法性、法律合法性、政治合法性和行政合法性四個方面。一個社團是否具有合法性，那就取決於它能否經受某種合法秩序所包含的有效規則的檢驗，其中，法律是一個特殊且十分重要的規則。〔註1〕下面所要討論的就是成都市銀行公會的法律合法性問題。

　　法律合法性是指某一組織由於滿足了法律規則而獲得的合法性，實質上就是它的產生和發展是否有相應的立法作為保障，是否合乎當時的法律法規，以及它是如何在既有法律的框架內開展工作。考察民國時期成都銀行公會的法律合法性問題就是看它的產生是否符合法律程序，其開展活動是否得到法律的許可。

〔註1〕參見高丙中：《社會團體的合法性問題》，《中國社會科學》，2000年第2期。

　　成都市銀行同業公會成立於 1934 年 5 月。之前，早在 1904 年 1 月，晚清政府商部就正式頒佈近代中國第一部商會組織法規——《商會簡明章程》，鼓勵各地建立商會，以加強商人之間團結和官商之間的溝通。民間的發展趨勢和政府的主導勸辦結合在了一起，大大促進了商會在中國的推廣。商會在當時對於推動各地經濟發展起到了一定的作用，而且在辛亥革命的動亂當中，它對於穩定地方的秩序方面也起了很重要的作用。辛亥革命以後，各種實業團體開始在全國湧現出來了。北京政府於 1915 年頒佈了《商會法》、《商會法實施細則》以及《商人通例》，第一次指出，總商會和商會均爲法人，須經國家農商部核准後方得設立。〔註 2〕承認了晚清以來各地商會的合法性。1918 年 8 月，北京政府農商部正式頒佈了《工商同業公會規則》及《工商同業公會規則實施辦法》，明確承認了傳統會館、公所及新興同業公會的法律地位，同業公會獲得了進一步發展的制度空間。1926 年，北京政府頒佈了《工商業同業工會法》，規定金融行業可依法組織同業公會。以上各條法律法規的頒佈，肯定了近代中國工商同業組織的存在，爲同業公會的，在一定意義上也爲成都銀行同業組織的創設營造了良好的法制環境。因此，可以將其視爲成都銀行公會成立的間接法律依據。

　　成都銀行公會成立的直接法律依據則是 1929 年 8 月南京國民政府頒佈的《工商同業公會法》。該法規定對於原有工商各業團體不論其公所、行會、會館或其它名稱，凡其宗旨合於《工商同業公會法》規定者，「均視爲依本法而設立之同業公會」，明令在一年之內必須完成改組。〔註 3〕在法律上強調以同業公會作爲行業組織的統一名稱，並強制設立，這標誌著同業公會在南京國民政府時期的發展進入了一個新的階段。由於該法是成都銀行公會成立的重要法律依據，其內容值得全部徵引。具體如下：

工商同業工會法　　1929 年 8 月 17 日頒佈

　　第一條　凡在同一區域內經營各種正當之工商業者均得依法設立同業公會。

　　第二條　工商同業公會以維持增進同業之公共利益及矯正營業之弊害爲宗旨。

〔註 2〕宋鑽友：《從會館、公所到同業公會的制度變遷——兼論政府與同業組織現代化的關係》，《檔案與史學》2001 年第 3 期。

〔註 3〕《工商法規彙編》，1930 年工商部編印，第 248～250 頁。

第三條　工商同業公會之設立須有同業公司行號七家以上之發
　　　　起，前項發起人於依第四條所規定訂立章程後，應造具該
　　　　同業公司行號及其營業主或經理人姓名表冊，連同章程分
　　　　別呈請特別市政府，或由地方主管官署轉呈省政府核准設
　　　　立。

第四條　工商同業公會章程須有該地同業公司行號代表三分之二以
　　　　上出席方得議決。

前項章程應載明左列各項事項：

　　　　一、名稱及所在地
　　　　二、辦理之事務
　　　　三、組織及職員之選任
　　　　四、關於會議之規定
　　　　五、關於同業入會出會及會員除名之規定
　　　　六、關於費用之籌措及其收支方法
　　　　七、關於違背公會章程者除除名外其它之處分方法
　　　　八、公會之存立期間

第五條　同一區域內之同業設立公會以一會爲限。

第六條　工商同業公會應於本區域內設置事務所。

第七條　同業之公司行號均得爲同業公會之會員推派代表出席於公
　　　　會，但受除名之處分者不在此限。

第八條　有左列各款情事之一者不得爲同業公會會員之代表：

　　　　一、虢奪公權者
　　　　二、有反革命行爲者
　　　　三、受破產之宣告尚未復權者
　　　　四、無行爲能力者

第九條　同業公會置委員七人至十五人，由委員互選常務委員三人
　　　　或五人，就常務委員中選任一人爲主席，均爲名譽職，但
　　　　因辦理會務得核實支給公費。

第十條　商會法關於職員及會議之規定於工商同業公會準用之。

第十一條　工商同業公會之職員有違背會章或其它重大情節者得由
　　　　　公會議決令其退職。

第十二條　工商同業公會有違背法令逾越權限或妨礙公益情事者，
　　　　　其在特別市者得由特別市政府命令解散，其在縣或市者
　　　　　得由縣政府或市政府呈准省政府命令解散，但均需呈明
　　　　　工商部備案。

第十三條　工商同業公會之預算決算及主要會務之辦理情形應於每
　　　　　會計年度終三個月以爲呈報所在地之主管官署備案。

第十四條　本法施行前原有之工商各業團體不問其用公所、行會、
　　　　　會館或其它名稱，其宗旨合於本法第二條所規定者，均
　　　　　視爲依本法而設立之同業公會，並應於本法施行後一年
　　　　　內依照本法改組。

第十五條　本法自公佈之日實施。

上述內容對同業公會設立的條件、宗旨、組織形式、入會資格等作了詳細規定，成爲各地同業公會制定章程的藍本。1930 年和 1932 年，南京國民政府又對該法的某些條文作了修正，使其更加完善。《工商同業公會法》的頒佈及對其修正，肯定銀行同業公會的存在，爲其建立和運行提供了一定的法律保障，也在一定意義上爲成都銀行公會的創立奠定了法律合法性基礎。

二、成都銀行公會的興起

1927 年以前，成都金融行業沒有同業公會組織，只有幫會。它分成兩幫，即專事兌換銀錢的換錢鋪、換錢攤組成的錢幫和以經營匯兌、存放款的銀號、錢莊、字號組成的匯兌銀錢幫。兩幫各有交易市場，但又聯繫緊密，二者之間互通交易行情和市場動態，以此作爲掌握貨幣兌換價格、存貸款利息和匯兌匯率陞降的依據。1927 年以後，爲適應新的形勢，這兩個幫會改組爲同業公會，分別成立了銀行錢業公會和錢幫公會。同年，成都聚興誠銀行發生擠兌風潮後，鄧錫侯爲了穩定金融，命令成都總商會健全銀錢匯兌幫組織，訂立匯兌幫規。隨即國民政府命令整理民眾團體組織，銀錢匯兌幫進行改組，成立銀錢業公會。但因當時成都只有中國銀行和聚興誠銀行兩家是經財政部批准的合法銀行，成立銀行公會不足法定行數〔註4〕，而原來匯兌幫的銀號、

〔註 4〕1918 年，北洋政府頒佈《工商同業工會法》，規定只要有同業三家以上即可組織同業公會。1929 年南京國民政府頒佈的《工商同業公會法》，規定需七家以上方可組織同業公會。

錢莊又不符合銀行的條件，便採取了權宜之計，將銀行、銀號、錢莊合併為銀行錢業公會，設執監委十餘人，中國銀行經理周仲卿為首任主席。當時對會員資格限制不甚嚴格，除銀行、銀號、錢莊、票號、字號外，一般商號只要兼營匯兌存放業務者皆可入會，所以會員人數驟然增多。1929 年 8 月，成都銀行錢業公會改組籌備處，並經市政府批准備案，後因該會討論俞鳳崗、梁鈞平借政治力量操縱金融壓迫同業問題，引發公會內部矛盾，致使會員退會、常委執監委一律辭職，改公會只好解體，另行籌備改組。〔註5〕（注：成都銀行錢業公會開會討論俞鳳崗、梁鈞平操縱金融壓迫同業問題，後梁到場公稱不諱、態度惡劣，而該會主席周仲卿不加制裁，反而強制會員發言，由此引發公會內部矛盾。）

1933 年川內戰事結束，成渝兩地交通無阻，於是渝幫銀行紛紛來蓉設立分行，同年底，重慶市民銀行首先來蓉開設分行。1934 年，四川地方銀行、四川美豐銀行、川康殖業銀行、川鹽銀行亦接踵而至，成都銀行數量增至 7 家，已足法定數量〔註6〕，可單獨組織銀行業同業公會。同時，隨著成都銀行業的進一步發展，籌設銀行公會以便規範金融市場，維持同業共同利益，並「矯正營業上之弊害」〔註7〕，成了成都金融界的共同願望。於是，以胡濬泉、張茂琴、康心遠、何兆青、楊夢侯等為首的成都銀行界的領軍人物開始思考並著手進行成立銀行公會的籌備事宜。

三、成都銀行公會的設立過程

銀行公會作為現代金融機構的同業組織，其設立必須符合一定的法律程序。根據《商會及工商同業公會呈報組織或改選時應具手續說明書》規定，同業公會設立時「應先報請當地高級黨部許可指導……；呈報備案時，應造具章程、會員名冊及當選委員名冊各四份，依次呈轉，不得逕自呈報」〔註8〕。因此，組建新的同業公會必需要經過一個由發起、籌備、審查、核准的過程，

〔註5〕 參見《民國時期成都金融實況概述》（上）。成都市政協文史資料委員會編：《成都文史資料選輯》（第8輯），1985年，第59～60頁。

〔註6〕 1929年8月，南京國民政府頒佈《工商同業工會法》明確規定：「同一區域之同業、公司、行號有七家以上須依法組織公會」。

〔註7〕 《工商同業公會法》（1929年8月7日），第2條。中國第二歷史檔案館編：《中華民國檔案資料彙編》第五輯第一編財政經濟（八），江蘇古籍出版社，1991年，第691頁。

〔註8〕 成都市檔案館：104-1-188。

才能最終取得合法地位。1934 年，成都銀行公會的成立嚴格遵循了這樣一個過程。

（一）組織籌備

1934 年 4 月 16 日，設在成都的中國、聚興誠、川鹽、川康、美豐、重慶市民、四川地方七家銀行的分行，齊集成都川鹽銀行內召開成都銀行公會籌備會議，發起各項籌組活動。並決定呈請成都市人民團體指導委員會辦事處「鑒核批准，許可給證」〔註 9〕。以獲取地方政府對該活動的支持及法律保障。

5 月 2 日，籌備會收到成都市政府指令，獲准同意成立銀行公會，並發給「許可證書」一份。〔註 10〕籌備會隨即召開會議，公推楊夢侯、張茂琴、陳樹屏、胡濬泉、康心遠、何兆青、余蜀芳 7 人為籌備員，組成成都銀行公會籌備委員會，總理各項籌備工作，並公推川鹽銀行經理楊夢侯為籌備委員會主任，聚興誠銀行經理張茂琴負責交際聯絡，中國銀行經理陳樹屏負責會計事務，美豐銀行經理胡濬泉負責總務。〔註 11〕

5 月 14 日，各銀行經理或負責人再次召開籌備會議，認為「本市銀行同業現有中國、聚興誠、川鹽、川康、美豐、重慶市民、四川地方七家，已足法定家數，應照國民政府公佈之《工商同業公會法》，正式組織成都市銀行業同業公會」〔註 12〕。會議擬具了準備事項六條：（1）、確定正式成立日期為 5 月 20 日正午 12 時，地點在川鹽銀行；應請來賓包括成都市人民團體指導委員會、市政府警備部、公安、建設廳、財政部、銀錢業公會、市商會等；（2）、通知每行各推代表三人報會；（3）、制選舉票；（4）、備席桌；（5）、刻正式印章、信封、信箋；（6）、19 日開會員大會籌備一切。〔註 13〕5 月 16 日，籌備會向成都市政府呈報擬具的銀行公會章程草案，呈請「批准立案」〔註 14〕。成都市政府通過第 426 號批示，准予備案。獲準備案後，籌備會決

〔註 9〕成都市檔案館：104-1-188。
〔註 10〕《成都市政府訓令》（1934 年 5 月 2 日），成都市檔案館：104-1-188。
〔註 11〕成都市檔案館：104-1-188，第 8～9 頁。
〔註 12〕《五月十四日籌備會議記錄》（1934 年 5 月 14 日），成都市檔案館：民國商會同業公會檔案，104-1-188。
〔註 13〕《五月十四日籌備會議記錄》（1934 年 5 月 14 日），成都市檔案館：104-1-188。
〔註 14〕《呈為遵章組織同業公會懇請許可給證事》（1934 年 5 月 16 日），成都市檔案館：104-1-188。

定於 5 月 20 日召開正式成立大會，並致函成都市市長鍾體乾，呈請屆時派員監督指導〔註 15〕。

待各項工作準備完畢後，成都銀行公會如期於 1934 年 5 月 20 日正午 12 時在川鹽銀行召開正式成立大會。每行選派 3 人，7 家銀行共計 21 名代表，他們是中國銀行的陳樹屏、徐學易、黎咸章；聚興誠銀行的張茂芹、劉祖蔭、陳錦樓；川康銀行的康心遠、王夢叔、沈仁波；美豐銀行的胡濬泉（馬季瑞代）、馬季瑞、張樹屏；地方銀行的何兆青、許子馥、呂漢才；市民銀行的余蜀芳、王伯楨、朱芝菲；川鹽銀行的楊夢侯、陳仲虞、曾鳴謙。此外，成都市政府監選委員楊天一、人民團體指導委員會委員植久安應邀蒞會，其它社會團體也應邀派出代表列席會議，主要有來自成都市商會和錢業公會的張煥庭、陳益庭、周見三、張希杜 4 人，華西日報的王怡庵、成都快報的楊雨雯、東方日報的丘化成等媒體記者對成都銀行公會的成立予以報導〔註 16〕。

可見，成都銀行公會成立之前的籌備過程較爲複雜，從發起到最終成立，中間包括許多環節。在此過程中需有地方政府的許可、指導及備案，以保證公會組織在政府許可的範圍內運行。這既表明成都銀行公會是依照法定程序設立的，也表明南京國民政府時期政府對同業組織的控制更加嚴格。

（二）成立過程

成都銀行公會的正式成立大會包括 15 項程序，依次是：（1）搖鈴開會；（2）全場肅立；（3）向黨國旗及總理遺像行三鞠躬禮；（4）恭讀總理遺囑；（5）靜默三分鐘；（6）籌備主任報告籌備經過；（7）推舉臨時主席；（8）通過章程；（9）選舉職員；（10）請行政長官致詞；（11）請來賓致詞；（12）臨時主席致答詞；（13）攝影；（14）聚餐；（15）散會〔註 17〕。根據上述開會程序，大會首先選出臨時主席，公推張茂芹擔任。臨時主席張茂芹當即致開會詞，並報告成都銀行公會籌備經過，略謂「本市已有七家銀行，值此不景氣時代，應有團結之必要，今日正式成立公會，以後當有利益」。其次，

〔註 15〕　《呈爲正式成立同業公會懇請派員監督指導事》（1934 年 5 月 18 日），成都市檔案館：104-1-188。

〔註 16〕　參見《成都市銀行公會成立大會會議記錄》（1934 年 5 月 20 日），成都市檔案館：104-1-188。

〔註 17〕　參見《成都市銀行公會成立大會會議記錄》（1934 年 5 月 20 日），成都市檔案館：104-1-188。

討論公會章程，該章程以重慶銀行公會章程爲藍本〔註18〕，共有 8 章 43 條，對銀行公會的會員、組織、會議、經費及處分等方面都作了明確規定。會上先對擬定的章程草案通讀一遍，然後再逐條進行解讀，各位代表發抒意見進行研討，直至全體會員對各條都無異議，才能最終通過。再次，大會進行公會職員選舉。根據章程規定，先由與會代表從全體會員中選舉委員 9 人、候補委員 3 人，組成委員會，再由委員中互選常務委員 5 人，組成常務委員會，最後從常務委員中推選主席 1 人，對外代表公會，對內總攝一切會務。成都銀行公會的常委人數原定爲 5 人，但在向政府立案時錯將常委人數筆誤爲 3 人，後陳樹屏、余蜀芳曾提議增爲 7 人，而市政府楊天一委員認爲「備案既爲三人，現時若需增加，得先向市政府呈請修改核准後始能實行」。植久安委員也不同意將常委人數改爲 7 人，稱「現在銀行爲七家，若常委定爲七人，未免過多，如要辦事便利，應以人少爲宜，與其增加常務不如添設監察數人」〔註19〕。隨將錯就錯，成都銀行公會的常委人數最終被確定爲 3 人。這是一個特例，其它地區銀行公會的常務人數至少爲 5 人。大會以無記名連舉法選出陳樹屏、張茂芹、何兆青、余蜀芳、胡濬泉、康心遠、楊夢侯、馬季瑞、許子馥 9 人爲執行委員，劉祖蔭、王伯臻（楨）、徐學易 3 人爲候補執行委員；選舉張茂芹、胡濬泉、陳樹屏 3 人爲常務委員；在 3 名常務委員中，胡濬泉以 40 票當選爲成都市銀行公會第一任主席。選舉結束後，植久安、楊天一兩位委員發表了訓詞，對公會提出要求，略謂「銀行占金融業主要地位，須互相團結，顧及信用，投資生產事業，勿互相妒忌」。來賓張煥庭、張希杜也分別致詞，向成都銀行界表示祝願。臨時主席張茂芹致答謝詞。最後，所有與會人員「攝像聚餐而散」〔註20〕。此爲成都銀行公會成立經過之詳細情形。

　　根據《工商同業公會法》規定「公會經省政府或隸屬行政院之市政府核准設立後，須轉報工商部備案」，並「應受省或政府及工商部之監督」，要求同業公會發起人按照規定將該同業公會所屬各公司行號及其營業主或經理人

〔註18〕「重慶銀行公會章程」是在 1931 年制定的，「成都銀行公會章程」的內容除將「重慶銀行公會章程」中的「重慶」改爲「成都」外，幾乎是一字不差的照抄。當時參與擬定「成都銀行公會」章程草案的籌備委員，有許多是隨著各「渝幫」銀行來成都開拓業務的，深受重慶方面的影響。

〔註19〕《成都市銀行公會成立大會會議記錄》（1934 年 5 月 20 日），成都市檔案館：104-1-188。

〔註20〕成都市檔案館：104-1-188。

姓名表冊、同業公會全體會員名單及成員選舉表冊、連同公會章程，分別呈請地方主管官署轉呈省財政部備案。〔註 21〕成都銀行公會正式成立後，即向成都市政府呈報全體會員名單、成員選舉表冊及議會記錄，呈請備案並轉呈各主管官廳，「懇請予以監督和指導」。至此，成都銀行公會作爲成都市現代金融同業組織正式誕生了，其全稱是「成都市銀行業同業公會」，初始會員有中國銀行、聚興誠銀行、川鹽銀行、川康殖業銀行、美豐銀行、地方銀行、重慶市民銀行 7 家，公會辦公地點在中新街川鹽銀行內。

　　爲進一步完善公會的組織機構，發揮其對各會員的領導、組織及協調作用，1934 年 5 月 22 日下午，成都銀行公會在川鹽銀行召開第一次全體執委大會，議決設立公會各職能部門，主要有：(1) 文書組 (2) 會計組 (3) 交際組 (4) 研究組 (5) 調查組，每組各設組長一人，由執行委員分別擔任。大會公推陳樹屛爲文書組組長，康心遠爲會計組組長，張茂芹爲交際組組長，何兆青爲研究組組長，余蜀芳爲調查組組長，並決定各行營業員均須爲調查組組員。〔註 22〕隨著成都銀行公會的正式成立及其組織機構的漸趨完善，其在成都金融界、工商界發揮的作用與影響必將日益顯著。

　　由上觀之：第一，成都銀行公會是依據相關法律法規並遵照法定程序設立的，具有法律上的合法性。第二，成都銀行公會具有自己的名稱、組織機構、固定場所及自己必要的財產和經費（第三章將論及經費），所以具有獨立開展活動的能力。第三，成都銀行公會具有特定的民事權力能力和民事行爲能力，能夠獨立承擔民事責任。如章程規定「本會辦理之事務如下：(1) 設立票據交換所和徵信所；(2) 辦理會員營業必要時之維持事項；(3) 調節會員與會員或非會員間之爭議事項；(4) 草擬關於金融業法規建議於政府；(5) 調查同業營業狀況；(6) 舉辦其它有利於金融業之公共事項。」〔註 23〕以上規定使成都銀行公會有自己明確的活動範圍，是具有民事行爲能力並且能夠獨立承擔民事責任的機構。因此，成都銀行公會是一個獨立的法人社團。〔註 24〕

〔註 21〕國民政府行政院頒佈：《工商同業公會法》，載《國民政府公報》，1929 棄 8 月 17 日；中國第二歷史檔案館編：《中華民國檔案資料彙編》第五輯第一編財政經濟（八），江蘇古籍出版社，1991 年，第 691 頁。

〔註 22〕《成都市銀行公會全體執行委員大會記錄》(1934 年 5 月 22 日)，成都市檔案館：104-1-188。

〔註 23〕《成都市銀行業同業公會章程》(1934 年 5 月 20 日)，成都市檔案館：104-1-188。

〔註 24〕參見李柏槐《民國時期成都工商同業公會研究》，2005 年四川大學博士學位論文，第 214～216 頁。

總之，成都銀行公會作爲銀行同業的自願聯合組織，具有社團法人地位，它不但能維護同業公共利益，推動同業向前發展，而且作爲國民政府進行金融管理的重要市場中介組織，必然在政府宏觀經濟管理和銀行金融微觀活動層之間發揮橋梁和紐帶作用。所以，成都銀行公會的成立標誌成都銀行業的發展向前邁出重大一步。

第二節　成都銀行公會會員職員介紹

一、會員銀行介紹

會員是同業公會的基本組成單位，以下僅就成都銀行公會初創時的七家會員銀行予以簡要介紹，因爲這七家銀行既是成都銀行公會的創始會員，也是核心會員。它們實力雄厚，在成都金融市場頗具影響力，各銀行代表始終在公會的管理層中擔任著重要職務，對成都銀行公會的產生、發展都能起到舉足輕重的作用。

（一）中國銀行

簡稱：中行；英文名：Bank of China；創立時間：1912 年 11 月；組織性質：股份有限公司。

該行由前大清銀行遞嬗而來，民國元年改名爲中國銀行，總行設於北平，分支行遍設於各省都會及重要商埠，有代理國庫、發行鈔票之特權。1916 年，袁世凱稱帝，反對蜂起，統一局面破裂。是年五月，北平政府命令中行停止兌現，中行上海分行不肯奉行，維持兌現，信譽得以保全，這成爲中行發展的轉折點。1917 年修改條例，照公司組織擬招足商股 1000 萬元；1921 年增收商股，官股亦次第改爲商股，已收股本達 1900 餘萬元。1927 年，中行總管理處應時勢之需遷到上海，改訂條例，專營國際匯兌；並加入官股 500 萬元，合商股共計 2500 萬元，張公權被推爲總經理。1935 年 3 月，財政部修改中行條例，增加官股 1500 萬元，合原股共爲 4000 餘萬元，官商各半。

中國銀行成都支行成立於 1915 年 4 月 4 日，行址在成都署襪北三街，時任（1934 年）經理陳樹屏。該支行以收受存款及商業放款爲主要業務，但因成都並非商業繁盛之地，故該支行 1934 年度放款之數尚不及存款數額三分之一。1934 年該行存款達 380 萬元，而放款則僅達 110 萬元，其中對政府放款約占三分之二，至於工商業放款，則至本年（1934）不足 3 萬元。存戶分定

期、活期兩種，放款利率平均爲 15 釐。1934 年全年成交申匯款：匯出約 210
萬元，匯入約 50 萬元；成渝匯款：匯出約 420 萬元，匯入約 400 萬元。1935
年 7 月 1 日該支行成立儲蓄部，存款分活期定期兩種。

（二）聚興誠銀行

簡稱：聚興誠；英文名：Young Brothers Banking Corportion；創立時間：
1915 年；組織性質：股份兩合公司；總行所在地：重慶；實收資本：100 萬元。

該行是近代四川最早成立的一家民營商業銀行，籌備於 1914 年，1915 年
在重慶正式成立，由重慶楊氏家族創辦，脫胎於清時的聚興誠商號。商號創
始人楊文光在清光緒年中，以其資力，從事進貨物進出口生意，獲利甚豐。
當時四川經營匯兌業的只有大清銀行，天順祥及山西票號數家，楊文光爲調
劑金融計，亦開始經營匯兌業務。辛亥革命後，聚興誠商號改爲銀行，定爲
股份兩合公司，集資 100 萬元，分有限無限各半。「無限股全屬楊君昆仲，並
認有股份一部，其餘股份售於親友，希仲、桀三分任總協理，業務蒸蒸日上。」
〔註25〕1921 年，該行增撥資金 40 萬元，呈准財部，創辦儲蓄。總行初設重慶，
1922 年，因分支行數增多，乃於漢口試設總管理處，以便管理。1929 年，又
遷回重慶。1938 年，該行由股份兩合公司改爲股份有限公司，資本總額爲 200
萬元，如數收足。該行所設貿易部，專事經營桐油，獲利甚豐。

聚興誠銀行成都分行成立於 1918 年，行址在成都華興街，時任（1934 年）
經理張茂琴。主要業務爲收受存款及抵押放款等。1934 年存款總額約 290 萬
元，放款月 90 萬元，其中政府方面約占 60%，商號僅占 40%。存款總類分定
期、活期兩種。1934 年匯出款項約計 1100 餘萬元，匯入約計 900 餘萬元。

（三）四川美豐銀行

簡稱：美豐銀行；英文名：The Mei Feng Bank of Szechuen；創立時間：
1922 年 12 月；組織性質：股份有限公司；總行所在地：重慶；實收資本：50
萬元。

四川美豐銀行成立於 1922 年 12 月，初爲中美合資設立，美資占 52%，
華資占 48%。向美國康乃梯克省（State of Connection）註冊，總行設重慶，
專營普通商業銀行一切事務。董事長及總經理均爲美國人。1927 年美方撤走，
將所有美股悉數讓渡華股承受，遂一易而爲完全華商。美豐銀行進入地方軍

〔註25〕周開慶：《四川經濟志》，臺灣商務印書館發行，1972 年 8 月版，第 116 頁。

閥控制時期。1933 年，股本總額增為 100 元，收足半數。1937 年，增加資本為 120 萬元；1938 年，增加資本為 300 萬元，康心如任總經理。

該行成都分行成立於 1934 年 3 月，行址在成都東大街，時任（1934 年）經理胡濬泉，襄理馬季瑞。該分行營業範圍完全以商業為主。1934 年份所收存款，最高額約 30 萬元，最低額約 15 萬元。放款最高額約 16 萬元，最低額約 8 萬元，幾乎全部為商業放款，對政府放款全年僅有 1 萬元。放款平均利率為 13.75 釐。1934 年全年所營貼現額 3000 餘元，利率為 1 分 5 釐。全年所營國內匯兌數額，共 171 萬元（匯入匯出合計）。

（四）重慶川鹽銀行

簡稱：川鹽銀行；英文名：The Salt Industry Bank of Szechuen；創立時間：1930 年 9 月；組織性質：股份有限公司；總行所在地：重慶；實收資本：120 萬元。

川鹽銀行創辦主旨是為扶助川省鹽業，故資本多由鹽商認集。資本國幣 200 萬元，實收 120 萬元，於 1932 年 6 月 10 日向財政部註冊，初名鹽業銀行。1931 年遭中和銀行停業牽累，幾乎將所收資本喪失殆盡。後經重新整理，改名川鹽銀行，並「事事公開，營業謹慎，一切投資事業皆不營謀，漸著信用，近來業務亦有進展，擬即逐步擴充，達扶住鹽業之本旨。」〔註 26〕1937 年，增資至 200 萬元，董事長吳受彤，經理譚備三、陳麓生、何說岩。

川鹽銀行成都分行成立於 1934 年，行址在成都中新街，時任（1934 年）經理楊夢侯。該分行和總行一樣，主要對鹽商做押匯、抵押放款及保險，同時還兼營商業存放，存款、匯兌、營業均頗發達。1934 年存款最高額達 36 萬元，最低額 24 萬元，其中商業放款占 60%，其餘為對政府放款，放款平均利率為 14.5 釐。

（五）四川地方銀行〔註 27〕

簡稱：地方銀行；英文名：The Local Bank of Szechuen；創立時間：1934 年 1 月；組織性質：官立無限責任；總行所在地：重慶；實收資本：125 萬元。

〔註 26〕中國銀行總管處經濟研究室編：《全國銀行年鑑》（1934 年），四川省檔案館：6.32/3。

〔註 27〕該行於 1935 年 10 月改組更名為四川省銀行，所有 10 月底以前四川地方銀行的債權債務及各項賬目全部移交四川省銀行，繼續經營。參考田茂德、吳瑞雨編：《民國時期四川貨幣金融紀事》，西南財經大學出版社，第 146 頁；重慶金融編寫組編：《重慶金融（上卷）》，1991 年 8 月第 1 版，第 187 頁。

民國以來，四川戰禍連年，經濟凋敝，金融混亂，軍政當局爲發展社會
經濟，調劑全川金融，扶助地方建設，促成貨幣統一，決定設立四川地方銀
行。1933 年 9 月 16 日，四川善後督辦劉湘任命郭文欽、唐華、康心如等 9 人
爲地方銀行理事，甘典夔、趙資生等 5 人爲監視，並任命唐華爲總經理，康
寶誌爲協理。額定資本 250 萬元，由公家先撥足半數 125 萬元，於 1934 年 1
月 12 日開幕。同時聘定李德釗、單汝玉、龐懷陵、湯壺嶠爲科長，張潤蒼爲
經濟調查部主任，創辦四川經濟月刊刊物一種，以灌輸經濟學術。

該行成立後，即發行兌換券，由省當局委託重慶的中國、聚興誠、重慶
平民、重慶、川鹽、川康殖業、四川商業、四川美豐等 8 家銀行與地方銀行
合組發行準備庫，發行地方銀行兌換券，其權限與地方銀行劃開獨立。嗣因
該行準備薄弱，若干計劃多未實現。有鑒於此，四川省政府經省務會議決定
設立省銀行，額定資本爲 300 萬元，撥足 200 萬元，於 1935 年 10 月底結束
地行，改組爲省銀行。1936 年 10 月，省政府會議議決：增加該行資本爲 1000
萬元，並呈准財政部發行輔幣券 1000 萬元。該行理事長周焯，總經理劉航琛。

四川地方銀行成都分行成立於 1934 年 3 月 13 日，行址在署襪街，經理何兆
青。該行爲省立銀行，除經理省庫外，兼營存款貼現及匯兌等業務。1934 年所收
存款，最高額達 67.1 萬元，最低額爲 14.9 萬元。放款最高額達 34.5 萬元，最低
額爲 27.4 萬元。其中對政府放款約占 80%，商業放款約占 10%，其餘爲農工放
款。1934 年全年所營貼現額最高達 4.5 萬元，最低爲 1.5 萬元，利率最高爲周息
18 釐，最低爲 15 釐。全年所營國內匯兌額，共 102.6 萬元（匯出匯入合計）。

（六）川康殖業銀行〔註28〕

簡稱：川康銀行；英文名：The Cultiration Bank of Chuen-kong；創立時間：
1930 年 9 月；組織性質：股份有限公司；總行所在地：重慶；實收資本：100
萬元。

川康殖業銀行由盧作孚、何北衡、劉行琛等發起，於 1929 年 5 月創立於
重慶。當時原定資本 400 萬元，實收 100 萬元，於 1930 年 9 月 1 日正式開業。
第一任董事有何北衡、盧作孚、劉行琛等七人，盧作孚任總經理。開業以來，
業務逐漸發展，先後增設申、漢、宜、萬各地分行及辦事處，營業更爲發達。

〔註28〕1937 年 9 月 21 日，該行與重慶平民銀行、四川商業銀行合併組成川康平民商
業銀行，在川康殖業銀行原址上開業，總資本 400 萬元，董事長劉航琛。參考
《民國時期四川貨幣金融紀事》，第 167 頁；《重慶金融（上卷）》，第 234 頁。

當時資產總額計爲 380 餘萬元，1932 年 9 月經股東會議決，改減資本爲 100 萬元。1933 年 11 月設辦事處於重慶都郵街，而北平、天津、南京等各埠之代理處，亦相繼添設。自是以後，業務之進展，日益可觀，存放款及匯兌均稱發達，此時資產總額已達 640 餘萬元。1934 年 1 月與四川美豐銀行合組營業事務總所於重慶，集合兩行之資力，以謀事業之發展。該行歷年對於工商業之投資不遺餘力，頗得社會人士之信賴。

川康殖業銀行成都分行成立於 1934 年 4 月 1 日，行址在成都南新街，時任（1934 年）經理唐之瀛。該分行以收受存款，投資商業爲主要業務。1934 年，該分行存款最高額約爲 2000 萬元，最低額約爲 8 萬元，放款最高額約爲 14 萬元，最低額約爲 5 萬元，其中商業放款占 66%，政府放款占 34%。1934 年全年所營貼現最高約 5 千元，最低約 1 千元。全年所營國內匯兌數額共 100 萬元（匯出匯入合計）。

（七）重慶市民銀行〔註29〕

簡稱：重慶銀行；英文名：The Citizon's Bank of Chunging；創立時間：1931 年 1 月 4 日；組織性質：股份有限公司；總行所在地：重慶；實收資本：國幣 50 萬元。

1929 年冬，潘昌猷、溫少鶴、李勁知、傅友周等，仿南京市民銀行之組織，呈請重慶市政府召集商民，共同發起重慶市市民銀行，資本總額 50 萬元，首由市政府認股 5 萬元，以示提倡，餘即分別向市民募足。1931 年 1 月 5 日開始正式營業。1932 年 2 月，召集第一次股東大會，選潘昌猷任總經理。1933 年 9 月，市政府撤銷官股，即令招募新股填足。1934 年 4 月 1 日，召開第二次股東大會，決議增資爲 100 萬元，分兩年募足。同年 8 月，因受萬縣市民銀行同名之影響，公佈更名爲重慶銀行，並向財政、實業兩部變更登記，換發執照。

重慶市民銀行成都分行成立於 1933 年 12 月 3 日，行址在春熙路，時任（1934 年）經理婁仲光。〔註30〕

〔註29〕1934 年 8 月 29 日，更名爲重慶銀行。因當年夏天萬縣市民銀行發生擠兌風潮而關門停業。由於「市民銀行」四字相同，惟恐波及重慶市民銀行營業，乃去掉「市民」二字。參考《重慶金融（上卷）》，第 240 頁。

〔註30〕上述 7 家銀行的資料主要來自中國銀行總管理處經濟研究所編：《全國銀行年鑑》，1934、1935 年，四川省檔案館：歷史資料目錄（六）財政經濟類，6.32/3；周開慶著：《四川經濟志》，臺灣商務印書館發行，1972 年 8 月版，第 117～121 頁。

綜合上述 7 家銀行的簡介可以看出：第一，這 7 家銀行沒有一家是成都的本地銀行，全部屬於外地銀行在成都設立的分支行處。這說明成都作爲內陸省會城市，當時工商經濟發展水平及銀行業發展狀況，與開埠城市重慶及東部其它城市相比，尚存較大差距，本地現代金融機構還沒有發展起來。第二，這 7 家銀行除中國銀行以外，其餘 6 家全都來自重慶，即屬於渝幫銀行。重慶開埠較早，由於外貿的增長和買辦商業的不斷擴展，銀行這種現代金融機構較早進入重慶金融市場，重慶金融業遠比成都發達。重慶銀行公會〔註31〕1931 年便已成立，早於成都銀行公會三年，它一直是成都銀行公會倣仿和學習的對象，從章程的制定到公會組織機構的設置等都以重慶銀行公會爲榜樣。對比成都、重慶兩地銀行公會的創始會員，可以發現竟有 6 家會員是相同的〔註32〕，而且成都銀行公會的重要職務大都由渝幫銀行佔據〔註33〕。由於渝幫銀行的數量和資本實力都較強大，所以一直影響著成都金融市場的發展。第三，這 7 家銀行除中國、四川地方 2 家外，其餘 5 家都屬於私營商業銀行，沒有政府的官股，創辦人主要是資本家而非官僚（當然有些銀行也有官僚參與其中，但不起主要作用）。這些銀行無論是官商合辦，還是商人自辦，抑或是中外合資，幾乎都採取股份制形式。股份制銀行的出現是孕育金融資產階級的溫床〔註34〕，各銀行經理、負責人或創辦人，無論來自哪裏，身份如何（下文將有介紹），但都匯聚在成都激流跌宕的金融大潮中，他們自覺不自覺的爲成都金融事業的發展作出了貢獻，爲成都金融資產階級的形成奠定了基礎。

〔註31〕重慶銀行公會成立於 1931 年 9 月 25 日，初始會員有中國、聚興成、川康殖業、美豐、重慶市民、重慶平民、川鹽七家。康心遠爲第一任主席，以後歷屆主席爲潘昌猷、吳受彤、康心如、吳晉航、范眾渠、陳詩可等。1935 年會員增至 13 家，1945 年增爲 86 家，1949 年 4 月減爲 80 家，重慶解放前夕僅餘 47 家。

〔註32〕成都銀行公會除四川地方銀行外，重慶銀行公會除重慶平民銀行外，其餘六家名稱皆相同。

〔註33〕如公會的第一任主席胡濬泉來自川鹽銀行，第二任主席黃墨函來自聚興成銀行，第三任主席丁少鶴來自川康銀行；在曾任代理主席中，只有唐慶永來自上海商業儲蓄銀行，另外兩名做過代理主席的胡信誠和陳梓材也分別來自川鹽銀行和川康銀行。另外，成都銀行公會 1943 年改組後，擔任過理事長的趙丕休和袁玉麟分別來自重慶銀行和川康平民商業銀行。由此可見，除唐慶永外，其餘都來自渝幫銀行。

〔註34〕洪葭管編著：《金融話舊》，中國金融出版社，第 51 頁。

二、公會職員介紹

成都銀行業的快速發展，帶動了一大批金融英才的崛起，胡濬泉、楊夢侯、康心遠、何兆青、張茂琴等就是這批金融英才的典型代表。他們作爲成都各分行的創辦人或高層經營管理者，較早就有從事金融實踐的經歷並取得過相當成就，在近代中國金融業由傳統向現代過渡的激蕩大潮中得到歷練。同時，他們一般都接受過新式教育，甚至有的還出國留學，學習過西方經濟和銀行學，掌握經濟金融專門知識和管理技能，對銀行業的發展趨勢有著較好的把握。儘管他們出身於不同的階層，來自不同的地方，思想或保守或開放，但都匯聚在 20 世紀 30 年代中期成都金融業迅猛發展的大潮中，其所作所爲客觀上都對成都金融業發展起到推進作用。試舉幾位略作介紹如下：

胡信誠：原名國棟，四川璧山人，國民黨黨員（民元前六年在日本加入同盟會）。日本東京文武學堂兵學本科第一期畢業，東京高等農學校農業科肄業。1911 年暑期返國，參加陝西革命運動；1912 年由稽勳局銓敘，補授步兵上校；1919 年補授陸軍少將。從 1912 年民元開始歷任川軍第五師隨營學校教育長監督、江防軍官研究所監督，第一師參謀長團長、討賊軍游擊第二路司令、建國聯軍援鄂第一路司令、開縣鹽場知事、重慶軍事警察廳長、璧山縣黨務登記委員主席、縣執委縣團防委員會副委員長、永璧銅山防局長等職。1935 年至 1936 年任實源煤礦公司協理，1937 年開始涉足金融業，出任川鹽銀行成都分行經理。1940 年 10 月，成都銀行公會原任主席丁少鶴因事離蓉，胡信誠被公推爲代理主席。〔註35〕

唐慶永：江蘇無錫人，國民黨黨員。光華大學商學學士、美國俄亥俄州立大學銀行學碩士。從 1928 年起，歷任上海商業儲蓄銀行總行業務處主任、上海商業儲蓄銀行蘇州分行經理、上海交通大學、大夏大學、東美大學等大學教授。1941 年任上海商業儲蓄銀行成都分行經理、中國旅行社成都分社經理、光華大學成都分部銀行學系主任兼教授。1939 年 12 月，曾被選爲成都銀行公會改組後第一屆常務委員。1941 年 12 月，代理主席胡信誠因事離蓉，唐慶永依次遞補爲成都銀行公會代理主席。〔註36〕

趙丕休：四川廣漢人，國民黨黨員。四川公立政法專門學校畢業，歷任

〔註35〕《銀行公會代理主席胡信誠簡介》（1939 年 8 月），成都市檔案館：104-1-223。
〔註36〕成都市檔案館：104-1-245。

重慶市政府科長、川康綏靖主任公署經理、川陝邊區綏靖主任公署軍需處長，
後任重慶銀行成都分行經理。曾多次擔任過成都銀行公會執行委員，1947 年
9 月、1949 年 9 月，被推舉爲成都市銀行商業同業公會第三屆、第四屆理事
長。〔註37〕他也是成都銀行公會的最後一位理事長。

　　此外，成都銀行公會管理層中的重要職員還有很多，限於資料缺乏，不
能一一列舉。僅此三人，儘管有管窺之嫌，但至少可以看出銀行公會的有些
職員絕非平庸之輩，他們大都具有新式教育背景，知識淵博，思想開明，富
有現代金融理論和管理技能，能夠擔當起爲成都金融業開疆拓土的重任。以
下兩表反映了成都銀行公會的會員代表及第一屆當選委員的職位、身份、年
齡、籍貫等狀況，並進行分析說明：

表 2-1：成都銀行公會會員代表名單（1934 年 5 月）

會員銀行	經理人姓名	代表姓名	年　齡	籍　貫	行　址
川康殖業銀行成都分行	經理康心遠	康心遠 沈仁波 王孟叔	34 歲 37 歲 31 歲	陝西 宜賓 涪陵	南新街 同上 同上
中國銀行成都分行	經理陳樹屏	陳樹屏 徐學易 黎咸章	39 歲 26 歲 38 歲	江蘇江寧 浙江臨海 武勝	暑襪北街 同上 同上
四川地方銀行成都分行	經理何兆青	何兆青 許子馥 呂漢才	34 歲 43 歲 34 歲	大足 新津 敘永	東御街 同上 同上
聚興誠銀行成都分行	經理張茂芹	張茂芹 劉祖蔭 胡聿修	39 歲 33 歲 28 歲	江津 遂寧 重慶	華興街 同上 同上
四川美豐銀行成都分行	經理胡濬泉	胡濬泉 馬季瑞 張屏玉	50 歲 35 歲 30 歲	開縣 瀘縣 巴縣	中東大街 同上 同上
川鹽銀行成都分行	經理楊夢侯	楊夢侯 曾鳴謙 陳仲虞	58 歲 31 歲 45 歲	華陽 涪陵 巴縣	中新街 同上 同上

〔註37〕關於趙丕休的簡歷是由作者根據相關檔案資料綜合而成的，檔案中沒有原文。

會員銀行	經理人姓名	代表姓名	年　齡	籍　貫	行　址
重慶市民銀行成都分行	經理余蜀芳	余蜀芳 王伯蓁 朱芝菲	30 歲 37 歲 21 歲	重慶 合江 重慶	春熙路 同上 同上

資料來源：根據成都市檔案館：104-1-188，第 96～102 頁相關資料整理而成。

表 2-2：成都銀行公會第一屆委員名單（1934 年 5 月）

職　別	姓　名	年　齡	籍　貫	所屬銀行	擔任職務
主席委員	胡濬泉	50 歲	四川開縣	美豐銀行	經理
常務委員	張茂琴	39 歲	四川江津	聚興誠銀行	經理
同上	陳樹屏	39 歲	江蘇江寧	中國銀行	經理
執行委員	何兆青	34 歲	四川大足	地方銀行	經理
同上	楊夢侯	58 歲	四川華陽	川鹽銀行	經理
同上	康心遠	34 歲	陝西	川康銀行	經理
同上	許子馥	43 歲	四川新津	地方銀行	襄理
同上	余蜀芳	30 歲	重慶	市民銀行	經理
同上	馬季瑞	36 歲	四川瀘縣	美豐銀行	襄理
候補執行委員	劉祖蔭	34 歲	四川遂寧	聚興誠銀行	襄理
同上	王伯蓁	37 歲	合江	市民銀行	營業主任
同上	徐學易	25 歲	浙江臨海	中國銀行	會計主任

資料來源：根據成都市檔案館：104-1-188，第 102～109 頁相關資料整理而成。

　　以上兩表反映了成都銀行公會會員代表及第一屆當選委員的基本概況，由於資料缺乏，無法瞭解他們的教育背景及其它有關更爲詳細的資料，但可以窺見，各會員代表及當選委員多爲各銀行的總經理、經理、襄理及會計主任等高層級管理人員。與舊式紳商相比，他們無疑具有較強的「現代化」意識，且年齡多在三十至四十歲之間，年富力強，視野開闊，對新生事物更易包容接納。他們大都來自於四川本土，不但是成都金融界的知名人物，而且有些還在政府擔任要職，享有較高的社會聲望。總之，他們是成都金融英才的典型代表，爲成都銀行公會的建立和金融事業的發展做出了重要貢獻。

成都銀行公會的開創者們尚且如此，他們後來的接繼者更是「勝之於藍」。下面再以成都銀行公會1939年12月奉令改組後第一屆當選委員的概況來補充說明。

表2-3：成都市銀行商業同業公會奉令改組後第一屆當選委員簡介
（1939年12月8日）

職　別	姓　名	年　齡	所屬銀行	職　務	教育程度
主席	丁少鶴	45歲	川康銀行成都分行	經理	政法畢業
常務委員	楊康祖	34歲	中國銀行成都分行	經理	銀行學碩士
同上	黃墨涵	56歲	聚興誠銀行成都分行	經理	大學畢業
同上	胡信成	52歲	川鹽銀行成都分行	經理	東京高農畢業
同上	唐慶永	34歲	上海銀行成都分行	經理	美國大學畢業
執行委員	蕭壽眉	35歲	四川省銀行成都分行	經理	四川大學畢業
同上	鳳純德	29歲	中國農民銀行成都分行	經理	大學畢業
同上	鄧君直	40歲	金城銀行成都分行	經理	大學畢業
同上	婁仲光	60歲	重慶銀行成都分行	經理	高中畢業
同上	嚴敦彝	46歲	交通銀行成都分行	經理	商專畢業
同上	沈仁波	46歲	美豐銀行成都分行	經理	中學畢業
同上	殷敬僧	50歲	和成銀行成都分行	經理	政法畢業
同上	黃慶雲	53歲	成都商業銀行	總經理	陸大畢業
同上	劉榮卿	44歲	西康省銀行成都分行	經理	大學畢業
同上	雷詹午	46歲	四川省銀行成都分行	副理	商業學校畢業
候補執行委員	周南	46歲	中國銀行成都分行	襄理	大學畢業
同上	夏開明	29歲	中國農民銀行成都分行	襄理	大學畢業
同上	沈孝純	33歲	交通銀行成都分行	襄理	大學畢業
同上	陳梓材	42歲	聚興誠銀行成都分行	副理	專校畢業
同上	寧子裁	36歲	川康銀行成都分行	襄理	北大畢業
同上	殷季癡	41歲	金城銀行成都分行	副理	大學畢業

職　別	姓　名	年　齡	所屬銀行	職　務	教育程度
同上	曹經暉	30 歲	上海銀行成都分行	襄理	高中畢業
監察委員	呂漢才	39 歲	四川省銀行成都分行	襄理	商業學校畢業
同上	王伯楨	45 歲	重慶銀行成都分行	襄理	高中畢業
同上	劉祖蔭	37 歲	聚興誠銀行成都分行	襄理	專校畢業
同上	魏文海	35 歲	美豐銀行成都分行	襄理	中校畢業
同上	蕭冀之	48 歲	川康銀行成都分行	襄理	商專畢業
同上	柴子仁	45 歲	和成銀行成都分行	襄理	舊制中學
同上	楊吉甫	51 歲	成都商業銀行	襄理	美國經濟博士
候補監察委員	張承毅	31 歲	中國銀行成都分行	會計主任	大學畢業
同上	曾鳴謙	36 歲	川鹽銀行成都分行	會計主任	舊制中學
同上	黃康侯	45 歲	成都商業銀行	副經理	重慶商中畢業

資料來源：根據成都市檔案館：104-1-223，第 46～49 頁相關資料整理而成。

　　與前面兩表相比，本表所能反映的主要問題就是公會各職員的教育經歷，從中可以看出這些後來的委員們與他們的前任相比，新式教育背景更爲深厚，經濟金融知識更爲專業。他們或是商業學校畢業，或是銀行專業科班出身，或是經濟學博士，其中不少還具有國外遊學的經歷，富有歐美日本金融財經方面的知識。即使沒有去過國外的，在國內也領受過新式教育，對於銀行業的經營管理把握較好。成都銀行公會職員這樣高的文化結構，在當時成都的各類社團中，恐怕是絕無僅有的。這也說明成都銀行公會是一個「現代性」因素較強的同業組織。

第三章　成都銀行公會的治理結構和基本職責

第一節　成都銀行公會的治理結構

一、機構設置

　　民國時期銀行公會的組織結構大致經歷了三種形式，即會長制階段（大致在 1926 年之前）、委員制階段〔註1〕（大致在 1927 年至 1942 年之間）和理事制階段（大致在 1943 年至 1949 年之間）。1926 年之前，各地銀行公會的組織結構普遍採用會長制度，在此階段，董事部是公會的最高執行機關，由會員代表選出的董事組成。董事部全面負責公會的日常事務，包括董事會與會員大會的召集及正副會長的遴選。此外，公會聘請的文牘員和辦事員也聽命於董事部，若董事部有事需要咨詢時，可隨時徵集各評議員的意見。為了便於聯絡和處理日常事務，由會員代表從董事中選舉書記董事一名。會長制時期，正副會長是銀行公會的最高領導和次高領導，他們從董事中選舉產生，

〔註1〕鄭成林認爲上海銀行公會的「委員制時期」又分爲「委員制」（1927～1931 年）和「主席委員制」（1932～1937）兩個時期。因成都銀行公會成立時（1934 年）正值上海公會的「主席委員制階段」，所以本人認爲成都銀行公會的「委員制」就相當於上海公會的「主席委員制」。爲行文方便，統一使用「委員制」的名稱。特此説明。參見鄭成林：《從雙向橋梁到多變網絡：上海銀行公會與銀行業（1918～1936）》，華中師範大學中國近代史研究所 2003 年博士學位論文，第 48 頁。

得票最多者爲正，次多者爲副。正副會長各有一名，任期均爲兩年。1926 年底，國民政府北伐勝利在望，爲了與即將建立的新政府在制度上保持一致，北京和漢口兩地銀行公會先後改會長制爲委員制。同年底，上海銀行公會擬參照北京和漢口兩地銀行公會進行改制，並於 1927 年 1 月，正式改爲委員制。〔註2〕之後，全國其它城市的銀行公會也相應地進行了改制，全國銀行公會進入委員制時期。在此期間，根據相關規定，銀行公會由會員大會從會員代表中選舉委員七至十五人組成執行委員會，再由委員會中互選常務委員三至五人組成常務委員會，最後在常務委員中推舉一人爲主席〔註3〕。常務委員會是常設性的執行機構，負責日常管理與相關事務處理等事項。公會主席擔負著協調與組織的重任，並代表公會開展外交活動，任期爲兩年。1942 年，國民政府頒佈《非常時期人民團體組織法》，要求「人民團體均應該置理事監事」，各同業公會依法修改章程，改執委會爲理事會。根據此項規定，成都銀行公會於 1943 年進行改組，進入理事制時期。這時會員大會依然是銀行公會的最高權力機關，由會員銀行選舉代表組成。會員大會之下有兩個平行的機構，一個是理事會，一個是監事會。前者是執行機關，後者是監察機關。理事會相當於執行委員會，一般由九人組成，其下設有常務理事會。常務理事會一般由三至五人組成，負責公會的日常事務。再從其中選出一人爲理事長，對外代表公會。另外，再選舉三人爲候補理事。以上爲銀行公會組織結構發展演變的大致情形，儘管三個階段公會的機構設置有所更迭，機構名稱有所變化，但其內容實質並無太大的變化。

　　成都銀行公會成立於 1934 年 5 月，晚於北京、上海、漢口、杭州、重慶等地銀行公會的成立時間。成都銀行公會成立時，正值全國銀行公會處於委員制時期，根據 1929 年南京國民政府頒佈的《工商同業公會法》規定，取名爲「成都市銀行業同業公會」，採取委員制組織形式。1943 年 8 月，成都銀行公會又依照《非常時期人民團體組織法》，奉令進行改組，召開改組大會，改執委會爲理事會，進入理事制時期。所以，成都銀行公會組織結構從 1934 年 5 月至 1943 年 8 月爲委員制時期；1943 年 8 月到 1949 年 10 月爲理事制時期。各時期的機構設置狀況分述如下：

〔註 2〕參見鄭成林博士論文《從雙邊橋梁到多邊網絡——上海銀行公會與銀行業（1918 ～1936)》，華中師範大學中國近代史研究所 2003 年博士學位論文，第 51 頁。

〔註 3〕參見《工商同業工會法》（1929 年 8 月）第 9 條。

（一）委員制時期（1934～1943 年）

　　成都銀行公會從 1934 年 5 月成立到 1939 年 12 月改名爲成都市銀行商業同業公會，共實行過三屆委員制：1934 年 5 月至 1936 年 7 爲第一屆；1936 年 7 月至 1938 年 8 月爲第二屆；1938 年 8 月至 1939 年 12 月爲第三屆。其中，第三屆未滿兩年任期是因爲銀行公會奉令改組，改組後產生新一屆委員。每屆人員組成都有變動，機構設置也略有調整，但公會的基本結構和組織原則基本沒有太多變化。以下兩表爲成都銀行公會第二、第三屆當選委員概況表：

表 3-1：成都市銀行業同業公會第二屆當選委員名冊（1936 年 7 月）

姓　名	職　別	年　齡	籍　貫	所屬銀行	備　考
黃墨涵	主席	53 歲	四川永川	聚興誠銀行	新選
周仲雅	常務委員	43 歲	貴州	中國銀行	新選
胡濬泉	常務委員	52 歲	四川開縣	美豐銀行	留任
何兆青	執行委員	32 歲	四川大足	地方銀行	留任
婁仲光	執行委員	55 歲	成都	重慶銀行	新選
唐之瀛	執行委員	43 歲	四川江北	川康銀行	新選
劉少驤	執行委員	54 歲	四川江津	川鹽銀行	新選
鳳德純	執行委員	26 歲	江蘇	農民銀行	新選
陳星五	執行委員	31 歲	湖北	川康平民商業銀行	新選
丁幕堯	候補執行委員	39 歲	江蘇淮安	中國農民銀行	新選
劉祖蔭	候補執行委員	38 歲	四川遂寧	聚興誠銀行	留任
沈仁波	候補執行委員	41 歲	四川宜賓	美豐銀行	新選

資料來源：四川省檔案館：74-586；成都市檔案館：104-1-190，綜合而成。

表 3-2：成都市銀行業同業公會第三屆當選委員名冊（1938 年 8 月）

姓　名	職　別	年　齡	籍　貫	所屬銀行	備　考
丁少鶴	主席	44 歲	成都	川康平民商業銀行	新選
胡信成	常務委員	51 歲	四川璧山	川鹽銀行	新選
嚴懿卿	常務委員	46 歲	江蘇鎮江	交通銀行	新選
鄧君直	執行委員	39 歲	湖北	金城銀行	新選

姓　名	職　別	年　齡	籍　貫	所屬銀行	備　考
黃墨涵	執行委員	55歲	四川永川	聚興誠銀行	留任
胡濬泉	執行委員	54歲	四川開縣	美豐銀行	留任
周仲雅	執行委員	45歲	貴州	中國銀行	留任
婁仲光	執行委員	57歲	成都	重慶銀行	留任
鳳德純	執行委員	28歲	江蘇	中國農民銀行	留任
熊覺夢	候補執行委員	35歲	四川西充	四川省銀行	新選
殷靜僧	候補執行委員	50歲	江蘇	和成銀行	新選
唐慶永	候補執行委員	33歲	江蘇無錫	上海銀行	新選
殷季癡	候補執行委員	40歲	四川	金城銀行	新選

資料來源：根據成都市檔案館：104-1-213，第17～18頁整理而成。

委員制時期成都銀行公會的組織結構，從縱向看公會職員分爲四個級別，即：公會主席、常務委員、執行委員及監察委員（候補執行委員及監察委員）、會員代表，形成下大上小的金字塔結構；從橫向看公會會員代表大會由兩個平行機構組成，即執行委員會和監察委員會，前者是執行機關，後者是監察機關。銀行公會的權力機關包括會員大會、執行委員會和常務委員會。在權能結構上，會員大會是公會的最高決策機關，其次是執行委員會和監察委員會，再次是常務委員會。由於常務委員會擔負著公會的會務與日常事務管理等職責，任務繁重，常委會難以單獨勝任，因此在常務委員會之下設立了各種常設性的辦事機構。成都銀行公會各機構情形大致如下：

1、會員大會

成都銀行公會的最高權力機關是會員大會，由全體會員代表參加。會員大會分常會和臨時會兩種，常會平時很少召開，一般半年召開一次，按章程規定「常會於每年六月及十二月由全委會負責召集之」〔註4〕。召開常會時，通常先由主席報告半年來會務之進展，請全體會員代表審查公會預、決算報告，議決會員銀行更換代表、新成員加入公會等事宜。臨時會議沒有規定時間，往往根據現實需要並在符合某些條件後即可召開，通常是「經委員會認爲必要時得召集之，凡有會員代表五分之一以上將會議事由提出，委員會要

〔註4〕《成都市銀行業同業公會章程》（1934年5月）第24條，成都市檔案館：104-1-188。

求開臨時會時，而委員會亦須負責召集之」〔註5〕。會員大會主要處理關涉同業切身利益的重大事件或緊急事件，如選舉執行委員、籌議經費、裁定會務等問題。會員大會議決事項時，需要有超過半數會員代表出席，並有超過半數出席代表的同意方可執行，即「以會員代表過半數之出席代表，過半數之同意行之。」〔註6〕如出席代表沒有超過半數時則行「假決議」〔註7〕，即「出席代表如不及半數時得行假議決，將其結果通告各代表，於一星期後二星期內重行（新）召集會員大會，以出席代表過半數之同意，對假議決行其決議。」〔註8〕但對於變更章程、會員或會員代表之除名及會員或會員代表之自行請求退會、委員之退職等問題的決議，則要求有超過三分之二的全體會員代表出席，並經超過三分之二的出席代表同意，方可通過，即「以會員代表三分之二以上之出席，出席代表三分之二以上之同意行之。」〔註9〕如此規定可以保障公會的民主性，對個別資本實力較強的銀行企圖壟斷公會可以起到較好的防範和制約作用。

2、執行委員會及常務委員會

執行委員會和常務委員會是負責銀行公會運作的重要機構。根據 1929 年國民政府頒佈的《工商同業工會法》第九條規定，「同業公會置委員七人至十五人，由委員互選常務委員三人或五人」，成都銀行公會成立之時由會員大會從會員代表中選舉執行委員九人，候補執行委員三人，組成執行委員會；再於執行委員會中互選常務委員三人，組成常務委員會。〔註10〕常務委員的選舉方式是以無記名連舉法互選產生，「得票最多者當選，得票次多者為候補，如遇

〔註 5〕《成都市銀行業同業公會章程》（1934 年 5 月）第 25 條，成都市檔案館：104-1-188。

〔註 6〕《成都市銀行業同業公會章程》（1934 年 5 月）第 30 條，成都市檔案館：104-1-188。

〔註 7〕「假決議」就是指，當公會進行決議時，代表不足法定人數，就暫時先進行表決。之後，再召開全體會員大會，由超過法定人數的出席代表再對「假決議」進行表決，如果同意，才算真正通過。參見成都市檔案館：104-1-188。

〔註 8〕《成都市銀行業同業公會章程》（1934 年 5 月）第 30 條，成都市檔案館：104-1-188。

〔註 9〕《成都市銀行業同業公會章程》（1934 年 5 月）第 31 條，成都市檔案館：104-1-188。

〔註10〕常務委員原定為 5 人，後改成 3 人，本章第一節已有說明；1939 年，成都銀行公會依照國民政府新頒法令進行改組時，執行委員增至 15 人，常務委員重新改為 5 人。特此說明。

票數相同時以抽籤定之」〔註11〕，執行委員會每月定期召開會議一次，常務委員會每星期開會一次，兩委員會於必要時均可召開臨時會議。執行委員會由常務委員會負責召集，其開會之主席以本會之主席為當然主席；常務委員會由主席負責召集，開會時「亦以本會之主席為當然主席」〔註12〕。執行委員任期四年，每屆二年改選半數，應改選者不得連任，第一次改選以抽籤確定。〔註13〕這樣有利於公會運作的民主化。同時，為了保證公會能正常運作，當委員有缺額時，就按規定進行遞補，即「委員有缺額時由候補委員依次遞補，常務委員有缺額時由委員互選補充，均以補足前任之任期為限。」〔註14〕

3、主席及日常辦事機構

主席是同業公會的最高領導，「對外代表本會，對內總攝一切會務」〔註15〕，由公會執行委員從當選之常務委員中以無記名單舉法選出一人擔任，得票最多者當選。成都銀行公會的首任主席是胡濬泉，任期從 1934 年 5 月到 1936 年 7 月；第二任主席是黃墨涵，任期從 1936 年 7 月到 1938 年 8 月；然後從 1938 年 8 月到 1943 年 8 月，五年間共有四人擔任過公會主席，依次是丁少鶴、胡信成、唐慶永、陳梓材。其中胡信成、唐慶永、陳梓材擔任成都銀行公會代任主席，是因原任主席丁少鶴因本職調動離開成都，無法兼顧主席職位時而依次補選的。根據 1936 年修改後的公會章程第十九條規定「主席對外為本會之代表，遇有事故時應於常務委員中推一人代理之」〔註 16〕，用無記名單選法補選主席一人。在丁少鶴任期內，就因本職調動以常委胡信成遞補，胡信成因本職調遷再以常委唐慶永遞補，唐慶永本職調遷又以執委陳梓材遞補。這樣依次遞補，保證了公會的正常運行。直到 1943 年 8 月，成都銀行公會改為理事制，重新選舉衷玉麟擔任理事長。在成都銀行公會實行九年委員

〔註11〕 《成都市銀行業同業公會章程》（1934 年 5 月）第 15 條，成都市檔案館：104-1-188。

〔註12〕 《成都市銀行業同業公會章程》（1934 年 5 月）第 32、33 條，成都市檔案館：104-1-188。

〔註13〕 《成都市銀行業同業公會章程》（1934 年 5 月）第 16 條，成都市檔案館：104-1-188。

〔註14〕 《成都市銀行業同業公會章程》（1934 年 5 月）第 17 條，成都市檔案館：104-1-188。

〔註15〕 《成都市銀行業同業公會章程》（1934 年 5 月）第 14 條，成都市檔案館：104-1-188。

〔註16〕 《銀行業同業公會章程》（1936 年）第 19 條，成都市檔案館：104-1-199。

制時期，共產生過六位公會主席。

　　作爲公會的最高領導，主席「有根據會員大會之意旨總理全會會務之權，及督促推行各股辦理會務之責」〔註17〕，其不但總攝一切會務，擔負著公會的協調和組織工作，而且還代表公會開展外交活動，所以事務繁多，無法單獨處理各種事情。故在主席以下設置了日常辦事機構，由公會主席統一領導，各執行委員分工負責。公會的日常辦事機構主要由各職能部門構成，一般包括總務股、會計股、交際股、會議股等。總務股的職責包括會員登記、函件收發、文書撰擬、檔案及器物保管，及分配各股應辦事宜或辦理不屬於各股所辦事宜；會計股負責編制預算決算、財產及重要摺據保管、經費出納、稽核及薄記等事宜；交際股負責聯絡各職業團體、社會自治團體，與本會進行互助協謀進行，並負責調查一切事物，排解公會會員相互間、營業上、事務上一切糾紛；會議股負責會場設備、開會通知、議案提交、會議記錄、通告決議等事項。這樣，各股分工負責，各司其職又相互配合，保證了公會的正常有序運作。1934 年 5 月 22 日，成都銀行公會召開全體執委大會，議決設立各職能部門，主要有文書組、會計組、交際組、研究組、調查組，並公推陳樹屏爲文書組組長、康心遠爲會計組組長、張茂芹爲交際組組長、何兆青爲研究組組長、余蜀芳爲調查組組長。各職能部門的設立，增強了公會處理日常事務的能力。

　　此外，成都銀行公會還根據實際需要設置各類特種委員會，主要有行市特種委員會、幣制研究特種委員會、金融討論特種委員會及其它各種特委會，各特種委員會委員由執行委員會從會員代表中推派代表組成。〔註18〕該部分內容限於資料缺乏，無法展開詳述。

（二）理事制時期（1943～1949 年）

　　1942 年 2 月，國民政府公佈《非常時期人民團體組織法》，要求「人民團體均置理監事，就會員中選舉之」〔註19〕，根據法令，各同業公會進行了從委員制向理事制轉換的改組。成都銀行公會於 1943 年 8 月 29 日依法召開改

〔註17〕轉李柏槐博士論文《民國時期成都工商同業公會研究》，2005 年四川大學博士學位論文，第 99 頁。
〔註18〕《成都市銀行業同業公會章程》（1934 年 5 月）第 18 條，成都市檔案館：104-1-188。
〔註19〕《非常時期人民團體組織法》（1942 年 2 月 10 日）。

組大會，改執委會爲理事會，由委員制進入理事制時期。實行理事制後，銀行公會的職員級別由原來的主席、常務委員、執行委員及監察委員（候補執行委員及候補監察委員）、會員，**轉變**爲理事長、常務理事及常務監事、理事及監事、會員。理事長相當於主席，常務理事相當於常務委員，理事相當於執行委員。監事、常務監事主要功能是訂立會員審查準則，監督並協助理事會開展工作。改組後的銀行公會最高權力機關依然是全體會員大會，其次是理事會和監事會，再次是常務理事會。爲充分協調銀行公會內外各種複雜的關係，需要根據分工不同在常務理事會下設立專門委員會，主要有總務股、財務股、調查股、交際股等。他們分工負責，各司其職。因理事制時期公會的機構設置及職權範圍與委員制時期基本一致，所以不再對各機構進行一一列述。

對比兩個時期成都銀行公會的機構設置，可以看出改組後的成都銀行公會其組織結構與委員制時期相比，僅僅是調整了機構，增加了個別部門和人員，改變了機構名稱而已，其實質並沒有太大的變化。直到1948年成都銀行公會頒布新章程，對公會組織的規定，依然無太大的變化，如第十五條「本會設理事九人組成理事會，監事三人組成監事會，均由會員大會就代表中用無記名連舉法選作之，在選舉理監事時應另選候補理事三人，候補監事一人」〔註20〕；第十七條「理事會設常務理事五人組織常務理事會，就理事中以無記名連舉法互選之，以得票最多者爲當選」〔註21〕；第十八條「理事會就當選之常務理事中用無記名單記法選任理事長一人」〔註22〕。可以看出，該規定較之原章程內容變化的只是機構名稱和人員數量，而成都銀行公會的基本結構和組織原則基本未變，本質內涵基本相同。

當然，變化最大的是銀行公會在監事會中添設了常務監事一職，「監事會就當選之監事中用無記名單記法選任常務監事一人」〔註23〕，這樣可以更好的發揮監事會的監督制約作用，這是銀行公會在機構建設上的一大進步。此

〔註20〕 《成都市銀行業同業公會章程》（1948年3月4日）第15條，成都市檔案館：104-1-308。

〔註21〕 《成都市銀行業同業公會章程》（1948年3月4日）第17條，成都市檔案館：104-1-308。

〔註22〕 《成都市銀行業同業公會章程》（1948年3月4日）第18條，成都市檔案館：104-1-308。

〔註23〕 《成都市銀行業同業公會章程》（1948年3月4日）第18條，成都市檔案館：104-1-308。

外，與委員制時期的章程相比，1948 年修改後的成都銀行公會章程明確規定
了各權力機構的職權有：理事會的職權「（一）執行會員大會決議案（二）召
集會員大會（三）執行法令及本章程規定之人物」〔註 24〕；常務理事會的職
權「（一）執行理事會議案（二）處理日常事務」〔註 25〕；監事會的職權「（一）
監察理事會執行會員大會之決議案（二）審查理事會處理之決議案（三）稽
核理事會之財政收入」〔註 26〕。如此規定，可以使公會各機構的職責更加明
確，有利於公會的穩定有序運作。

　　成都銀行公會從 1943 年到 1949 年，共實行了四屆理事制：從 1943 年
8 月到 1945 年 9 月為第一屆，從 1945 年 9 月到 1947 年 9 月為第二屆，從
1947 年 9 月到 1949 年 9 月為第三界，從 1949 年 9 月到公會解散為第四屆。
前兩屆的主席是袁玉麟，後兩屆主席是趙丕修。每屆職員任職概況見以下
四表：

**表 3-3：成都市銀行商業同業公會第一屆理監事、候補理監事名單
　　　　（1943 年 8 月）**

職　別	姓　名	代表銀行	備　註
理事長	袁玉麟	川康平民商業銀行成都分行	新選
常務理事	楊宗序	四川省銀行成都分行	新選
同上	金銳新	交通銀行成都分行	新選
同上	趙丕休	重慶銀行成都分行	新選
同上	沈仁波	美豐銀行成都分行	留任
理事	謝晏清	濟康銀行成都分行	新選
同上	鄧君直	金城銀行成都分行	留任
同上	張希杜	不詳	新選
同上	蕭壽眉	四川省銀行成都分行	留任

〔註 24〕《成都市銀行業同業公會章程》（1948 年 3 月 4 日）第 19 條，成都市檔案館
　　　　104-1-308。
〔註 25〕《成都市銀行業同業公會章程》（1948 年 3 月 4 日）第 20 條，成都市檔案館
　　　　104-1-308。
〔註 26〕《成都市銀行業同業公會章程》（1948 年 3 月 4 日）第 21 條，成都市檔案館
　　　　104-1-308。

職　別	姓　名	代表銀行	備　註
常務監事	殷靜僧	和成銀行成都分行	留任
監事	李自箴	山西裕華裕華成都分行	新選
同上	陳遜之	福川銀行	新選
候補理事	胡信成	川鹽銀行成都分行	留任
同上	陳梓材	聚興誠銀行成都分行	留任
同上	楊尚周	不詳	新選
候補監事	翁希古	雲南實業銀行成都分行	新選

表 3-4：成都市銀行商業同業公會第二屆理監事、候補理監事名單
（1945 年 9 月）

職　別	姓　名	代表銀行	備　註
理事長	衷玉麟	川康平民商業銀行成都分行	留任
常務理事	楊宗序	四川省銀行成都分行	留任
同上	趙丕休	重慶銀行成都分行	留任
同上	金銳新	交通銀行成都分行	留任
同上	沈仁波	美豐銀行成都分行	留任
理事	翁希古	雲南實業銀行成都分行	留任
同上	王作賓	其昌銀行	新選
同上	鍾信恒	成都市銀行	新選
同上	李沅伯	信華銀行	新選
常務監事	李自箴	山西裕華裕華成都分行	留任
監事	殷靜僧	和成銀行成都分行	留任
同上	張麓生	雲南興文銀行成都分行	新選
候補理事	解晏清	濟康銀行成都分行	留任
同上	蕭增熙	克勝銀行	新選
同上	楊康祖	中國銀行成都分行	新選
候補監事	陳遜之	福川銀行	留任

表 3-5：成都市銀行商業同業公會第三屆理監事、候補理監事名單
　　　　（1947 年 9 月）

職　別	姓　名	性　別	年　齡	籍　貫	代表銀行及職務
理事長	趙丕休	男	48 歲	廣漢	重慶銀行經理
常務理事	沈青山	男	53 歲	江蘇南通	交通銀行經理
同上	陳梓材	男	49 歲	巴縣	聚興誠銀行經理
同上	孫君健	男	35 歲	江蘇南通	上海銀行經理
同上	白兆渝	男	36 歲	成都	四川省銀行經理
理事	鍾信恒	男	55 歲	新繁	成都市銀行經理
同上	柴子仁	男	48 歲	成都	和成銀行經理
同上	祁壽山	男	46 歲	開縣	和通銀行經理
同上	何又密	男	51 歲	羅江	川康銀行經理
常務監事	李叔聲	男	44 歲	巴縣	川鹽銀行經理
監事	寧季瞻	男	38 歲	湖北孝感	雲南實業銀行經理
同上	楊善輔	男	30 歲	成都	福川銀行經理
候補理事	葛利民	男	46 歲	巴縣	華孚銀行副理
同上	江昌緒	男	40 歲	江津	金城銀行經理
同上	鄭隆軒	男	54 歲	閬中	信華銀行經理
候補監事	夏肇康	男	39 歲	巴縣	匯通銀行經理

表 3-6：成都市銀行商業同業公會第四屆理監事、候補理監事名單
　　　　（1949 年 9 月）

職　別	姓　名	年　齡	籍　貫	代表銀行	備　註
理事長	趙丕休	50 歲	廣漢	重慶銀行	選留
常務理事	陳梓材	51 歲	巴縣	聚興誠銀行	選留
同上	孫君健	37 歲	江蘇南通	上海銀行	選留
同上	徐良槐	38 歲	巴縣	中國銀行	新選
同上	沈仁波	55 歲	宜賓	美豐銀行	新選

職　別	姓　名	年　齡	籍　貫	代表銀行	備　註
理事	祁壽山	48 歲	開縣	和通銀行	選留
同上	柴子仁	50 歲	成都	和成銀行	選留
同上	鄧康寧	38 歲	宜賓	其昌銀行	新選
同上	陳銓甫	35 歲	巴縣	四川省銀行	新選
常務監事	鍾信恒	57 歲	新繁	成都市銀行	新選
監事	楊善輔	32 歲	成都	福川銀行	選留
同上	寧季瞻	40 歲	湖北孝感	雲南實業銀行	選留
候補理事	陳祖湘	31 歲	南充	建業銀行	新選
同上	淩肅如	47 歲	成都	永利銀行	新選
同上	李沅伯	48 歲	華陽	聚豐銀行	新選
候補監事	謝天民	54 歲	簡陽	川鹽銀行	新選

資料來源：以上四表是根據成都市檔案館：104-1-473 整理而成。

二、組織管理

　　民國時期各同業公會都制定有完備的行業管理制度，對會員進行有效管理，這對促進同業公會管理的規範化、制度化建設起到一定的積極作用。成都銀行公會成立後，隨著會員規模逐步擴大（下表反映成都銀行公會會員變化情況，可以看出其會員數量增長較快），公會的組織結構需要不斷健全並需配置合理，組織管理需要不斷趨向規範化、制度化、現代化，這樣才能保證銀行公會眞正發揮其「以推進金融業之公共利益及矯正金融上之弊害爲宗旨」的效能。下文主要討論成都銀行公會組織管理狀況及內部治理結構的運作機制。

表 3-7：成都銀行公會會員變化表（1938 年～1944 年）

年　份	在　會　銀　行	總　數
1938	中國銀行、農民銀行、交通銀行、四川省銀行、聚興誠銀行、美豐銀行、川康平民銀行、川鹽銀行、重慶銀行、金城銀行、和成銀行、上海商業銀行	12
1939	中國銀行、農民銀行、交通銀行、四川省銀行、聚興誠銀行、美豐銀行、川康平民銀行、川鹽銀行、重慶銀行、金城銀行、和成銀行、上海商業銀行、西康省銀行、成都商業銀行	14

年　份	在　會　銀　行	總　數
1940	中國銀行、農民銀行、交通銀行、四川省銀行、聚興誠銀行、美豐銀行、川康平民銀行、川鹽銀行、重慶銀行、金城銀行、和成銀行、上海商業銀行、西康省銀行、成都商業銀行、大川銀行、山西裕華銀行	16
1941	中國銀行、農民銀行、交通銀行、四川省銀行、聚興誠銀行、美豐銀行、川康平民銀行、川鹽銀行、重慶銀行、金城銀行、和成銀行、上海商業銀行、西康省銀行、成都商業銀行、大川銀行、山西裕華銀行、濟康銀行、通惠實業銀行、長江銀行	19
1942	中國銀行、農民銀行、交通銀行、四川省銀行、聚興誠銀行、美豐銀行、川康平民銀行、川鹽銀行、重慶銀行、金城銀行、和成銀行、上海商業銀行、西康省銀行、成都商業銀行、大川銀行、山西裕華銀行、濟康銀行、通惠實業銀行、長江銀行、福川銀行、成都縣銀行、亞西實業銀行、互利信託公司、光裕銀行	24
1943	中國銀行、農民銀行、交通銀行、四川省銀行、聚興誠銀行、美豐銀行、川康平民銀行、川鹽銀行、重慶銀行、金城銀行、和成銀行、上海商業銀行、西康省銀行、成都商業銀行、大川銀行、山西裕華銀行、濟康銀行、通惠實業銀行、長江銀行、福川銀行、成都縣銀行、亞西實業銀行、互利信託公司、光裕銀行、成都市銀行、同心銀行、四川銀行、雲南實業銀行、雲南興文銀行、華孚銀行、永利銀行、永美厚銀行、河南農工銀行、陝西省銀行、雲南益華銀行、四川建設銀行、勝利銀行	37
1944	中國銀行、農民銀行、交通銀行、四川省銀行、聚興誠銀行、美豐銀行、川康平民銀行、川鹽銀行、重慶銀行、金城銀行、和成銀行、上海商業銀行、西康省銀行、成都商業銀行、大川銀行、山西裕華銀行、濟康銀行、通惠實業銀行、長江銀行、福川銀行、成都縣銀行、亞西實業銀行、互利信託公司、光裕銀行、成都市銀行、同心銀行、四川銀行、雲南實業銀行、雲南興文銀行、華孚銀行、永利銀行、永美厚銀行、河南農工銀行、陝西省銀行、雲南益華銀行、四川建設銀行、勝利銀行、中國通商銀行、信華銀行、豫康銀行、建業銀行、華康銀行、四川興業銀公司、昌泰銀行、成益銀行、華慶豐銀行	46

說明：本表僅截取了抗戰期間成都公會會員變化情形，這時因外省銀行大量遷入，會員數量增加，特別是抗戰後期，許多錢莊、銀號通過增資改組變爲銀行，使會員增加更快。其它年份情形因資料缺失，數量統計不甚完整，故未作列表。資料來源：「財政部成都區銀行監理官辦公處檔案」，四川省檔案館：74-27。

（一）會員入會、出會管理

會員是同業公會最基本的構成元素，銀行公會作為「社團法人」〔註27〕，對會員的入會、出會都有相關規定，不能來去自由，管理較為嚴格。成都銀行公會只吸納由本國人在成都市區域內所開設的銀行，不論總行還是分支行，只要行址在成都市區域內都可申請入會，外資銀行和中外合資銀行除外，即「在成都市區域內以完全本國人資本合法組織並與本會章程所規定成立之銀行」〔註28〕才有資格加入成都銀行公會。銀行申請入會必須遵循一定的程序：首先，「須填寫入會志願書，繳納入會費及抄送最近三年營業報告」，其入會志願書應載明下列各款：「（一）商號，（二）設立地點，（三）使用人數，（四）資本金額，（五）已收資本之數目，（六）組織性質，（七）曾否向政府註冊」〔註29〕。（志願書樣本示如下表）其次，需要有兩名銀行公會會員作為介紹人，將申請入會銀行介紹給銀行公會，經公會全體委員會審核合格後，再提交會員大會進行討論。最後，召開全體會員大會進行表決，經出席代表半數同意方可通過。通過後發給會員證書，才能正式成為銀行公會會員。〔註30〕至於申請入會銀行的成立年限、註冊資本的多少等沒有最低要求。可見，成都銀行公會吸收會員時，程序要求較為嚴格，但入會資格較為寬鬆，門檻不高，凡符合條件者，並在完成相關手續、交納入會費後，均可成為公會會員。

當然，並不是所有符合上述規定和程序的銀行都可以申請入會，銀行公會章程又規定凡具有下列情形之一者，就不得成為銀行公會會員：（一）號奪公權者；（二）營業期間屆滿或因他項事故自行解散者；（三）受破產之宣告尚未復權者；（四）與他團體合併或遷移他處者；（五）有反國民黨言論行為者（六）無行為能力者。〔註31〕加入銀行公會後，可享有如下權利：「（一）

〔註27〕 1925 年，鄭鴻笙研究指出，同業公會是依據政府頒佈之法規而成立的「社團法人。參見鄭鴻笙：《中國工商業公會及會館公所制度概論》，《國聞周報》1925，第 2 期，第 19 號。

〔註28〕 《成都市銀行業同業公會章程》（1934 年 5 月）第 6 條，成都市檔案館：104-1-188。

〔註29〕 《成都市銀行業同業公會章程》（1934 年 5 月）第 7 條，成都市檔案館：104-1-188。

〔註30〕 《成都市銀行業同業公會章程》（1934 年 5 月）第 6 條，成都市檔案館：104-1-188。

〔註31〕 《成都市銀行業同業公會章程》（1934 年 5 月）第 11 條，成都市檔案館：104-1-188。

選舉、被選舉、罷免、提議、表決、復決等權；（二）本會舉辦各項事務之利益」〔註32〕。同時，還應承擔相關義務：「（一）遵守本會章程及議決案，並呈准備案之營業規則；（二）擔任本會推舉或指派之職務；（三）按期抄送營業報告；（四）答覆本會咨詢及調查；（五）按期繳納會費；（六）準時出席會議；（七）不侵害他人營業；（八）不兼營不正當營業」〔註33〕。

　　總之，成都銀行公會作爲「法人社團」，有嚴格的入會管理程序，不管這種入會管理程序能否在實際層面付諸實施，但至少從形式上看是完備的、嚴密的、科學的，具有一定的現代性因素。

成都市銀行商業同業公會入會志願書樣本

成都市銀行商業同業公會入會志願書	
銀行名稱	上海商業儲蓄銀行成都支行
設立地址	成都南新街四十六號
銀行行員人數	七人
總行所在地及開始營業年月日	上海寧波路五十號，中華民國六年四月開業
已收資本總額	五百萬元
董事及監察人之姓名	董事：莊得之、陳光甫、楊介眉、李相村、鄒秉文、李宏菲等；監察人：羅國瑞、林康侯、薛敏老
組織性質	股份有限公司
註冊年月日	中華民國二十五年四月二十五日
註冊登記號	財政部註冊第二五一號
銀行主管人姓名	總經理陳光甫
會員代表姓名職務年齡籍貫	經理唐慶永，三十三歲，江蘇省無錫縣人
介紹之會員銀行	中國銀行成都支行、聚興誠銀行成都分行
中華民國二十七年四月　　　　　上海商業儲蓄銀行成都支行	

說明：本志願書由上海商業儲蓄銀行成都支行 1938 年 4 月申請入會時所填，此爲通用格式。資料來源：成都市檔案館：1-104-215，第 57 頁

〔註32〕《成都市銀行業同業公會章程》（1934 年 5 月）第 9 條，成都市檔案館：104-1-188。
〔註33〕《成都市銀行業同業公會章程》（1934 年 5 月）第 10 條，成都市檔案館：104-1-188。

　　加入公會後，不得隨便退會，「非遷移其它地區或廢業或受永久停業之處分者不得退會」〔註 34〕，只有出現以下兩種情況才允許退會：第一種是自願退會，因受破產宣告、歇業整改、遷移他埠或自行解散等原因要求出會時，可先出具退會申請，注明理由，經全體委員會審查認可後，「並經會員代表大會三分之二以上之出席，出席代表三分之二以上之同意」〔註 35〕，方可出會，且「所納之各種會費概不退還」〔註 36〕。第二種是被迫退會，是指因違反公會章程受到處分被除名而退會。比如不按時交納會費，其它不法行爲致妨害本公會名義信用行爲，及其它不正當行爲且經公會勸告無效時，就會被取消會員資格。成都銀行公會章程（1934 年 5 月）第三十九條規定「本會會員有犯下列各款情事之一者，經會員五人以上之舉發，交由會員大會議決處理，輕則警告，重則停止其權利或宣告除名：（一）不遵守會章；（二）破壞本會會務者；（三）有違反國民黨言論或行爲者；（四）假借本會名義在外招搖撞騙者。」〔註 37〕

　　抗戰期間，國民政府加強了對各種職業團體〔註 38〕的控制。1940 年，國民政府公佈了《非常時期職業團體會員強制入會與限制退會辦法》，強制要求「各職業團體法定會員資格之從業人員或團體，均應加入當地業經依法設立之該團體爲會員，非因廢業或遷出團體組織區域或受永久停業處分者，不得退會」〔註 39〕；對拒絕入會或勸令無效者，給予以下處分「甲：各業從業人員（一）罰鍰，（二）停業；乙：各業下級團體（一）整理，（二）

〔註 34〕　《成都市銀行業同業公會章程》（1948 年 3 月 4 日）第 12 條，成都市檔案館：104-1-308。
〔註 35〕　《成都市銀行業同業公會章程》（1934 年 5 月）第 31 條，成都市檔案館：104-1-188。
〔註 36〕　《成都市銀行業同業公會章程》（1934 年 5 月）第 11 條，成都市檔案館：104-1-188。
〔註 37〕　《成都市銀行業同業公會章程》（1934 年 5 月 20 日）第 39 條，成都市檔案館：104-1-188。
〔註 38〕　民國時期人民團體分爲職業團體、自由職業團體和社會團體，其中職業團體包括農會、漁會、工會、商會、同業公會五種，同業公會又分爲商業同業公會聯合會、商業同業公會、工業同業公會聯合會、工業同公會、輸出業同業公會聯合會、輸出業同業公會。參見「各種人民團體分類表」（1943 年 1 月社會部頒），四川省檔案館：6.47/4。
〔註 39〕　《非常時期職業團體會員強制入會與限制退會辦法》》（1940 年）第 2 條，成都市檔案館：104-1-562。

解散」。此外，以上各款處罰標準除由相關法令另行規定外，還要由主管官
署視情節輕重再酌情給予處分。〔註40〕根據該項規定，成都銀行公會將章
程的相關條款加以修改，重新規定「本區域內經營銀行商業之公司，如不
依法加入本會或不繳納會費或違反章程及決議者，得經理事會議決予以警
告，警告無效時得按其情節輕重，依照商業同業公會法第二十六條規定之
程序爲下列之處分：（一）一千元以下之違約金；（二）有時間之停業；（三）
永久停業」〔註41〕。可見，抗戰期間，成都銀行公會對會員的管理更加嚴
格。

（二）會議制度

　　根據章程規定，成都銀行公會的會議分爲三種：會員大會、委員會會議、
常務委員會會議。會員大會分常會和臨時會議兩種，由全體會員參加，會議
主席由銀行公會常務委員輪流充任（或由常務理事組織主席團輪值主席）。常
會是在固定的時間內召開，一年兩次，1934 年的章程規定「於每年六月及十
二月由全委會負責召集之」〔註42〕，1948 年公會章程修改後，將常會時間改
爲「每年一月及七月各開一次」〔註43〕。召集常會時須將應議事項於十日前
（或十五日前）通告各會員代表。臨時會議不定期召開，委員會認爲有必要
時，或經會員代表五分之一以上之請求（1948 年經修改後的章程規定爲會員
代表的十分之一），即可召開臨時會議。誰要求召開，誰就負責召集。召開臨
時會議無須提前將應議事項通告各會員代表。

　　召開會員大會的主要任務是檢查公會工作績效、選舉執行委員、籌議
經費、裁定會務、報告政府有關本行業的經濟政策等問題。決議時每一會
員代表只有一權，如果所議事項與會員或會員代表本身有關繫時，該會員
代表無表決權；如主席認爲有關係，會員代表有迴避之必要時，得由主席
隨時通知該會員代表退席。〔註44〕大會對一般事項的決議，需要有半數會

〔註40〕《非常時期職業團體會員強制入會與限制退會辦法》》（1940 年）第 3 條，成
　　　　都市檔案館：104-1-562。
〔註41〕成都市檔案館：104-1-562。
〔註42〕《成都市銀行業同業公會章程》（1934 年 5 月）第 24 條，成都市檔案館：
　　　　104-1-188。
〔註43〕《成都市銀行業同業公會章程》（1948 年 3 月 4 日）第 27 條，成都市檔案館：
　　　　104-1-308。
〔註44〕《成都市銀行業同業公會章程》（1934 年 5 月）第 29 條，成都市檔案館：

員代表出席，且有出席代表半數之同意，方可通過。如果出席代表不及半數，得行假議決，將其結果通告各代表，於一星期後兩星期內重新召集會員大會，再由超過半數的出席代表同意該假議決，才算通過。而對於變更章程、會員或會員代表之除名、會員或會員代表之自行請求退會、委員之退職、清算人之選任及關於清算事項之決議等事項的決議案，要求有會員代表三分之二以上出席，出席代表三分之二以上同意才能形成決議；如果出席代表達不到三分之二，同樣得行假議決，將其結果通告各代表，於一星期後兩星期內重行召集會員大會，以超過三分之二的出席代表同意該假決議，才能最後通過。〔註45〕

委員會會議（或理事會、監事會）和常務委員會會議（或常務理事會）屬於常會，定期召開，是公會的兩種重要會議。委員會會議的主要職責是召集會員大會、執行會員大會的決議、執行法令及本章程所規定之任務。常務委員會會議的職責是執行委員會會議的決議、處理日常事務等。至於各種會議召開的時間，1934年的公會章程規定，全體委員會每月開定期會議一次，由常務委員會召集之，會議主席由公會主席擔任；常務委員會每星期開會一次，由公會主席負責召集並擔任會議主席。1948年公會章程的相關規定有所變化，規定理事會每月至少開會一次，常務理事會每半月至少開會一次，監事會每兩月至少開會一次。以上兩種常會在必要時都可召開臨時會議，全體委員會召開臨時會議由常務委員會負責召集；常務委員會召開臨時會議由公會主席負責召集；二者都以公會主席爲會議主席。平時成都銀行公會召開次數最多的會議就是全體委員會臨時會議，許多日常事務都是通過臨時會議進行決議，然後再上呈政府備案，下請會員執行。所以，召開臨時會議是解決銀行公會日常問題的主要方式。比如，抗戰期間銀行公會的事務十分繁忙，需要解決的問題很多，往往通過臨時會議來解決問題，完成各項決議。從1940年10月24日到同年12月2日，僅一個多月的時間成都銀行公會全體委員會就召開了六次臨時會議，議決了多項提案。詳細內容見下表：

104-1-188。

〔註45〕《成都市銀行業同業公會章程》（1948年3月4日）第31條，成都市檔案館：104-1-308。

表 3-8：成都市銀行商業同業公會第一屆第四次至第九次臨時會議議案
概要（1940 年 10 月 24 日至 1940 年 12 月 2 日）

屆　別	時　間	地　點	出席人	議案概要
第四次	1940 年 10 月 24 日	川鹽銀行	唐慶永、黃康侯、鄧君直等	認儲節約建國儲金、擬訂違約金數目、保管成都市寒衣運動支會收款、調整銀行公會組織、防空洞建設等
第五次	1940 年 11 月 1 日	中國食堂	沈仁波、寧子裁、魏文海等	修改銀行營業時間、錢業公會加入聚餐輪會、酌認消費合作社借款、議定違約金數額等
第六次	1940 年 11 月 9 日	榮樂園	胡信成、袁玉麟、寧子裁等	填報銀行旬報表、財政廳向各會員銀行暫借法幣五十萬元作樂西公路民工糧款等
第七次	1940 年 11 月 16 日	中國食堂	劉榮卿、葉漢卿、何又密等	修改各會員銀行原報營業基金數目、修改經費預算等
第八次	1940 年 11 月 27 日	川鹽銀行	胡信成、何又密、唐慶永等	照渝市銀行營業時間改訂各會員銀行營業時間、交存「四行」之準備金何時實行、爲成都市徵募寒衣運動支會分擔代金等
第九次	1940 年 12 月 2 日	中國食堂	劉祖蔭、鄧微心、殷敬僧等	改訂銀行營業時間、寒衣代金五千元由各會員銀行分等級擔任等

說明：1、限於資料原因本表只列舉上述六次臨時會議概況，其它無從考查。從表可以看出臨時會議召開沒有固定的時間，根據需要進行，所議事項主要爲銀行公會的日常事務。2、因在胡信成任銀行公會代理主席期間，所以六次臨時會議的主席均爲胡信成。資料來源：成都市檔案館：104-1-238，整理而成。

　　銀行公會的各種會議都要遵循一定的程序，除了「行禮如儀」外，分爲提議、討論、表決執行三大環節。即開會時先由大會主席或相關委員提出議題、說明緣由、提交大會討論。討論時各抒己見，然後經過與會代表以記名投票法表決是否通過，如通過就形成大會決議。最後再交給執行委員會（或理事會）執行。整個會議過程均有文書記錄，以備核查。總之，成都銀行公會的會議制度設置較爲科學、健全，會員可以通過各種會議提出自己的意見，反應利益訴求，這在較大程度上避免了少數會員壟斷公會的狀況發生，讓平等、民主觀念貫穿銀行公會的日常運作中，這實際上標誌著成都銀行公會正

在逐步成長爲一個「現代性」的社團。

（三）選舉制度

成都銀行公會採用選舉制度〔註46〕，公會職員由民主選舉產生。按章程規定，選舉分爲三個步驟，「本會由會員大會就會員代表中選舉委員九人，候補委員三人組織全委會，由委員中互選常務委員五人，設常務委員會，就常務委員中選舉主席一人」〔註47〕。即首先從會員代表中選出執監委員或候補執監委員，其次就當選的執行委員中選舉常務委員，最後就常務委員中選舉一人任公會主席。選舉執監委員、候補執監委員及常務委員都用無記名連舉法，即選舉人不記姓名一次性將多個被選舉人選出，得票數多者依次當選。如遇票數相同時以抽籤決定。選舉公會主席或理事長用無記名單舉法，即選舉人不記姓名一次性將被選舉人一人選出，得票數最多者一人當選。如遇票數相同，由得票數最多之二人再進行最後決選。爲了保證公會運作的民主化，章程規定委員任期四年，每屆二年改選半數，應改選者不得連任。

爲了保證公會選舉能夠公開、公平、公正進行，成都銀行公會在選舉之前要先呈請成都市政府、成都市人民團體指導委員會、四川省黨部等主管部門，屆時蒞會監選，或邀請社會人士、新聞記者等列席會議進行監督。選舉結束後，公會要將參會會員名冊、當選人員姓名冊、選票、公會章程等呈報成都市政府鑒核，並呈報財政部、經濟部備案。〔註48〕從程序上來看，該選舉制度是公平的、合法的。總之，選舉制度的實行使公會會員能夠充分利用公會組織機構反映自己的意見，在一定程度上可以避免少數資財較強的銀行壟斷公會的權力。

（四）經費及管理

銀行公會作爲職業社團，不是行政機構，也不是經營性組織，而是會員自願入會、領導人自選、會務自理、經費自籌的銀行業自律性組織。根據1929年的《工商同業公會法》及1930年的《工商同業公會法實施細則》的相關規

〔註46〕選舉制度由上海商務總會首創。1904年4月，上海商務總會成立，擬訂章程23條，該章程對選舉問題有所涉及，是近代中國商會最早在章程中擬訂的選舉制度，被其後成立的許多商會、同業公會等工商社團參照使用，具有明顯的示範效應。參見朱英：《近代中國商會、行會及商團新論》，中國人民大學出版社，第51～62頁。

〔註47〕《成都市銀行業同業公會章程》（1934年5月）第14條，成都市檔案館104-1-188。

〔註48〕成都市檔案館104-1-188。

定，同業公會不得爲營利事業，公會維持組織運作及活動的經費應自行籌集。
經費由會員分擔，其辦法由全體會員大會決定。

1、經費的來源

成都銀行公會的經費來源於各會員單位自行籌集。根據 1934 的章程規
定，經費分爲四項：入會費、年費、特別費、固定基金。入會費於入會時交
納，每一會員三十元大洋。年費是每年都交，每一會員五十元大洋，如果所
收年費不足開支，再由各會員平均認繳。特別費是按所需數目臨時分擔，沒
有固定款項，常常由委員會提出理由，交會員大會通過後由各會員共同分擔，
分擔數目由委員會參考各會員營業範圍大小及實力的強弱來決定，通常實力
強的銀行分擔費用多些，實力弱的分擔少些。固定基金由會員代表大會決定，
由全體會員共同籌集。〔註 49〕1948 年修改後的成都銀行公會章程將經費分爲
會費和事務費兩種，均由會員平均分擔，其中「事務費之分擔每一會員至少
一股，至多不得超過五十股，但因必要，得經會員大會之決議，增加之事業
費總額及每股數額，應由會員大會決議，呈經主管官署核准」〔註 50〕。

2、經費的支出

公會的支出項分爲經常費和臨時費兩大類。經常費主要包括經費、補助費、
雜支費、準備金等，臨時費主要包括各項活動捐款、獻金等。下表是成都市銀
行商業同業公會總務科所制定的 1943 年度各月支付比較概算書（支出門）：

表 3-9：成都市銀行商業同業公會 1943 年度各月支付比較概算書（支出門）

科目	1943 年度全年預算數（元）	分月預算數（元）	4 月份預算數（元）	8 月份預算數（元）	現擬預算數（9 至 12 月）
第一款會費	2675650	222970	-	-	-
第一項會費	2675650	222970	-	-	-
第一目市商會事務費	2675650	222970	-	-	-

〔註 49〕《成都市銀行業同業公會章程》（1934 年 5 月）第 34、35 條，成都市檔案館
104-1-188。

〔註 50〕《成都市銀行業同業公會章程》（1948 年 3 月 4 日）第 42 條，成都市檔案館
104-1-308。

科目	1943 年度全年預算數（元）	分月預算數（元）	4 月份預算數（元）	8 月份預算數（元）	現擬預算數（9 至 12 月）
第二款經常費	17524000	1460320	-	-	18707360
第一項經費	15864000	1322000	-	-	1633600
第一目薪工	1464000	122000	82000	80000	320000
第二目伙食	4680000	390000	390000	630000	4440000
第三目戰時津貼	1920000	160000	160000	320000	1280000
第四目生活津貼	3240000	270000	270000	1080000	4320000
第五目輿馬津貼	480000	40000	57500	124000	496000
第六目房地租	1200000	100000	無	-	2000000
第七目捐稅	480000	40000	無	2000	160000
第八目文具紙張	600000	50000	142150	239400	800000
第九目交際招待	960000	80000	207980	611600	1920000
第十目印刷及報章雜誌	240000	20000	6850	12200	160000
第十一目郵電	360000	30000	34760	-	120000
第十二目電燈油燭	240000	20000	20100	39000	320000
第二項補助費	400000	33320	無	-	533760
第一目學術部	100000	8330	無	-	133440
第二目音樂部	100000	8330	無	-	133440
第三目體育部	100000	8330	無	-	133440
第四目圖書部	100000	8330	無	-	133440
第三項雜支費	900000	75000	30300	-	1600000
第一目雜支	360000	30000	30300	176100	240000
第二目特別費	360000	30000	1600	83300	480000
第三目廣告費	180000	15000	無	-	120000
第四目茶水薪炭	-	-	-	-	760000
第四項準備金	360000	30000	無	-	240000
第一目準備金	360000	30000	無	-	240000
合計	20199650	1683290	1423540	-	18289760

說明：本表只列出會費和經常費兩項，會費是銀行公會向成都市商會繳納的年費，占公會支出的比重 10%左右；經常費是銀行公會的主要支出項目較多，約占 80%左右；至於臨時費用，因支出款項不固定，無法列表，但約占支出總額的 10%左右。資料來源：「成都市銀行公會 1943 年度經費收支預算書及財經收支的各項文件」，成都市檔案館：

104-1-371。

　　銀行公會每年的收入和支出總數，有時剛好相抵，有時收入略大於支出或支出略大於收入，總的來說二者基本處於平衡狀態。從成都銀行公會 1938 年度收支預算冊可以看出公會的收支狀況及其關係。如下所示：

成都市銀行商業同業公會 1938 年度收支預算冊

　　收入之部：

　　常年經費：一千五百元整，由本會十家會員銀行每行出一百五十元共計如上數。

　　支出之部：

　　一、辦公津貼：四百八十元整，每月文書股二十元總務會計兩股各十元整。

　　二、郵電費：六十元整，每月五元。

　　三、紙張及印油墨水等：六十元整，每月五元。

　　四、銀行錢業合組交易所開支：三百元整，每月該所開支由銀行錢業兩方均派，每月二十五元左右。

　　五、商會會費：二百元整，本會加入商會費。

　　六、廣告費：一百二十元整，每月十元登載啓事等。

　　七、交際費：二百八十元整，如宴客送禮特別捐款等。

　　以上共計支出一千五百元整。

　　附注：歷年本會交際費一項，開支均超出預算數目甚巨，不敷之數由臨時會議決定各行再出交際費二百元，去年亦曾收過。茲將本會歷年來開支數目列後，以作參考：二十三年五月至十二月底開支八百餘元；二十四年一月至六月底開支一千餘元，七月至十二月底開支一千七百五十餘元；二十五年一月至六月底開支八百九十餘元，七月至十二月底開支六百七十餘元；二十六年一月至六月底開支一千七百餘元，七月至十二月底開支八百五十餘元。〔註51〕

〔註51〕《成都市銀行商業同業公會二十七年度收支預算冊》，成都市檔案館：104-1-237。

3、經費的管理

根據相關規定，成都銀行公會每年的結賬日期定於每年 6 月 29 日及 12 月 31 日，公會全年經費的預算決算應於每年年終一個月內編製成各種報告表冊，內容包括財產目錄表、會務報告表、收支預算及決算表等，這些表冊提交會員大會後，再呈請主管機關備案並進行公佈。〔註 52〕關於經費的退還問題，章程規定，會員退會時，無論是主動退會還是被迫退會，其所繳納的會費「概不退還」〔註 53〕。事業費〔註 54〕是要退還的，但會員只有在退會時才能請求公會退還事業費，中途不能要求退費，並且「其請求並須於年度終了時為之」，「其結算應以退股時本會事業之財產狀況為準，請求退還之事業費不問原出資金種類，均可以金錢抵還」，如果抵還事業費時，公會所辦理之事業還沒有了結，就得「於了結後計算，並分配其盈虧」。〔註 55〕如果事業費總額及每股金額發生變更，或停止事業費，均應依法決議並呈報主管官署。公會所辦事業停止後，所營事業之財產，應依法辦理清算。〔註 56〕

隨著會員數量的增加，公會的各項經費收入日益增多，這就需要不斷完善經費管理制度，嚴格經費收支程序。1948 年 3 月，制定的《成都銀行商業同業公會辦事細則》，就經費的管理作出如下諸多方面的規定，「本公會收入各種會費並其它收入概須送存指定之銀行，一切支付均應以支票向存款銀行動支，所有一切經費開支均由會計員填具支票轉請理事長核簽撥付」；「本公會一切開支款均應填製傳票，以憑登帳並由財務理事簽核」；「本公會對外單據除經常會費適用市府制定收據格式，應由理事長具章外，悉以財務理事簽章為憑」；「本公會支付款由會計員填製傳票，經財務理事照預算案或決議案簽准得暫行照付（庶務員得長存小款以備零星用），該項支付並應黏附收款人之憑證」；「本公

〔註 52〕《成都市銀行業同業公會章程》（1934 年 5 月）第 37、38 條，成都市檔案館：104-1-188。

〔註 53〕《成都市銀行業同業公會章程》（1934 年 5 月）第 12 條，成都市檔案館：104-1-188；《成都市銀行業同業公會章程》（1948 年 月）第 39 條，成都市檔案館 104-1-308。

〔註 54〕「事業費」是各會員向公會繳納的用於公會開展有關事業的費用，由會員大會議決籌集。參見都市銀行業同業公會章程》（1948 年 3 月 4 日）第 43、44、45、46 條，成都市檔案館：104-1-308。

〔註 55〕《成都市銀行業同業公會章程》（1948 年 3 月 4 日）第 43 條，成都市檔案館：104-1-308。

〔註 56〕《成都市銀行業同業公會章程》（1948 年 3 月 4 日）第 46 條，成都市檔案館：104-1-308。

會開支款項除遇鉅額專戶得隨時請領外，其餘日用開支應由會計員於每月月終備齊傳票單據，填具請款書並附開支票送請理事長核簽出賬」；「本公會收支賬目應由經辦人員於每月終造具表報，經財務理事覆核後，送經常務理事會查核備案」；「本公會每屆年終，應由財務理事編制全年度收支決算報告，經常務理事會核閱後，提交理事會審查，再提交會員大會通過」；「本公會每年度開支預算書，應由理事會遵照成都市政府規定編造，經監事會審定後，提交會員大會常會通過施行」；「凡是超過預算之經常開支，須經會員大會之決議認可」；「平時如遇到捐款或特別開支，須提經理事會議決通過，向各會員徵收臨時會費一次，方得支付，於年終備刊報告，請求會員大會之追認」；「公會賬冊單據及重要文件均應保存十年」。〔註57〕可見，成都銀行公會對財務管理是相當嚴格的。這標誌著公會的財務管理制度日趨完善與合理。

第二節　成都銀行公會的基本職責

一、制定行業規則

同業公會具有維護行業經營秩序的使命，民國《工商同業公會法》規定「工商同業公會以維持增進同業之公共利益及矯正營業之弊害爲宗旨」，這說明同業公會一般具有制定和執行行業規則的職能。〔註58〕

行業規則也叫「業規」〔註59〕，在近代同業公會出現之前的傳統會館公所時代，就已經存在。作爲傳統同業組織的各類「同業公所」，往往根據自身的情況，制定成文或不成文的「業規」，它們有的被稱爲「規條」，有的被稱爲「議規」。就其具體內容而言，除了規範業內各商家的市場行爲、交易關係等以外，往往還與會館公所的經費提取、內部管理、慈善義舉等事務混雜在一起。近代中國同業公會「業規」的制定和實施，實際上經歷了 1930 年代前後兩個階段。在 1930 年之前，無論是從會館公所演變而來的同業公會，還是

〔註57〕《成都銀行商業同業公會辦事細則》（1948 年 3 月）第 13～22 條，成都市檔案館：104-1-308。

〔註58〕李德英：《同業公會與城市政府關係初探──以民國時期成都爲例》，《城市史研究》第 22 輯，天津社會科學出版社，2004 年，第 233 頁。

〔註59〕「業規」也被稱之爲「行規」，名稱雖然有異，其基本的內涵與外延應該是一致的。民國時期同業公會刊行的營業規則一般都稱之爲「業規」，因此本文在行文中也稱之爲「業規」。

近代以來隨新興工商業發展而新成立的同業公會，大多都會根據自身的需要，制定和實施適合本行業要求的「業規」。當時的中央政府及地方政府，雖然都已經制定有統一的「同業公會法」，但是對於各同業公會如何制定業規及施行業規等的同業行爲，並沒有什麼具體的規限和要求。因此可以說這是一個較爲自由的時代。到南京政府建立以後，特別是 1929 年《工商同業公會法》的頒行，要求所有的同業公會必須重新登記，而登記的主要內容之一，就是必須制定出符合整頓要求的「業規」，並對「業規」的格式、內容、頒行、功效等進行了統一規定。所有的同業公會必須按照政府統一的規定和要求制定和實施指導本行業營業的「業規」。〔註60〕這就使各公會的業規制定和頒行更爲規範，自覺不自覺地被納入了政府管理的範疇。同業公會營業規則的制定逐漸成文化、格式化、合法化，這既是同業公會的一項重要職責，也是現代經濟運行的必然要求〔註61〕。

　　1934 年，成都銀行公會還在籌備之時，就參酌上海、重慶等地銀行公會所訂「業規」的格式、內容，仿行制定《成都銀行業同業公會營業規程》，共計 15 條，內容涉及會員銀行的營業時間、例假日期、營業範圍、營業準備金、利率、會員銀行互相往來、各項重要單據及手續、各種單據掛失止兌辦法等方面。該規程詳盡而嚴格，擇其要者分述如下〔註62〕：

　　　　營業時間：1、每年九月一日起至次年五月三十一日止，每日自上午十鐘起至下午一鐘止，下午二鐘起至四鐘止。2、每年六月一日起至八月三十一日止，每日自上午九鐘起至正午十二鐘止，下午一鐘起至三鐘止。3、每星期六下午休息（但各行向例不休息者，得照舊辦理，惟須報明公會備案）。

　　　　例假日期：1、星期日（如遇比期日照常辦事，設有向例只休息半日者，仍得照舊辦理，但須報明公會備案）。2、國曆新年休假三日，自一月一日起至三日止。3、總理逝世紀念日（三月十二日）。4、革命政府紀念日（五月五日）。5、結息日（六月二十日及十二月二

〔註60〕參見張忠民：《從同業公會「業規」看近代上海同業公會的功能、作用與地位——以 20 世紀 30 年代爲中心》，《江漢論壇》，2007 年 3 月。

〔註61〕彭南生：《近代工商同業公會制度的現代性芻論》，《江蘇社會科學》，2002 年第 2 期。

〔註62〕《成都市銀行業同業公會會員營業規程》（1934 年），第 2、3、4、5、6、7、9、10 條，成都市檔案館 104-1-188。

十日）。6、結賬日（七月一二兩日）。7、國慶紀念日（十月十日）。8、總理誕辰日（十一月十二日）。9、擁護共和紀念日（十二月二十五日）。10、銀行之習慣休假，隨時由公會酌定通告之。

營業範圍：1、各種定期活期及儲蓄存款。2、各種定期活期放款。3、票據貼現。4、國內外匯兌及押匯。5、買賣生金銀。6、買賣各種有價證券。7、信託業務。8、政府委託代理及特許業務。9、其它關於銀行之事務。

利率：1、存款利率分活期定期兩種，統視市上供求之緩急酌中釐定之。2、押款利率亦分活期定期兩種，統視市上供求之緩急酌中釐定之。3、貼現放款利率視市上供求之緩急酌中釐定之。4、透支利率以往存利率爲底碼，復視市上供求之緩急酌中照加之。5、同業互相借貸款其利率由雙方隨時議定之。

行市：1、國內匯兌行市每日由銀行公會將各通商巨埠匯兌行市通知各會員銀行，懸牌公佈。2、國外匯兌行市每日由銀行公會將各國匯兌行市通知各會員銀行，懸牌公佈。

營業準備金：同業中營業準備金，除發行紙幣應照法定成數存儲現款準備金外，其餘之對外負債亦應存儲相當現金，準備金至少在其總額百分之二十以上，並須加儲保證準備，至少在百分之十以上（保證準備以最富於流通性之票據及有價證券充之）。

各項重要單據及手續：1、定期存單：須由經副襄理或有權代理經副襄理簽章之重要職員簽字蓋章爲憑，並須由存款人於存款時留存印簽，爲將來到期取款時核對之用，如其不願留存印簽，要求銀行到期憑單付款，銀行亦得允從其請，惟不付一切危險責任。2、存摺：各種存摺上之簽字蓋章手續與本條第1項相同，亦須由存款人留存印簽，爲取款時核對之用，如其不願留存印簽，要請銀行憑摺付款，銀行亦得允從其請，惟不負一切危險責任（但以支票取款之往來存款，其存摺只作對賬之用，不憑支取）。3、支票〔註63〕：往來戶欲用支票時，應由存款人留存印簽以便銀行驗對付款，每張支

〔註63〕 支票是指活期存款的存戶向銀行發出的一種支付通知，因其標記不同，分爲數種。有記名或不記名支票等。

票額至少應在五元以上，否則銀行得拒絕支付（其詳細辦法詳各行支票使用法）。4、本票〔註64〕：本票簽字蓋章手續亦與本條第1項同並分記名及不記名二種。5、匯票：匯票上簽字蓋章手續與本條第1項相同，並分記名及不記名兩種，記名者應憑印章簽字付款，否則憑票付款。6、保付支票：凡以支票請求銀行保付應由銀行加蓋保付圖章，並經重要職員簽章後方為有效，凡請求保付之支票不得添注塗改，既經保付後如發現添注塗改，其保付應即失效。7、各種款項收據、抵押品收據及信託業務之收據上簽字蓋章手續亦與本條第1項相同，惟不得於收據上指定之事實及期限以外發生效力。8、各種借據證書應照銀行公會所訂借款規程縝密辦理，並需由借款人依法黏帖印花，以昭慎重。9、凡到期匯票及各項正式收據或其它票面數額確定之單據，經銀行加蓋保付章後，與保付支票本票有同等效力。

各種單據掛失止兌辦法：1、各種摺據：如遇水火盜竊或途中遺失，准邀同殷實保證人，繕具正式信函向存款銀行聲明理由，掛失時並登著名報紙一份，聲明作廢，同時向地方官廳存案備查，兩個月後如無糾葛，方可由存款人邀同殷實保證人或殷實商號為銀行所信任者，出立保證書向存款銀行要求補給摺據，倘掛失期內發生糾葛，應在存款人理清後補給摺據，對於其它方面不付任何責任，其掛失之摺據即作無效，如存款人照票據法第十五條及第十六條之規定辦理亦可。2、定期存單：在未到期之先，如被遺失，由存戶請求掛失止付時，即與本條第1項同一辦法補給新單，但未掛失以前倘希憑單支取，而款以付出時銀行概不負責。3、不記名本票：關係銀行信用至深且巨，無論何人凡執有此項本票者，均作為現款之用。倘顧客向銀行請求出立本票，或已付出行使，或已買貨，或已貼現，查明確實有帳可稽、有貨可指。如自受愚騙，票入人手，或監守自盜並另有別種關係，無論何時，不得向銀行掛失止付。如實被水火盜竊，或確係中途遺失者，應由失主覓具殷實保證人為銀行所信任者，出具保證書，經銀行審查手續合格後，得允准暫時止付，即有

〔註64〕 本票是指由發票人付款的票據，一般為銀行簽發，用以代替現金。

銀行將款項送交銀行公會暫爲保管，同時由失主登報存案，經兩個月後毫無糾葛發生時再行付款，倘另有糾葛被銀行查出，雖請求掛失止付不生效力，如未來掛失之先款已付出，銀行不負責任。4、記名本票：倘有遺失其一切手續，應與本條第 1 項同一辦法。5、匯票：分記名不記名兩種，記名匯票如有遺失其辦法與本條第 1 項同，不記名匯票如有遺失其辦法與本條第 2 項同。6、支票：如有遺失，在未付之先得掛失止付。7、保付支票：凡執票人向銀行請求保付，一經銀行保付後不得止付，但在銀行尚未付款之前，該票所有者確因盜竊或遺失，可邀同殷實保證人出具保證書證明事實，經銀行認可者亦得掛失止付，其一切手續與本條第 3 項同一辦理。8、照票：專爲驗對票據之眞僞有無糾葛及曾否掛失止付起見，來照時由銀行重要職員驗明，無誤即行蓋章，照票後如有糾葛其辦法與本條第 3 項同。9、各存戶所執各銀行之支票簿及往來摺均須謹愼收存，如有遺失等情應即通知銀行，未通知以前倘有持票摺滋生事端，銀行概不負責。

綜合分析上述內容，該規程具有以下四個特點及作用：首先，該規程統一了會員銀行的營業時間和例假日期。因爲銀行是現代金融機構，有別於舊式的錢莊和票號，應遵循嚴格的上下班制度，這樣可以保障本行業所提供的服務能按時進行，這不僅有利於銀行客戶，也有利於銀行自身。其次，該規程規定銀行利率除同業互相借貸款的利率由雙方隨時議定外，其它存款利率、押款利率、貼現放款利率、透支利率均「視市上供求之緩急酌中釐定之」〔註65〕，國內、國外匯兌行市由銀行公會根據市場供求狀況「懸牌公佈」，這樣可以爲儲戶提供相關信息，及時瞭解金融動態。復次，該規程對營業準備金「至少在其總額百分之二十以上，並須加儲保證準備，至少在百分之十以上」〔註66〕之規定，在一定程度上彌補了政府相關政策和法規的不足，有利於保障會員銀行的穩健經營，維護整個金融市場的穩定。最後，該規程對銀行各項重要單據、手續及其掛失、止付辦法的規定更爲詳盡，這樣在解決會員銀行之間、銀行與儲客之間

〔註65〕 《成都市銀行業同業公會會員營業規程》（1934 年），第 5 條，成都市檔案館：104-1-188。

〔註66〕 《成都市銀行業同業公會會員營業規程》（1934 年），第 7 條，成都市檔案館：104-1-188。

的糾紛時，可以有章可依，秉公辦理，從而規範了銀行與銀行之間、銀行與客戶之間的關係，儘量規避業務上可能會出現的一些糾葛所帶來的風險。

該規程對穩定成都金融市場、促進銀行業發展方面具有以下四點意義：第一，規範了成都各銀行的營業時間和營業範圍，便利了銀行的交易活動。除了制定日常固定的營業時間外，還會根據天氣狀況或其它情況，靈活地進行營業時間的調整。如 1939 年 5 月 11 日，成都銀行公會鑒於重慶兩次被日軍轟炸情形，認為銀行午後營業存在較多危險，而且顧客也極感不便，為避免無謂犧牲，並謀成渝兩地銀行聯繫起見，遂開會決定「在此疏散不及期間，暫行參照渝市各銀行現行辦法，自五月十五日為始，星期一至星期六營業時間均自午後六時半起至九時止；星期日如逢比期，仍照此時間營業」〔註67〕。1940 年 4 月，銀行公會又根據當時的形勢變化召開臨時會議，將營業時間作了更改，「自四月十七日開始，平時營業時間為午後二時起至七時止，中間不休息，星期六照常營業」〔註68〕。1940 年 9 月，公會再根據季節變化，「現已屆秋令」，通過召開改組後第一屆第七次執監委聯席會議，將上午營業時間調整為八時至正午十二時，自九月二十日開始執行〔註69〕。1940 年 10 月，為躲避日軍空襲，成都市民被疏散到郊外，各銀行職員也避居郊區，距城十里之遠，且「已屆冬令時分，書暑漸次逾短」，而市區銀行仍需照常營業，如果上午開業較早，「則道遠者晨間恐趕不到」，若下關門過遲，「則整理內部帳目，宵分始能畢事，道遠者不特難於歸宿，且恐帳表鈔幣於來去搬運途中發生意外」〔註70〕，成都銀行公會遂即呈請市政府，陳述特殊情形，要求修改營業時間，將營業時間暫定為上午九時至十二時，下午一時至三時，自十一月一日開始實行。第二，統一利率和行市，防止高息攬儲，避免單個銀行的損人利己行為可能導致的惡性競爭並最終損害全行業整體利益而擾亂金融秩序。第三，對各種重要單據、手續及其掛失、止兌辦法的詳盡規定，可以降低金融交易過程中的糾紛，減少銀行的損失和責任。如銀行的定期存單，不但要有「銀行經副襄理或有權代理經副襄理簽章之

〔註67〕 《成都市銀行業同業公會為更改營業時間致四川省政府成都市政府的呈》（1939 年 5 月 11 日），成都市檔案館：104-1-348。
〔註68〕 《銀行公會更改營業時間》1940 年 4 月 21 日，《興中日報》。
〔註69〕 《本會改組第一屆第七次執監聯繫會議記錄》（1940 年 9 月 17 日），四川省檔案館：71-495。
〔註70〕 《本會奉令改組第一屆第四次臨時會議記錄》（1940 年 10 月 24 日），成都市檔案館：104-1-238。

重要職員簽字蓋章」，還「須由存款人於存款時留存印簽，爲將來到期取款時核對之用」，如果存款人不願留存印簽，銀行「惟不付一切危險責任」。第四，統一休假日期（如下表），不僅可以避免銀行在營業時間上的競爭，還可以方便銀行之間資金結算，也爲銀行職員參加各種社會活動提供時間。每週休假日期，公會往往會提前在報刊上登載聲明，以利銀行、客戶知曉。比如 1934 年 6 月25 日成都銀行公會在《新新新聞》上刊載的聲明是：「敬啓者，查七月一、二兩日爲銀行上期決算之期，本會會員聚興誠、川鹽、地方、市民、川康、美豐、中國等銀行均照例修業，七月三日照常營業，特此公告」〔註71〕。公會通過報紙媒介刊登銀行休假日期，快速提供各類訊息，極大的方便了銀行和儲戶。

表 3-10：成都銀行公會會員銀行休假日期表（1940 年）

星期例假	每月房昴星虛日	星期日	一天
國歷年假及下半年決算	一月一、二、三日	星期一、二、三	三天
春假	二月八、九、十、十一日	星期四、五、六、日	四天
總理逝世紀念	三月十二日	星期二	一天
革命先烈紀念	三月二十九日	星期五	一天
掃墓節	四月四、五、六日	星期四、五、六	三天
革命政府紀念	五月五日	星期日	一天
夏假	六月十日	星期一	一天
上期結息	六月二十、二十一日	星期四、五	二天
上半年決算	七月一、二日	星期一、二	二天
孔子誕辰紀念	八月二十七日	星期二	一天
秋假	九月十六日	星期一	一天
國慶	十月十日	星期四	一天
總理誕辰紀念	十一月十二日	星期二	一天
下期結息	十二月二十、二十一日	星期五、六	二天
雲南起義紀念日	十二月二十五日	星期三	一天

原注説明：上表係本公會議決編製，凡會員銀行均按照上列日期休假，再上開假期中有爲星期日者，應於假滿之次日補足一日。資料來源：成都市檔案館：104-1-348。

〔註71〕《成都市銀行業同業公會公告（三）》，《新新新聞》1934 年 6 月 25 日，第 3版。

　　《成都銀行業同業公會營業規程》是借鑒重慶銀行業營業規則制定的，並受國民政府《票據法》的影響，儘管內容尚待完善，但對促進成都金融市場的發展有很大作用。它作為各會員銀行共同約定的規則，雖不具有國家制定的法律效力，但作為由依法成立的自治團體——成都銀行公會所擬定的一種準法律規範性質的行業行為規範，必然具有一定的權威性，對不規範的經營行為具有一定的約束力，從而有利於整個行業經營的合理性和有效性。這在當時政府對金融市場監管能力不足的情況下，如果有個別銀行存在不規範經營行為，遇有風潮極易產生牽一髮而動全身的效應，從而影響整個行業的信用，而成都銀行業營業規程的制定和推行，在一定程度上發揮了行業自律的作用，對金融風險可以起到一定的防範作用。

　　總之，成都銀行公會營業規程是從會員的整體利益出發而共同制定、共同遵守的行業規則，它維持了行業的公共利益，使行業的經濟活動在一個自行制定、自行遵守的範圍內運行，在降低金融風險等方面發揮著積極作用。雖然，規約的制定並不能夠完全消除公會內部一些不法銀行為了自身利益，破壞交易秩序的活動。〔註72〕但畢竟公會內部已經出現了一個名義上大家共同遵守的規範，其積極意義是不可抹殺的。

二、協調會員與政府之間關係

　　銀行公會是連接各個會員銀行與上級各主管官署之間的橋梁和紐帶。對內它負責制定行業規則，平等協調行業內部關係，維護經營秩序；對外負責傳達主管官署的相關指令，積極協助政府對銀行業進行管理，加強國民政府的社會控制能力，並在貫徹執行各項政策法令時向政府獻策建言，以維護會員銀行的合法利益。

（一）傳達政府指令

　　銀行公會作為民間社團組織，其與政府聯繫的基礎在於維繫發展工商經濟所必須的社會經濟秩序。公會需要依靠政府的權力，維護一定的財產關係、市場運行秩序及銀行的基本利益；政府也需要借助公會的自我管理、自我協調功能，保持社會經濟秩序穩定，加強對社會的治理。所以政府總是通過多

〔註72〕因同業公會是同業自願組建的會員制社會組織，並不直接隸屬於政府機關，所以沒有任何行政職能，其所制定的行規或其它政策，只能依靠會員的自覺遵守，必然會有為了自身利益而一意孤行，故意違反行規的會員。

種途加強對公會的管理，設法將其納入自己控制的軌道上來。茲列舉以下兩例，以示說明：

1、組織會員銀行開展民眾訓練

「九一八」事變後，南京國民政府開始籌設民眾訓練機構，負責組織民眾訓練。訓練民眾一方面可以達到「全民皆兵」，以應戰時需要之目的，一方面可以對民眾進行「黨化」教育，加強對民眾的控制，起到一箭雙雕的作用。1932 年 3 月國民黨召開四屆二中全會，要求「各省市黨部，除指導各該下級黨部努力工作外，於必要時，應協同各省市政府儘量扶助當地民眾團體組織，並進行地方禦侮自衛事宜」〔註73〕。在 1935 年國民黨第五次全國代表大會上進一步發展了動員、訓練民眾的思想，要從根本上培養國民復興民族的意識和能力，並規定培訓的方法是「於普遍教育外，加緊國民軍訓工作，應以大中小學校學生及一般民眾爲對象」〔註74〕。國民軍事訓練分學校軍訓和社會軍訓兩種，當時學校軍訓業已進行，所有社會軍訓亟應切實辦理。民眾訓練不同於正式軍隊，以全體國民接受軍事訓練爲目的。通過對民眾的訓練，可以增強民族意識，鍛鍊健壯體魄，使他們具有普通作戰技能，以便大敵當前，實現「全民皆兵」。爲此，國民政府要求各級地方政府做好民眾訓練的登記工作。1935 年 7 月 9 日，成都市政府向銀行公會轉發了四川省府第 10242 號訓令，要求成都銀行公會「自應積極推進，期收實效，……先行調查其壯丁人數後，再另舉行體格檢查，召集集中訓練。」並限令銀行公會「於七月二十五日之前，將該會會員所屬壯丁盡數查明，依表填報，以憑辦理」〔註75〕。

同年 7 月 16 日，成都銀行公會開會議決，限各銀行於 3 日內將所有壯丁人數填報到會，以便轉報市府。7 月 20 日，各行如期辦理完畢，公會主席胡濬泉遂呈報成都市政府，「各會員銀行遵照填報，已陸續報齊，並經屬會彙填完竣，……懇查核備案」〔註76〕。成都銀行公會所屬銀行受訓人員概況詳見下表：

〔註73〕 榮孟源：《中國國民黨歷次代表大會及中央全會資料》下冊，光明日報出版社，1985 年版，第 151 頁。

〔註74〕 榮孟源：《中國國民黨歷次代表大會及中央全會資料》下冊，光明日報出版社，1985 年版，第 315 頁。

〔註75〕 《成都市密令（市字第 824 號）》（1935 年 7 月 9 日），成都市檔案館：104-1-191。

〔註76〕 《致市府》（1935 年 7 月 20 日），成都市檔案館：104-1-191。

表 3-11：成都銀行公會參加公民訓練人員一覽表（1935 年）

職　　別	姓　　名	年　齡	籍　貫	文化程度	曾受軍訓否
美豐銀行會計主任	劉成林	20 歲	重慶	中學	否
美豐銀行行員	王秉瑩	22 歲	江津	同	否
同	況雨霖	20 歲	巴縣	同	否
同	聶家政	20 歲	中江	同	否
同	王文華	23 歲	三臺	同	否
同	袁燮寅	37 歲	資中	同	否
中國銀行襄理	周南	43 歲	貴陽	大學	受過
中國銀行會計主任	徐學易	29 歲	浙江臨海	同	受過
中國銀行出納主任	李文開	44 歲	巴縣	中學	否
中國銀行南臺寺辦事處主任	楊光得	35 歲	湖北漢陽	大學	否
中國銀行行員	解民表	25 歲	成都	中學	否
同	戴申舒	22 歲	成都	同	否
同	楊安民	27 歲	長壽	同	否
同	陳欽模	21 歲	郫縣	同	否
同	舒德芬	43 歲	貴陽	同	否
同	田世昭	23 歲	陝西城固	同	否
同	歐陽玉	37 歲	江西吉水	同	否
同	周壽慈	17 歲	貴陽	同	受過
同	駱家輝	24 歲	華陽	同	否
同	楊錫覺	33 歲	江北	大學	否
聚興誠銀行行員	劉祖蔭	35 歲	遂寧	中學	否
同	胡聿修	30 歲	巴縣	同	受過三月
同	趙嘯凡	27 歲	成都	同	否
同	孫志德	27 歲	瀘縣	同	否
同	周定祿	32 歲	巴縣	同	否
同	王精華	44 歲	樂山	同	否

職　別	姓　名	年　齡	籍　貫	文化程度	曾受軍訓否
同	周序	21 歲	遂寧	同	受學校軍訓
同	梁志宏	21 歲	古宋	同	否
同	沙古薌	28 歲	成都	同	否
同	田茂實	21 歲	同	同	否
同	張采芹	35 歲	江津	專門學校	受學校軍訓
同	周樹樓	22 歲	永川	中學	受初級軍訓
同	陳光亨	24 歲	巴縣	同	同
同	姚潤之	24 歲	三臺	同	否
同	周福玠	24 歲	雅安	同	否
川康銀行經理	唐之瀛	24 歲	江北	大學	否
川康銀行會計主任	王孟叔	35 歲	涪陵	中學	否
川康銀行行員	張冠群	35 歲	閬中	同	否
同	何又密	28 歲	羅江	同	否
同	伍進修	25 歲	巴縣	同	受過
同	羅壽康	26 歲	瀘縣	同	同
同	表榮 X	21 歲	巴縣	同	否
川鹽銀行行員	曾鳴謙	33 歲	涪陵	同	否
同	夏生言	26 歲	巴縣	同	否
同	張繼賢	20 歲	成都	同	否
重慶銀行行員	胡哲孚	20 歲	瀘州	同	否
同	馮智仲	19 歲	閬中	同	否
同	劉福五	20 歲	重慶	同	否
同	張勞謙	25 歲	同	同	否
同	周壽徵	20 歲	同	同	否
同	劉國棟	20 歲	璧山	同	否
同	王伯楨	38 歲	合江	商業學校	否
重慶銀行會計主任	馬漱六	25 歲	同	中學	否
商業銀行經理	陳星五	43 歲	湖北	同	否

職　別	姓　名	年　齡	籍　貫	文化程度	曾受軍訓否
商業銀行襄理	馬地發	28 歲	浙江	同	否
商業銀行主任	廖志凱	35 歲	嘉定	同	否
商業銀行會計	登明煊	23 歲	巴縣	同	否
商業銀行總務	李均培	20 歲	同	同	否
商業銀行會計	郭秉淵	18 歲	同	同	否
同	王榮祿	17 歲	同	同	否
省銀行行員	何松齡	24 歲	西充	同	否
同	王吉甫	26 歲	巴縣	專門學校	否

說明：1、所有受訓壯丁年齡在 16 歲以上 40 歲以下方爲合格；2、有（不良）嗜好及有病者不能受訓。資料來源：成都市檔案館：104-1-203。根據相關資料整理而成。

　　成都銀行公會積極響應市府號召，組織安排會員銀行推舉職員參加民眾訓練，既培養了參訓人員的軍事思想，也提高了他們的軍事技能，爲增強成都市民的禦侮自衛能力作出了貢獻。

　　2、調查會員銀行有無違法經營行為

　　1940 年，正值抗戰非常時期，成都市糧價及其它日用必需品價格上漲較快，雖然原因多端，但不法商人的囤積居奇是推波助瀾的主要原因。據記載，「本年入春以來，米價狂漲不已，經派員詳查，並非供不應求，實由一般奸商不識大體，每以少數現金，購買倉飛，復將倉飛輾轉向銀行抵押現金，囤積大量糧食，任情操縱所致」，對於此種行爲「若不嚴加取締，實無固國本而裕民生」〔註 77〕。爲了平抑物價，打擊奸商，成都市政府轉發四川省政府代電，要求全省各銀行、各合作社「絕對禁止購押米穀，……，如現屯米穀不報或再擅自購押抬價，一經查出，不論何人，所有除一律充公平糶外，並將該機關行戶處以操縱市價擾亂治安之罪。」〔註 78〕同時，組織工作人員前往各市場，嚴密查拿投機奸商，依法懲治。此外，成都市政府還專門訓令銀行公會轉知各會員銀行，「不准抵押倉飛，本府隨時派員檢查帳據，以期徹底實

〔註77〕《成都市政府訓令（社字第 0288 號）》（1940 年 3 月 8 日），成都市檔案館：104-1-234。

〔註78〕《成都市政府密令（社字第 0322 號）》（1940 年 3 月 30 日），成都市檔案館：104-1-234。

行，用杜弊端」，並令各銀行「一體遵照，將辦理情形報查」。〔註79〕

　　為遵行市府指令，查明各銀行倉庫儲存貨物數量，成都銀行公會於 1940 年 6 月 29 日召集兼營倉庫業務的各銀行經理在省府會議廳開會，現場分發調查登記表，要求凡在成都設有倉庫或堆棧的銀行，將所有積存米穀數量及存放地點，如實具報，並於 7 月 10 日以內報送公會，以便呈報四川省物價平準處核辦，不得延誤。各行積極支持公會工作，自覺接受檢查與監督，使公會順利完成調查任務。成都銀行公會對會員銀行有無積存米穀現象的調查結果詳見下表。

表 3-12：成都市銀行公會兼營倉庫業務的各會員銀行有無積存米穀調
　　　　　查表

銀行名稱	積存米穀數量	積存米穀地點	備　考
中國銀行	無	無	據該銀行函稱從未積存米穀，僅有行員行役食米十石及代建業營造廠存食米一百三十石，該廠現承造四行郊外防空地下室，此項食米係建築工人伙食之用，均存中國銀行外西營門口倉庫內。
交通銀行	無	無	--
農民銀行	無	無	據該銀行函稱前往溫江邛崍眉山購買稻穀，業於七月二十日起按照政府規定價格再打八折辦理，現已全部售罄
四川省銀行	無	無	--
上海銀行	無	無	--
川康銀行	無	無	--
聚興誠銀行	無	無	據該銀行函稱前此受託儲存之食米業經委託人陸續自行出清，已無餘存
美豐銀行	本行無積存米穀，惟代存有軍米一百四十石	外南倒桑樹	據該銀行函稱外南倒桑樹倉庫除本身向未積存米穀外，現寄有軍米一百四十五石，已在市政府登記，有案可查
川鹽銀行	無	無	--

〔註79〕《成都市政府訓令（社字第 0322 號）》（1940 年 3 月 30 日），成都市檔案館：
　　　　104-1-234。

銀行名稱	積存米穀數量	積存米穀地點	備　考
重慶銀行	無	無	據該銀行函稱敝行原僅外南鎧門街倉庫一所，前此代人保管白米數千石，早經市府平價售出，已無積存穀米
和成銀行	無	無	--
西康省銀行	無	無	--
成都商業銀行	無	無	--
大川銀行	無	無	--
通惠銀行	無	無	--
金城銀行	無	無	--

資料來源：成都市檔案館：104-1-234。

　　1940年9月30日，成都銀行公會向財政、經濟兩部彙報調查結果，全市16家銀行，都沒有囤積穀米，中國銀行存的是「口糧」，美豐銀行的是「軍米」，農民、重慶兩行存的已「平價」賣出，聚興誠「已無餘存」。〔註80〕

　　此外，銀行承做貨物押款業務，原屬正當營業，但一些不法商人利用銀行的此種業務將押款一再轉期，以從事貨物囤積的違法活動，如果聽任不管，即有助長囤積居奇之嫌。所以，各銀行除了接受檢查本行有無積存米穀外，還應擔當起防止不法商人利用銀行從事投機鑽營的職責。成都市商會將市府相關訓令轉達給銀行公會，責令銀行公會對其會員的押款業務進行自查自糾，「對於貨物押款，應注意請求押款人是否為各該行業正當商人，如不確定其為本業正當商人，應即予以拒絕；至已做貨物押款請求展期者，並應注意其貨物性質，如係民生日用必需品，即限令押款人立予贖取出售，不得轉期，俾以收縮放款方式，抑壓囤積居奇之風」。同時，嚴令各銀錢、行號不得設立代理部貿易部進行貨物買賣，因為這同樣有助長囤積之嫌，如有違反，「應即剋日撤銷，其以信託部名義自行經營或代客買賣貨物者除受中央收購物資機關委託外，均應一律停止辦理，所有以前承做未了之交易，一律限期清結，不得藉詞延宕」〔註81〕。成都銀行公會要求各會員自覺檢查是否有不法商人

〔註80〕 田茂德、吳瑞雨編：《民國時期貨幣金融紀事（1911～1949）》，西南財經大學出版社，1989年版，第220頁。

〔註81〕 《成都市商會致成都市銀行公會函（商字第2224號）》（1940年），成都市檔案館：104-1-234。

利用各該銀行進行投機活動，並需將檢查結果函覆銀行公會。〔註82〕成都銀行公會通過自查自糾來加強行業自律，將政府管理與同業自律結合起來，既可以減輕政府部門的監管壓力，又可以減少銀行內部以及銀行業與政府部門的矛盾和磨擦，增強了銀行執行金融政策的積極性和自覺性。

（二）負責與政府交涉，發揮協調作用

南京國民政府各項政策、法令的出臺，難免會與成都金融市場上長期處於「無法」可依狀態下的銀行業產生利益碰撞，引發矛盾。作為溝通二者之間關係的銀行公會，就需要積極發揮中觀協調者的作用，一邊勸導會員銀行遵守國家的各項政策、法令、法規，一邊將各銀行的意見反饋給主管官署，維護會員銀行的合法利益。

1934年12月8日，國民政府公佈了《印花稅法》，要求將舊印花稅票改為印有寶塔圖樣新式印花稅票，並責成各省市縣政府檢查印花事務。1935年4月15日，成都市政府轉財政部第129號訓令，要求各業嚴密檢查「應貼印花之憑證已否貼足，及有無規避實貼希圖漏稅情事，……以杜匿漏，而維稅收」，規定從4月16日以後的各種契約、薄據、人事憑證，均應「貼用寶塔圖樣新式印花，勿違干究」〔註83〕。成都市政府接到訓令後，便將印花稅暫行條例連同五項附屬規則辦法，一併抄發給成都市銀行公會，令其「轉發各會員銀行，遵章貼用寶塔圖樣新式印花」〔註84〕。成都銀行公會將市府訓令轉發給各會員銀行，積極宣傳新印花稅法及其實施規則，組織各銀行認真貫徹執行。

印花稅關係到國家稅收，各銀行遵章辦理乃天經地義，但成都市政府在貫徹推行《印花稅法》時，要求各行業一律從4月16日開始黏貼新式印花稅票，並「隨時嚴密檢查，勿稍鬆懈」。這種「一刀切」式的做法，缺乏靈活變通，必然會給銀行業帶來一些利益上的損失。為維護會員的利益，銀行公會召開臨時會議，綜合各家意見，呈文市府要求予以寬限。1935年5月2日，銀行公會主席胡瀠泉呈文成都市政府，就貼用寶塔圖樣新式印花稅票一案提出四點意見：「（一）敝會各會員銀行前此所購印花稅為數不少，現在既須貼用寶塔圖樣者，則此項舊印花應換成新票，覆查財部限期調換明文，川省奉到時已逾限期，就

〔註82〕《成都市銀行公會致各銀行函》（1940年），成都市檔案館：104-1-234。
〔註83〕《成都市政府訓令（市字第509號）》（1935年4月15日），成都市檔案館：104-1-194。
〔註84〕《成都市政府令成都銀行公會》（1935年4月27日），成都市檔案館：104-1-194。

應如何處理，俾不致有損失；（二）各銀行帳薄、摺據已貼有舊印花者，其有效期間自應與寶塔圖樣者同故，不再重貼；（三）銀行支票、送金薄及存款單三項迭經上海、重慶等地銀行公會請求，暫緩貼用，敝會自應援例請求暫免貼用；（四）本年五月以前各行手續未經完備者，應請豁免追究。」〔註85〕成都市市長鍾體乾將銀行公會的呈文再轉呈四川省政府，請求予以解答。同年7月5日，成都市政府奉到四川省政府的解釋後，通過市字第809號訓令給予答覆：「（一）舊式印花稅票，前經四川省政府明令一律廢止，勿容調換有案，應遵省府通令辦理；（二）各銀行帳薄、摺據，如在四月十六日以後成立者，所貼繫屬舊花，應作無效，仍應補貼寶塔印花；（三）查以後所出本票、支票，前奉財政部稅務署電，准暫免貼印花，其送金薄、存款單及其它一切薄據，均應遵章購貼新花；（四）原呈所稱在本年五月以前，各行手續未經完備者，應請豁免追究一節，如係五月一日以前已失時傚之單據，免予補貼處罰，如係五月一日以前成立之單摺證據，除本支票外，其未失時效而未貼印花者，始准從寬免罰，仍應補貼寶塔印花，以附章例。」〔註86〕以上四點答覆，雖未能完全滿足銀行公會提出的要求，但還是對此前「一刀切」的規定作了適當的調整，即銀行本支票「暫免貼花」；對那些「手續未經完備的銀行」「從寬免罰」。這在一定程度上說明政府已做了些讓步，使銀行避免了更大的損失。這也在一定程度上說明銀行公會在維護同業的利益訴求方面發揮了重要作用。

1935年9月1日，國民政府的新印花稅法開始正式施行。成都市政府要求各銀行從自9月1日起「所有銀行本支各票，自應遵照印花稅法第十六條稅率表內第四種規定一律照案貼花，……從前核准免貼、緩貼、減貼印花之各成案一律廢除」〔註87〕。這些規定使以前援例暫緩貼花的銀行本票、支票，自9月1日起必須恢復貼花。9月21日，成都市銀行公會才收到上述訓令，早已過貼花的限定日期。於是銀行公會再次請求展期貼花期限，並陳述理由「屬會繫於九月二十一日奉到鈞府訓令，所有九月一日以後各銀行所開本票業經用出，在市面流通，難於收回補貼，又各存戶所開支票取款手續業經了清，如於此時逐

〔註85〕《銀行公會主席胡濬泉致市政府呈文》（1935年5月2日），成都市檔案館：104-1-194。

〔註86〕《成都市政府訓令（市字第809號）》（1935年7月5日），成都市檔案館：104-1-194。

〔註87〕《成都市政府訓令（市字第1033號）》（1935年9月），成都市檔案館：104-1-194。

一請發票人補貼，事實上亦感困難，且有存款業經提請者更無法再向追補，懇請鈞府俯念奉令日期較遲，情形不同，寬其既往，由鈞府另定實行日期。在鈞府指定日期以前，各銀行本票、支票、未貼印花者准予免補，以期劃一，而便辦理」〔註88〕。對銀行公會的再次請求，成都市政府經轉呈財政部印花煙酒稅局，待奉到解釋後，於 1935 年 10 月 15 日，通過市字第 1127 號訓令，答應了成都銀行公會的請求，「茲再從寬酌予定期，自本年十月十五日起實行，一律依法照貼，其在十月十五日以前未貼印花之本票、支票，姑准從寬免究，倘在十月十五日以後仍有違反印花稅法情事，一經查覺，應即送請司法機關依法處辦，不稍寬從」〔註89〕。這樣，經過據理力爭，銀行業的貼花期限由 9 月 21 日被允予展期至 10 月 15 日，政府再次予以讓步，進一步維護了各銀行的利益。

　　以上兩個事例說明，銀行公會作為政府和銀行之間的橋梁和紐帶，既要代表整個銀行業對政府的政策、法規給予理解、支持及貫徹執行，也要代表各銀行，負責與政府進行交涉，合理表達會員的利益訴求，儘量維護會員利益，保證銀行業健康運行。政府往往也會尊重銀行公會的合理建議，滿足其要求，儘量不損害銀行的利益或將其損失降到最低限度。總之，銀行公會發揮了銀行業與政府之間的紐帶作用：一方面代表會員利益，向上反映下情；一方面傳達並貫徹政府法令，協助政府向下履行管理、監督職能。同時，銀行公會居中協調矛盾，可以使政府與銀行之間的利益博弈處於一種「柔性」的狀態，而不致引起激化。

三、銀行公會日常事務管理

　　1936 年，成都銀行公會重新修訂了公會章程，第 24 條對公會應辦的職務作了如下規定：「一、辦理本會會員大會議決之事項；二、辦理本會會員請求之事項；三、辦理商會交辦之事項；四、辦理各業同業公會請託之事項；五、辦理主管官署委辦之事項；六、辦理各級黨部委託之事項；七、辦理各團體請託之事項；八、辦理合於工商同業公會法第二條所揭宗旨之其它事項。」〔註90〕可見，銀行公會日常所擔負的任務繁多而龐雜，既要對內組織、

〔註88〕《致市政府呈文》（1935 年 9 月），成都市檔案館：104-1-194。
〔註89〕《成都市市政府訓令（市字第 1127 號）》（1935 年 10 月 15 日），成都市檔案館：104-1-194。
〔註90〕《成都市銀行業同業公會章程》（1936 年修改），第 24 條，成都市檔案館：104-1-199。

協調好會員之間的關係，共謀同業之發展，又要對外處理好自身與政府及其它團體之間的關係，爲銀行業發展創造良好的外部環境，以維護好同業的共同利益。下表是成都銀行公會 1946 年下半季工作報告，從中可以窺見公會需要處理的日常事務千頭萬緒。

表 3-13：成都市銀行商業同業公會 1946 年下半季工作報告

要目	辦理經過與推進之成績
一、會議記錄	
1、秋季會員代表大會	7 月 21 日召開 1 次，以符會章
2、銀錢兩業理監聯繫會議	此項例會計召開 25 次，決議要案多件
3、臨時會員代表大會	12 月 31 日午前 9 時半召開 1 次
4、銀錢兩業會員行號會計主任及經辦交換人員會議	12 月 28 日午後 5 時召開 1 次
二、興革事項	
1、籌辦組織工商貸款銀團	查 1946 年 10 月間工商聯合會商洽兩業組織貸款銀團一案，經會議多次決定成立於 12 月 31 日臨時代表大會共同研討由召集人趙常務理事報告經過情形，決議由各行號自由組合 7 家以上共組爲一銀團
2、改變票據交換辦法	楊經理於 12 月 26 日參加理監聯繫會議，理事長介請講話，楊經理略謂票據交換手續應行商討之點向多，指定交換科陳主任有所說明，嗣提六項辦法囑爲辦理，旋經召開臨時大會提出請求三點函成都中央銀行，查照去後准函稱總分清單辦法自 1947 年 1 月 13 日起實行等由，當即錄函通各會員行號依起照辦
3、參加籌組全國銀行公會	查 1946 年 11 月准上海市銀行公會來函以奉上海市社會局飭遵社會部訓令籌組全國銀行業公會聯合會與南京杭州兩公會聯名發起在滬成立籌備處一案囑本公會參加等由，當經理監聯繫會議決議參加並摘要造報本會月費收入數字函覆去後現準覆函囑本會舉代表 1 人參加開會，旋經本公會決議，於 1947 年春季會員大會票選再行函覆。
4、慶祝中央銀行成都分行開業十週年暨楊經理在任十年紀念會	1946 年 8 月 16 日爲央行開業十週年暨楊經理在任 10 年紀念，同人以其愛護同業頗恰眾情，由兩公會開會慶祝，賓主盡歡而散

要目	辦理經過與推進之成績
三、會務述要	
1、會員銀行之增加	本期新加入同業計有四川農工銀行、怡豐銀行、成都市合作金庫、中央工礦銀行 4 家
2、會員銀行之退出	本期退出會員計有陝西銀行、河南農工銀行及光裕銀行 3 家（陝西省銀行於 8 月 13 日退出、河南農工銀行於 10 月 11 日退出、光裕銀行於 12 月 11 日退出）
3、文書收發概況	自 1946 年 7 月 1 日至 1947 年 1 月 20 計收函 296 件、訓令 26 件、指令 12 件、代電 16 件、通知 3 件、發出函 197 件、呈文 17 件、記錄 23 件、代電 7 件
4、經費收支概況	查本公會事務所經費全賴會員銀行供給，以半年爲一期，繳存會計科彙收，撥交總務科開支，除明細賬按月報銷外，茲由會計科作成 1946 年下期收支對照表，以供報告
四、社會服務	
1、參加各界會議	一、9 月 3 日事務所全體職員參加抗戰勝利紀念大會
	二、9 月 9 日陳市長在市商會講演本公會派員參加
	三、9 月 20 日市黨部訂於 23 日會商國慶紀念周籌備事宜，10 月 4 日又召開第二次籌備會，10 月 9 日准省會各界慶祝國慶紀念大會訂於 10 月 10 日午前 10 時在中正公園開慶祝大會，當由事務所分別參加慶祝
	四、10 月 2 日准市商會函訂期 10 月 3 日召開各公會聯席會，商討全國商聯會提案意見，由本會趙常務理事出席參加
	五、10 月 18 日市商會召開各業理事長座談會，當派員參加
	六、10 月 20 日建設廳召開籌備英商訪華團事宜，10 月 25 日市商會開會，事同前由，均由嚴秘書參加，10 月 6 日訪華團到蓉，由理事長出席招待
	七、11 月 12 日總理誕生在中正公園紀念，本會派員多人參加
	八、11 月 19 日市商會開會商討會務由本公會趙常務理事出席
	九、12 月 19 日商會召開聯席會議由本會派員參加
	十、12 月 25 日省黨部追悼蕭參政員大會，本會派員參加

資料來源：成都市檔案館 104-1-290。

　　由上觀之，銀行公會作爲銀行同業的公共組織，是聯絡銀行業界的總樞紐，在日常管理中事無鉅細，發揮了溝通、協調及宏觀管理的作用，保障了

成都銀行業的有序運行。

四、處理會員業內業外糾紛

商會是商人的社會組織，其中一項重要職能就是商事公斷，以解決商人間的糾紛。同樣，同業公會在協調同業方面的一個最重要的職能是調解同業糾紛，維護會員合法權益。商會主要處理的是不同行業之間的糾紛或是工商同業公會無法單獨處理的矛盾。與之相比，同業公會會員內部或會員與非會員之間糾紛，多數時候還是由同業公會單獨處理。銀行公會作爲銀行業的一個公共組織，處理同業之間的糾紛是它的一項重要工作。成都銀行公會章程將「調節會員與會員或非會員間之爭議事項」〔註91〕作爲公會應履行的重要職責之一。

成都銀行公會主要依靠制定相關的規章制度來規範同業間的交易辦法、銀行與儲戶間的交易行爲等。1934 年制定的《成都市銀行業同業公會會員營業規程》第九條〔註92〕就有相關方面的規定，爲處理同業糾紛提供了良好的制度保障。當然，銀行公會的權力也是有限的，自己不能解決的問題只有提交給它的主管機構或相關職能部門並協助其進行解決，以達到解決矛盾、化解糾紛、維護同業利益的目的。

（一）處理會員銀行之間的債務糾紛

銀行之間因短期內資金不足而互相拆借是正常現象，但如果借方因資金周轉失靈而停業，無法償還借款時就會產生債務糾紛，這就需要銀行公會出面調停。1945 年同爲成都銀行公會會員的信華銀行與永美厚銀行之間發生債務糾紛。同年 1 月 15 日，永美厚銀行因比期頭寸不敷，要求信華銀行施以援手，信華銀行本著同業互助之義，當即存入活期同業往來存款國幣 649 萬元予以支助。但後來永美厚銀行周轉失靈，奉令停業，逾期無款撥還信華銀行，於是由該行出立 649 萬匯票一張，請信華銀行持票向宜賓縣銀行兌收，即作爲永美厚銀行撥還信華銀行的同業往來存款。當成都信華銀行委託宜賓濟康銀行向宜賓縣銀行代爲兌收時，宜賓縣銀行卻以「本行與永美厚銀行業於上年十一月底停止通彙，該項匯票事前未得該總行通知」爲由，拒絕付款。於是，成都信華銀行再次函請成都永美厚銀行「剋日如數撥還」，但永美厚銀行卻稱「業已奉令停

〔註91〕《成都銀行同業公會章程》（1934 年 5 月），成都市檔案館：104-1-188。
〔註92〕《成都市銀行業同業公會會員營業規程》（1934 年），成都市檔案館：104-1-188。

業，無款撥還」，要求信華銀行逕向該行總行洽商兌收。永美厚銀行推諉扯皮，萬般無奈之下，成都信華銀行只好請求銀行公會秉公裁決。經成都銀行公會一番斡旋，最後雙方意見達成一致，即「永美厚蓉行所立宜賓縣銀行付款匯票 649 萬元，既經本行委託宜賓濟康銀行代收注定數額，以後如有他人再向宜賓縣銀行通匯及支取該行存款情事，本行自應有優先支取權」〔註 93〕。事後成都銀行公會致函宜賓銀行公會，請代為轉知宜賓縣銀行「遵照辦理」。永美厚銀行奉令停業後，重慶銀行公會組織債權團，對該總行未了債務進行清償。於是成都銀行公會又致函重慶銀行公會，認為成都永美厚銀行所負債務與總行的債務應「事同一律」，請重慶銀行公會應將信華銀行的債權加入永美厚重慶總行的債權團予以清償，以維同業權益。〔註 94〕經過成都銀行公會的多方斡旋，重慶銀行公會同意將信華銀行的債權加入永美厚重慶總行的債券團進行清償，終於使信華銀行的債權有了著落，挽救了部分損失。

（二）幫助解決會員銀行與儲戶之間的矛盾糾紛

1944 年 11 月 9 日，儲戶孫啓明委託成都商業銀行向重慶銀行匯去 200 萬元即期匯款，辦理完結後，成都商業銀行開給匯款收據一張，並在收據上注有「請匯向重慶銀行」字樣。收款時卻發現此款並非即期匯款，而被改為十三日對期。於是孫啓明直接致函重慶銀行查詢，後得該行覆函稱：「關於委由成都商業銀行與敝行洽匯重慶匯款 200 萬元一事，確係經與敝行商定 11 月 13 日對期，蓉收渝交，並無任何遲誤等情」。重慶銀行確認孫啓明的匯款是「對期」，而非「即期」，孫啓明認為是成都商業銀行出了錯誤，應對此負責，便直接與其交涉，要求賠償損失，但被成都商業銀行予以否決。在直接與銀行交涉未果的情況下，孫啓明於 1945 年 1 月 11 日，致函成都銀行公會，陳述經過情形「查成都商業銀行套用匯款，喪失匯款人權利，以致鄙人收款遲期，營業上所受之損失甚巨，曾向該行交涉，要求賠償損失，該行負責人林竹村藉詞推諉，毫無滿意答覆，查此筆匯款於當日一次付清，並取有該行即期匯款收據及成都重慶銀行公函，證據確實，顯係該商業銀行不顧信譽套用匯款，以致鄙人遭此損失」，因此請求成都銀行公會主持公道，「體念匯款人受此損

〔註 93〕《信華銀行致成都銀行業商業同業公會函》（1945 年 2 月 22 日），成都市檔案館：104-1-414。

〔註 94〕《為准信華銀行函請轉函重慶市銀行公會將該行債權加入債權團一案》（1945年 2 月），成都市檔案館：104-1-414。

失，秉公裁判」，並請轉達成都商業銀行「為其銀行信譽計，從速賠償鄙人營業上一切之損失，如該行仍無滿意答覆，鄙人只有將經過情形公諸社會，是非自有公斷，試問銀行業者，不顧信譽，能立足商場否？鄙人將依法起訴，自有法律裁決，科以應得之罪」。〔註95〕1 月 23 日，成都銀行公會就上述事件致函成都商業銀行，徵詢孫啓明所稱之事是否屬實，要求成都商業銀行「查明實情，函覆過會，以秉公辦理」〔註96〕。1 月 27 日，成都商業銀行函覆成都銀行公會，向其陳述實際情形並非如孫啓明一家之言所述，而是因為孫啓明的太太於 11 月 9 日上午「委託敝行營業員康育馨君代匯渝款 200 萬元，因當時渝市銀風甚緊，各行均不願做即期，且 12 日為星期日，故與重慶銀行接洽做 13 日渝交對期。洽妥之後即由康育馨君將由重慶銀行做妥情形通知委託人孫太太，孫太太同意即期已不可能，對期亦可，敝行乃與重慶銀行承做對期。而戰爭期間電報往往遲誤，於該月 13 日在渝交付收款人，亦確於 13 日如數收妥，時間相差無幾。」因此，成都商業銀行認為「事隔兩月，該孫啓明君竟不顧事實，擅稱敝行不顧信譽，套用匯款，以致收款遲期，受損甚巨，要求賠償。此項代做之對期匯款，既已經徵得委託人孫太太之同意，亦無其它成約而使敝行應負遲期之責任，似此無理要求敝行，實礙難照辦」，〔註97〕並請求成都銀行公會查照並秉公處理。後來經過調查發現成都商業銀行所述情況屬實，責任歸咎於孫啓明太太，成都商業銀行無需承擔孫啓明損失之責任。因責任不屬於成都商業銀行，成都銀行公會只好將事件的來龍去脈，據實函覆孫啓明，並重申成都商業銀行「無需承擔損失」〔註98〕。責任調查明確後，孫啓明自知理虧，不再無端糾纏，問題遂告解決。

（三）處理會員銀行與其它商行之間的矛盾

1944 年 12 月 19 日，永利銀行成都分行正值營業之際，突遭身著便衣者十餘人圍堵營業大廳，他們持有晶華商行所出 38 萬元支票一張，強行要求取

〔註95〕《致成都市銀行商業同業公會函》（1945 年 1 月 11 日），成都市檔案館：104-1-414。

〔註96〕《為覆匯款人孫啓明函報成都商業銀行查用匯款致遭損失函請查覆由》（1945 年 1 月 23 日），成都市檔案館：104-1-414。

〔註97〕《成都商業銀行函覆成都銀行公會》（1945 年 1 月 27 日），成都市檔案館：104-1-414。

〔註98〕《為查明孫啓明函報成都商業銀行匯款遲誤情形覆函查照由》（1945 年 1 月 30 日），成都市檔案館：104-1-414。

款。但經查驗該戶並無存款，實爲空頭支票，故不能照付。該夥取款人卻不由理說，掏出手槍進行威脅，如不付款，將予以報復，後憤憤而去。次日，永利銀行將所遭遇情形呈報銀行公會，請轉呈監理官辦公處核辦。〔註99〕爲徹底查處此事，以杜絕流弊，成都銀行公會於 12 月 23 日函覆永利銀行，要求將晶華商行支票上的「出票人姓名、住址、職業及開戶介紹人，詳細開列，函送過會」〔註100〕，以便轉報監理官辦公處徹底查究。爲維護同業利益計，成都銀行公會於 12 月 31 日向監理官辦公處提出請求，要求徹底追查。後經調查發現晶華商行原是永利銀行成都分行的往來客戶，以前存在業務關係，但晶華商行現已歇業，開發空頭支票屬違法行爲。監理官辦公處指令成都銀行公會約集晶華商行負責人、開戶介紹人及銀行公會理事長，齊集永利銀行共同商討此事。經過成都銀行公會及監理官辦公處的協同解決，決定對空頭支票一事應遵照票據法有關款規定進行辦理，並對晶華商行派人持槍威脅一事，要進行「嚴予查究」〔註101〕，以維護銀行的合法權益。

　　揆諸上述三例，可以看出，成都銀行公會在成都銀行業內扮演著一個矛盾協調者的角色。它利用自己的社會角色處理業內業外矛盾、化解各種糾紛，遠勝於會員依靠自身力量來應付和解決各種問題。這有利於提高辦事效率，維護會員正當利益及銀行業信譽，增進同業間的團結互助，從而爲維護成都的金融秩序、促進銀行業的健康發展作出了重要貢獻。

〔註99〕《永利銀行成都分行致函成都銀行公會》（1944 年 12 月 20 日），成都市檔案館：104-1-414。
〔註100〕《爲准來函報稱有人持晶華商行空頭支票威脅取款一案請將出票人姓名住址職業開示以便轉報監理官辦公處徹底處理由》（1944 年 12 月 23 日），成都市檔案館：104-1-414。
〔註101〕成都市檔案館：104-1-414。

第四章　成都銀行公會的活動

　　成都銀行公會從 1934 年 5 月成立伊始，即在團結同業、維護行業利益、平定金融風潮、致力銀行業的改革方面作出了不少引人注目的成績。尤其在抗戰期間的活動和事業更是功勳卓著，爲抗戰捐助和大後方金融市場的穩定發揮了十分重要的作用。

第一節　抗戰之前

一、組織會員銀行應對渝鈔風潮

　　民國三十三年（1934 年）到民國三十六年（1937 年）是成都金融業發生重大變的時期。由於四川軍閥混戰結束，川政統一，社會漸趨安定，成都工商業逐漸由過去軍閥統治和戰亂摧殘的蕭條萎縮狀態走向恢復和發展。成都金融事業亦適應社會需要，日趨興盛。1934 年 3 月，隨著劉湘進駐成都，重慶各銀行也隨之向成都開拓業務，大量「渝鈔」〔註 1〕開始流進成都。當時在成都市場上流通的貨幣極爲紊亂，有川版大洋、袁頭（袁世凱頭像）大洋、孫頭（孫中山頭像）大洋、雲南龍紋大洋、川造半元、雲南半元等不同版面的銀元及各種毫洋、銀角、銅元等等，種類繁多，眞假難辨。此外，各種紙幣也是充斥市場，五花八門。例如有稱爲「省鈔」的是由中國銀行成都支行、四川地方銀行成都分行、重慶市民銀行成都分行、重慶銀行成都分行發行的

〔註 1〕「渝鈔」是由中央銀行重慶分行、中國銀行重慶分行、中國農民銀行重慶分行的主輔紙幣，以及由四川地方銀行總行、重慶銀行總行、美豐銀行總行、川康銀行總行發行的兌換券及第 21 軍總金庫發行的糧稅契稅券等。

兌換券；有稱爲「渝鈔」的是由中央銀行重慶分行、中國銀行重慶分行、中國農民銀行重慶分行的主輔紙幣，以及由四川地方銀行總行、重慶銀行總行、美豐銀行總行、川康銀行總行發行的兌換券及第二十一軍總金庫發行的糧稅契稅券等；有稱爲「申鈔」的則是由中央、中國、交通、農民等國家銀行（簡稱中、中、交、農四行）在上海發行的各種紙幣。這三種鈔券同在市面上流通使用，價值也不統一：省鈔與銀元一律等價通用；渝鈔的價值低於省鈔和銀元，但隨成渝兩地的匯率起落；申鈔在成都初受歧視，後經蔣介石行營駐川參謀團要求成都市商會「嚴行糾正」，申鈔始與銀元同價。〔註2〕由於在「三軍」統治時期，成都迭受貨幣混亂之害，導致成都市民形成一種特殊心理，對於一切紙幣咸有戒心，他們更樂於保存銀元。所以，一旦成都出現現金缺乏、不敷周轉，需要用大量渝鈔來膨脹通貨以彌補現金枯窘時，成都市民的慣性思維就會形成抵制心理，使渝鈔在成都的流通並不順利。

1934 年 8 月，由於投機盛行，重慶、萬縣等地申彙、洋水〔註3〕上漲，申彙最高時，每一千元重慶達一千六百四十元，成都達一千三百六十元，重慶因申彙高漲，僅彙水損失估計就達兩千萬元。〔註4〕由於重慶是當時四川的金融中心，影響所及，十分廣泛。受其影響成都出現銀根枯竭、收交困難的嚴重局面。同時，成都匯兌業投機者也興風作浪，幾乎不考慮實際供需情形，多做遠期匯兌，結果「迹近賭博，到期緊迫，無法交付」〔註5〕。這更加劇了成都市銀根枯窘的嚴重局面，導致成都市面蕭條，百業凋敝。爲解決蓉市通貨缺乏、銀根較緊的問題，四川善後督辦公署主任劉湘訓令成都市商會、銀錢業公會，嚴查會員行莊的遠期匯兌業務，並停止一個月以上渝匯及二個月以上申匯業務，想以此斷絕投機，安定金融。是年 9 月，四川善後督辦公署又訓令成都市銀行、錢業兩公會在蓉市大力推行渝鈔，理由是：「查省垣貿易常爲入超，現金外匯，長此以往，通貨日缺，患憂堪虞，渝市鈔券現屬基金穩固，並已通行全川，以此增加通貨，實爲補濟金融良法，……應准以渝鈔

〔註2〕參見《民國時期成都金融實況概述》（中）。成都市政協文史資料委員會編：《成都文史資料選輯》第 3 輯，1988 年，第 104 頁。

〔註3〕兌換券在市場上調換銀元必須加價或數水，稱爲洋水。

〔註4〕田茂德、吳瑞雨編：《民國時期貨幣金融紀事（1911～1949）》，西南財經大學出版社，1989 年版，第 126 頁。

〔註5〕《四川善後督辦公署訓令（財字第 2327 號）》1934 年 10 月 6 日，成都市檔案館：104-1-189。

業市合價辦理一切收付，不得歧視，以維金融」〔註6〕。並令兩公會聯合設立渝鈔評價委員會，評定渝鈔行市，以渝鈔作價辦理一切收付事宜。該委員會由周見三、廖海濤、鍾君猷、陳益庭、何兆青、張茂芹、王劍鳴、閔次元、胡濬泉、康心遠、陳樹屏、楊夢侯、余蜀芳、范瑤齋、張煥庭、張希杜、將榮萱、閆鳳、許子馥、蕭翼之、劉淑芬等二十一位委員組成，他們分別來自成都市商會、銀行公會、錢業公會。周見三被指定爲渝鈔評價委員會主席，委員會還公佈了章程。

　　爲應對此次蓉市金融風潮，成都市銀行、錢業兩公會在1934年9月召開了三次聯席會議，圍繞如何在蓉市推行渝鈔問題，提出了諸多建議。其中，第三次聯席會議參加人數最多，共達三十七人。與會代表就渝蓉兩市匯價、渝鈔兌現、渝鈔收交等問題發抒意見，從不同立場給出不同的觀點。在第三次聯席會議上討論最爲激烈的是關於渝鈔收交問題。因成都各銀行大都是重慶總行的分行，渝鈔收交會牽涉到各銀行的直接利益，所以各銀行代表的態度各異。爲了更加清晰、全面的瞭解各行莊對解決渝鈔收交問題的態度，以及各行在平息此次蓉市金融風波中所發揮的作用，分析各代表發言頗顯重要，會議記錄值得全部徵引。所以將第三次聯席會議記錄全部照錄於下：

　　　　成都市銀行錢業兩公會第三次聯席會議關於解決渝鈔收交會議記錄〔註7〕

　　　　時間：九月二十七日午後一鐘

　　　　地點：合組交易處

　　　　到會人數：三十七人

　　　　主席：胡濬泉、陳清極〔註8〕

　　　　胡濬泉：本日上午兩公會常務委員聯席會議對於政府布告以渝鈔作價辦理收付事，所有討論咸以事實上尚有相當困難，故臨時召集緊急聯席會議，請各位發抒意見，共同研討。

　　　　陳益延：因見政府布告對於銀錢業頗多指責，其實本人並未參

〔註6〕《四川善後督辦公署訓令（財字第2295號）》（1934年9月），成都市檔案館：104-1-189。

〔註7〕《成都市商會接准銀行錢業兩公會覆函抄送成都市銀行錢業兩公會第三次聯席會議解決渝鈔收交會議紀錄》，成都市檔案館104-1-189。

〔註8〕胡濬泉時任成都銀行公會主席，陳清極爲成都錢業公會主席。

加第二次聯席會議，内容如何更不及知，渝鈔作價是一事，呈請執行又是一事，本人對於第一點無意見，唯須鄭重聲明不負呈請執行之責任，夫金融消長自有其自然之趨勢，不能強迫從事，此爲本人一點小意見，應請各位注意。

陳清極：渝鈔作價辦理收付，在銀錢業本無困難，唯銀錢業不能離開社會不與接觸，究應如何評價使人樂於接受，不致惹起糾紛，則爲此事之癥結，應請討論。

胡濬泉：政府布告謂「係銀行錢業兩公會所呈請」，本人願代表銀行公會聲明並無呈請之舉，錢業方面頃於常委聯會詢之陳主席，亦稱並未呈請陳主席，所談問題請略加補充，渝鈔在渝乃十足兌現之紙幣，信用極好，唯成（都）流通之券一經辦理收交，如求現待售之數過巨，充斥於安樂寺，錢市價格必較評價爲低，種種困難即因之發生。

何兆青：評價委員會係由銀錢業、商會及換錢業各方面重要之人充任委員，其與渝鈔之評價純以各委員之意見決定之，總以價格平允能於通行爲目的，渝鈔在省早已通行，今即進而辦理一切收付，即毋庸再向安樂寺方面去賣，或不致如想像之困難，此後渝鈔能否暢行無阻，其關鍵全在銀錢業，只要銀錢業能於充分合作，推行之初雖不無小困難，終必達到所期望之目的。第一、二次聯席會議均繫接到通知赴會，復又被推爲臨時主席。第二次聯席會議議決以渝鈔作價辦理收交，本人係以該會臨時主席資格陳請政府布告執行，值此剿匪期間，金融枯窘，實宜推行渝鈔，膨脹通貨以補硬幣之不足。如捨此途徑，另有較善辦法，請詳加討論。

陳清極：昨日安樂寺渝鈔市價爲補水八十元，而評價則爲九五四，相差甚巨，究以何價爲標準。

余蜀芳：渝鈔評價以能實際買賣，便於收授爲準則，第一次聯席會議議決電渝放運現金，繼因不能到達目的，故第二次聯會方有渝鈔作價辦理收交之意，宜先就九（月）底渝匯，設法以和平方式作價，如其中一部分尚有困難，再以渝鈔補水辦理收交，仍採和平方式即可免去一切糾紛。

陳樹屏：同意余蜀芳之主意。

陳益延：本人極端擁護劉督辦，尤願金融安定，唯政府出此布告將一切責任加諸兩公會，受人指責，誓不承認。

何兆青：政府有整理金融之權，今以渝鈔辦理收交，即係設法整理金融，至布告之頒佈，則係根據第二次聯繫會之議決案。

陳益延：渝鈔本身確有價值，唯成都人士因迭受貨幣損失，對於一切紙幣咸有戒心，此為成都人士之特殊心理，如能在省設立分公庫，鈔價即無問題，成都歷來政府整理鈔幣，每苦於愈整理價愈低落，胡濬泉陳清極老於成都商場，深悉其情，諒表同意。

（胡濬泉陳清極同意陳益延之說）

胡濬泉：此次政府不免操之過激，人民亦疑慮太深，本人建議（一）政府威信必須維持；（二）一切問題似大半發生於渝匯之多，如能照余蜀芳之主張以和平方式將 xxxxx（檔案資料缺失）；（三）會員間如有爭執，兩公會設法調解，俟九（月）底比期收交辦理後，其中如仍有困難大家再行從長計議（大多數鼓掌贊成）。

胡濬泉：統制經濟應就全盤計劃，不是一方面的，今宜酌准放運現金，不能視成都為異域，成市現金如能流通則鈔幣之行使自無困難，政府既已集中渝市現金不准運省，而於推行渝鈔復又操之過激，不免錯誤。

何兆青：代表政府說幾句，主席所謂政府錯誤請問錯誤在何處，關於運現一層政府係就全川通盤籌劃，不能因一地一事而有所紛（分）歧，如不奉行督署布告辦法，渝鈔信用因而受其影響，請問何人負責。

胡濬泉：渝鈔雖能在渝兌現，但絕對不能運現出城，殊失調劑金融之作用，此意願與劉督辦返省時面述請願。

余蜀芳：主張再請渝當道，准予放運現金且看結果如何。

陳清極：補充余蜀芳之主張。

張希杜：渝鈔一律通用，在特殊情形之成都確有若干困難，安樂寺之兌換渝鈔，無異代渝鈔兌現，渝鈔隨渝匯市價而逐步下落原

因，農村破產，購買力弱，故宜聽其自然，不能加以勉強。

何兆青：政府布告無異法律，難於變更，且該布告係根據決議案執行，今如變更，無異推翻議案。

胡濬泉：第二次聯席會議僅係通過原則，並未議決辦法，退一步言，縱令該會議決確係陳請政府布告執行此次會議，又將前案酌加修改，政府能否允許通融，

何兆青：政府有取捨之權，不能照辦。

何兆青科長因事離席，會眾以九（月）底期迫，亟待解決，今因何（兆青）去，議無結果，深為失望，會眾對於胡濬泉頃所建議三點表示贊同，公推張茂芹、陳樹屏、閔仲康三人前往地方銀行，代表本會挽向何科長，轉達會眾意見並代挽請，撥冗再來，繼續討論，期能尋求一較易通行之辦法，約半小時何科長同三代表返會繼續討論。

陳清極：何科長因三點鐘已到，急需前往地方銀行主持評價委員會事，故忽忽離席，不能久坐，今因本會推派代表挽請返會，荷承撥冗復來，盛情致感。

（張茂芹、陳樹屏先後將會眾對於胡主席建議三點表示贊同情形陳述一遍）

胡濬泉：政府威信故須維持，本關困難仍宜先從匯兌設法解決，或作價或交現金或交渝鈔，均宜讓步處理，免生糾紛，陷於無辦法地步，並請推翻議案，完全以和平方法，保全議案進行之安全。

陳益延：再將各紳耆指責情形詳述之，對於金融問題主張採取會議方式，不由官廳遽出布告，其立場純以保持政府威信為目的（大多數鼓掌贊成）。

何兆青：因評價委員會開會故先離去，特向會眾道歉，政府此舉實已採取若干方面之意見而加以考慮，並非孟浪從事，胡主席所提出之三點意見，其目的原則謀前議決案之安全，確有考慮商討之處，政府非絕對主張只用渝鈔不用現洋，仍聽人民自便，惟渝鈔既已作價行使，既不能拒絕收受，以免發生困難，至渝匯問題，如雙

方因作價發生爭執，重慶先例仍由政府仲裁，成都市能於和平辦理則極好，現值剿赤期間渝鈔評價補水不宜過高，望大家注意。

陳益延：只要劉督辦返省，市面鎮定，渝鈔價值自然增長。

陳樹屏：如渝鈔必須絕對收受，不免困難，故一般收付仍宜雙方同意本人贊同，如會員中於渝匯作價及渝鈔收受二事發生爭議，由兩公會代為調解。

陳極清：如將渝鈔交付貨幫發生困難，仍應由兩公會設法調解。

張茂芹：渝鈔評價宜使交家吃虧，收家自然歡迎，渝鈔即可暢行矣。

胡濬泉：主張要收家吃虧方合維持渝鈔原則。

解晏清：如比期頭寸臨時短缺，暫以渝鈔抵付，俟次日自行賣出後再行結賬，如仍發生困難，應由兩公會調解。

陳益延：渝鈔收交如有糾紛，應由兩公會解決，不必由政府干涉（大多數鼓掌贊同）。

（因時間過晚何科長及本會議中一部分人均須前往地方銀行出席評價委員會，遂散會）

綜合分析各代表發言，除何兆青能從大局考慮外，其餘代表幾乎都對政府以強行方式對渝鈔作價收付一事表示不滿，反對政府強迫從事。何兆青極力維護政府的威信，支持政府的決議，這可能與他自身的經歷及當時的利益有關。何兆青曾擔任劉湘二十一軍財務處會計科科長，現又任四川地方銀行成都分行經理，其總行在重慶發行的「地鈔」屬於渝鈔之列，所以他極力擁護政府的決議，有利於地鈔在成都的通行。至於後來到底怎樣解決渝鈔收交問題，雖然各位代表都從自己的角度提出了中肯的建議，但並未形成統一的辦法。

1934 年 10 月 29 日，成都銀行公會在美豐銀行召開全體執行委員會議，主要討論怎樣平衡渝鈔價格問題。會上議決了十二條平衡渝鈔價格辦法：（一）共同平均先墊現金收買渝鈔；（二）各推代表出手收買，由各行號派人監督代表，由各行號三日一輪；（三）收買之渝鈔平均扣價分配，交還各墊款行號；（四）請督辦署電渝，放行現款十萬元，途中危險由政府負責，各行號於決定日期收款，交「地行」統運，運費由各行號分配擔任；（五）渝運現金應由

庫存提出，不能在渝市買現，以免擾亂渝市；（六）渝洋運到，仍存各交款行號，但此款指定專買渝鈔或平渝匯之用；（七）買渝鈔及平渝匯辦法均由公共商決舉代表執行；（八）墊款數目及運現數目平均擔負；（九）各行先認墊款萬元，運現亦萬元，現款運到即填墊款；（十）墊款運款數目如有變更加減再由會議解決；（十一）運現日期俟渝電承認，即通知電渝，照交地行起運；（十二）歡迎錢幫加入維持，其數目擬以三萬元，如再能熱心多加，亦極歡迎，一切辦法均照以上各項一律辦理。〔註9〕根據上述辦法，成都銀行公會和錢業公會聯合呈文重慶參謀長郭文欽，請求運現五十萬元，以解困窘。內容如下「剿赤軍興，購買力弱，商業停滯，市場凋敝。現值秋收，農產登場，現金紛紛流佈四鄉，蓉市銀根遽呈枯窘，渝票匯價跌至九百元，影響所及，不但倒閉堪虞，渝鈔因亦下落，關係尤巨，現經屬會同業等迭次集議，非由渝運現挹注不能渡此難關。特此電懇鈞座，俯念蓉渝息息相關，准予放運現金五十萬元，分批運省，並祈先准運三十萬兩，用濟燃眉而維金融，不勝屏營待命之至。再次放運之現金，一俟銀根稍紓，定即運還，並以附陳。成都銀行業同業公會、錢業公會同叩。」〔註10〕1934 年 10 月 30 日，劉湘決定由重慶運現四十萬元到成都。〔註11〕這才慢慢平息了渝鈔風潮。

　　在此次渝鈔風潮中，成都銀行公會組織會員銀行積極應對，並聯合錢業公會共謀對策，既穩定了成都金融市場，也維護了同業利益。

二、組織會員銀行應對地鈔危機

　　地鈔是四川地方銀行（簡稱地行）所發行的鈔票的簡稱，也稱為四川地方銀行兌換卷。四川地方銀行於 1934 年 1 月在重慶創立，於同年 3 月 13 日在成都開設分行。該銀行總行由劉湘以四川善後督辦公署名義撥款一百二十萬元籌辦，由其所轄的二十一軍參謀長郭文欽為董事長，財政處長唐華為總經理，所以它是劉湘的「軍銀行」〔註12〕。劉湘創辦該行的目的是要用以控制全川地方鈔票的發行權，所以該行對外宣稱以調劑全川金融、統一幣制為

〔註 9〕《全體執委會議記錄》（1934 年 10 月 29 日），成都市檔案館：104-1-189。
〔註10〕《銀行公會、錢業公會聯合致重慶郭參謀長呈文》，成都市檔案館：104-1-189。
〔註11〕田茂德、吳瑞雨編：《民國時期貨幣金融紀事（1911～1949）》，西南財經大學出版社，1989 年版，第 123 頁。
〔註12〕參見白兆渝《泛濫一時的四川銀行兌換券》。《四川文史資料集粹》第三卷經濟工商編，四川人民出版社，1996 年，第 728 頁。

職責，並大量發行十元、五元、一元三種兌換券。〔註13〕

　　作爲劉湘的「軍銀行」，該銀行直接承擔「剿赤」軍費的借款墊款，由於發行額大增，導致地鈔貶值嚴重。爲維持地鈔的信譽，1934年8月1日，四川善後督辦公署命令成立「四川地方銀行兌換券聯合準備庫」，委託中國、聚興誠、美豐、川鹽、四川地方、重慶市民、四川商業、川康殖業、重慶平民九家銀行共同管理，將已經發行的地鈔五百六十三萬元，連同六成現金準備、四成保證準備全部移交該庫接管。依照中央銀行所頒《發行鈔票及行領用鈔票條例》，聯合準備庫專司發行、保管、兌換事宜。〔註14〕地鈔發行初期，幣值較爲穩定，但後因「剿共」軍費開支過大，賦稅收入不濟，二十一軍大量提用準備庫鈔券，導致發行額不斷增加，準備庫失去作用，地鈔幣值陡跌。當時地鈔發行額高達三千六百九十萬元，而準備金僅一百餘萬元，超出實有資本數倍，處於岌岌可危的境地。地鈔調換現洋需要高額「補水」〔註15〕，最高時每一百元補水十三至十四元左右。市民擔心蒙受紙幣貶值的損失，紛紛要求兌現。加之這時中央紅軍長征過境，川北紅軍節節勝利，川局動蕩不穩，成渝兩地相繼發生地鈔擠兌風潮。

　　重慶地鈔發行額大增，現金準備有限，爲應對擠兌風潮，地行採取遲開門、早關門、限制兌換數目等手段，有意在每日兌換之前，將當天兌換的現洋從庫房提出，經陝西街抬到兌換地址，企圖在濟兌群眾中造成庫存銀元很多的假象，藉以緩和擠兌的緊張局面。結果適得其反，更加引起群眾的懷疑。在陝西街、余家巷一帶，聚集了許多群眾，使交通阻塞、秩序難以維持，釀成擠傷人、踏死人的慘劇。四川省財政廳長劉航琛見地鈔擠兌難以平息，又苦於無現洋兌付，乃邀集重慶金融界商議，特設抵解委員會，將渝市各行莊地鈔儘量交由四川地方銀行兌換券聯合準備庫封存，另發行一種「抵解證」。此法實行後，重慶名行莊共封存地鈔七百餘萬元，市面籌碼頓形減少，擠兌之風因以緩和平息。隨著兌現停止，地鈔成爲不兌現的紙幣。〔註16〕1935年3月下旬，中央銀行重慶分

〔註13〕《民國時期成都金融實況概述》（中）。《成都文史資料選輯》第 3 輯，1988年，第 105 頁。

〔註14〕田茂德、吳瑞雨編：《民國時期貨幣金融紀事（1911～1949）》，西南財經大學出版社，1989年版，第 121 頁。

〔註15〕補水，即兌換時所補的差額。

〔註16〕參見白兆渝《泛濫一時的四川銀行兌換券》。《四川文史資料集粹》第三卷，第 734 頁：《重慶金融史》

行成立，並受命整理地鈔。同時，駐渝財政部特派員公署接管了聯合準備庫，另組地鈔兌換處，逐日由中央銀行撥款收兌，地鈔信譽漸趨恢復。

受重慶地鈔擠兌風潮的影響，成都擠兌情形也日益嚴重。再者，因成都市民歷遭軍閥濫鑄劣質銀幣和濫發紙幣的禍害，餘恨未消，所以對於地鈔，多不願久存。凡持有地鈔者，大都迅速兌換現洋，而軍政費用不斷以地鈔支付，所以兌現日趨緊張，加以地鈔換現洋要貼水高達百分之十以上，導致成都擠兌情形也日趨嚴重。

為緩和成都地鈔的擠兌風潮，地行重慶總行派稽核科長洪駿聲到成都稽查。在地鈔擠兌風潮中，成都銀行公會無法置身度外，積極協助洪科長並聯合各公會，共同應對地鈔擠兌風潮。首先，為了消除成都市民的疑慮，銀行公會組織會員銀行中國、美豐、川鹽、市民、川康、聚興誠等幾家銀行共同為地鈔擔保，保證各銀行對地鈔照常收受。這幾家銀行聯合起來為地行擔保責任，向市民保證「對於四川地方銀行成都分行所發行之鈔票，凡有持向敝行各方匯款者，一律收受為定期存款，仍照各行章程規定辦理」〔註17〕。其次，成都銀行公會致函成都市商會，極力維護四川地方銀行成都分行的信譽，希望商會會員也能照常收受地鈔，其責任由銀行公會各會員銀行來共同承擔，以此消除對地鈔的擔憂。聲稱四川地方銀行成都分行「信用素著，準備充足，現經本會各會員銀行議決，對該行所發鈔票，一律照收受用，敬祈轉致貴會各會員莊號，依舊照常收受，敝公會各會員銀行願負完全責任」〔註18〕。成都市商會以事關全市金融穩定的大局為重，採納了銀行公會的意見，答應並敦促各商會會員對地鈔應「一律照常收受」〔註19〕。最後，銀行公會以同樣的理由和目的又致函成都市錢業公會，要求「貴會各會員行莊，依舊照常收受地鈔」，並承若「敝公會各會員銀行願負完全責任」〔註20〕。由於銀行公會的努力，地鈔的信譽暫時得以維持。1935年4月，中央紅軍北上，途徑川境，蔣介石恐因地鈔貶值而動搖軍心，急電重慶參謀團主任賀國光飭令四川省政府及重慶成都銀行、錢莊兩公會協商解決並維持地鈔信用，安定社會秩序，勿因此影響軍事。這樣，成都地鈔擠兌風潮暫時得以緩和。

〔註17〕《歡迎存彙成都地方銀行鈔票廣告》，成都市檔案館：104-1-189。
〔註18〕《成都銀行公會至市商會函》，成都市檔案館：104-1-189。
〔註19〕《成都市商會啓示》，成都市檔案館：104-1-189。
〔註20〕《銀行公會致錢業公會的函》，成都市檔案館：104-1-189。

爲整頓四川金融貨幣，1935 年 6 月，中央銀行開始接受四川地方銀行鈔券。從 6 月 14 日起，向準備庫接受已印而未發行的主幣券和已發行的三千餘萬元地行鈔券。此後，地行鈔券概由中央銀行負責兌現。9 月 10 日，蔣介石重慶行營頒佈收銷地鈔辦法，規定自本月 15 日起，川省內所有公私交易一律以中央鈔爲單位，地鈔停止使用，從 9 月 20 日起至 11 月 20 日前，按八折調換中央鈔券，並委託中國等十二家銀行分頭收兌。〔註21〕

中央銀行成都分行〔註22〕委託成都各銀行收兌地鈔。爲統一收兌辦法，9 月 18 日，成都銀行公會制定代換地鈔辦法八條〔註23〕：（一）每行每日至多只能代兌二萬元，如有特別情形者不在此例；（二）開兌前一日由中央銀行按數送交各行，但第一次須送兩日代兌之數；（三）各行代兌每戶自二百元起至五千元止或百元以下者由中央銀行另指地點代兌，五千元以上者由中央銀行自兌；（四）星期天比期不兌；（五）每日代兌時間自午前九鐘起至十二鐘止；（六）每日午後四鐘至六鐘各行將所兌地鈔送交中央銀行結算；（七）由中央銀行請派憲兵每行各兩人維持秩序；（八）所有應公佈事件由中央銀行前一日公佈之。由於各銀行加入代兌行列，並有成都銀行公會的統一組織協調，成都地鈔收兌的速度加快。到 9 月 28 日，「各家代換數目日見少」，除大宗地鈔存戶需直接向中央銀行成都分行商洽辦理外，各銀行的門市兌換基本停止辦理。中央銀行成都分行對成都銀行公會組織會員收兌地鈔之事予以讚賞，致函銀行公會稱讚「此次奉令調換地鈔，承貴會在會各銀行代爲兌換，至深感謝」。〔註24〕截止 12 月 31 日，川省共收回地鈔三萬七千七百七十二萬五千八百一十二元五角（包括地行成都分行發行的鈔票在內），後在重慶、成都兩地公開燒毀。從此，四川流通的貨幣開始走向統一。〔註25〕

〔註21〕 參見田茂德、吳瑞雨編：《民國時期貨幣金融紀事（1911～1949）》，西南財經大學出版社，1989 年版，第 138、142 頁。

〔註22〕 中央銀行成都分行於 1935 年 8 月 16 日開業，初爲二等分行，設文書、會計、營業、出納四組，經理楊延森兼文書主任，會計主任何體剛，出納主任朱聖蓉，營業主任王紹均，分行員工 10 餘人。抗戰爆發後，業務發展，1939 年實行公庫法，該行權力擴大，升爲一等分行。1943 年 1 月 20 日，財政部令成都中央銀行辦理票據交換業務，限制管理各銀行支票使用，成都分行即著手籌備成立票據交換科，辦理各行莊票據的收付抵解。

〔註23〕 《中央銀行委託各銀行代換重慶地鈔辦法》（1935 年 9 月 18 日），成都市檔案館：104-1-192。

〔註24〕 《中央銀行致銀行公會函》（1935 年 9 月 28 日），成都市檔案館：104-1-192。

〔註25〕 《民國時期成都金融實況概述》（中）。《成都文史資料選輯》第 3 輯，1988年，第 106 頁。

三、協助政府推行法幣

　　法幣政策是南京國民政府繼「廢兩改元」之後實施的又一項重要貨幣政策，同時也是我國貨幣發展過程中的一次重要變革。1933 年春，南京國民政府「廢兩改元」，確立了以銀元爲國幣單位的新的銀本位制。然而，「廢兩改元」僅僅解決了銀本位制下的貨幣本位單位問題，紙幣的發行和流通仍未統一，市面上流通的銀行兌換券五花八門，種類繁多。輔幣的流通也不盡一致，銀角與銅元並行，仍照其市價使用。因此，幣制改革的任務仍有進一步深化和改進的必要。此外，推行「法幣政策」，實現白銀國有，即可取消除中、中、交、農以外的國內其它銀行的貨幣發行權，進一步強化南京國民政府對於商業銀行資本的控制和對國家金融的壟斷，使中央銀行變成爲眞正意義上的中央儲備銀行。

　　1935 年 11 月 3 日午夜 11 時，南京國民政府財政部正式發佈了幣制改革的公告和宣言，其主要內容是：自 1935 年 11 月 4 日起，以中央、中國、交通三銀行所發行的鈔票，定爲法幣。一切公私款項收付概以法幣爲限，不得行使現金，違者全數沒收；曾經財政部核准發行之銀行鈔票現在流通者，准其照常行使，其發行額即以截至 11 月 3 日止流通之總額爲限，不得增發並逐漸以中央鈔換回；設法幣準備金保管委員會管理；公私銀錢行號、機關、個人持有銀幣銀類的，應兌換法幣；舊有以銀幣爲單位的契約，照原定數額以法幣結算收付；由中央、中國、交通三銀行無限製買賣外匯。〔註 26〕此後，財政部還相繼公佈了《發行準備管理委員會章程》、《兌換法幣辦法》、《銀製品用銀管理規則》等有關實施法幣政策的具體辦法和補充規定。

　　11 月 6 日，中央銀行成都分行經理楊延森向成都銀行公會轉發央行上海總行來電，略謂「中央、中國、交通三銀行鈔票定爲法幣，業經公佈在案，所有上海以外各地銀行錢莊，截至十一月三日止，庫存鈔券種類、數目及現金數目，母（勿）論該行莊自有或係代人保管，均應查明。設有中央銀行地方，應由中央銀行負責召集當地銀錢業迅速報告中央銀行，其無中央銀行地方，即由中國、交通兩銀行負責辦理，……各地銀行、錢業，一體遵照辦理」〔註 27〕。成都銀行公會轉知各會員銀行「遵照辦理」〔註 28〕。此後，法幣政策開始在成都推行。

〔註 26〕 中國第二歷史檔案館：《中華民國金融法規選編》（上冊），檔案出版社，1989年，第 405 頁。

〔註 27〕 《中央銀行成都分行致成都銀行公會函》（1935 年 11 月 6 日），成都市檔案館：104-1-192。

〔註 28〕 《成都銀行公會致各會員函》（1935 年），成都市檔案館：104-1-192。

　　但法幣在成都市場上推行並不順利，因爲當時在成都市場上流通的還有數量
相當的銀銅元，而且銀銅元品種很多、成色各異，使用時需按質定價，市場上貨
幣情形頗顯複雜。因此法幣政策公佈後，雜色銀元如何兌換法幣，辦法很不明確，
致使法幣在成都的實施所受的阻礙較大。鑒於此種情形，1935 年 11 月 7 日四川
省政府召集成、渝等地金融界人士共同商討如何推行法幣問題。同日，聚興誠銀
行經理黃墨涵代表成都銀行公會主席胡濬泉與成都市錢業同業公會主席陳清極
聯合呈文四川省政府，認爲在川省推行法幣應根據川省特殊情形，不能操之過
急，應制定過渡辦法，以利法幣在川省推行。提出以下三點理由：

　　　　第一、四川向爲使用現金省份，中央鈔票流行爲久，除成
　　（都）、渝（重慶）、萬（州）三地外，實無多數。兼以入超關係，
　　商業上運鈔到滬者爲數亦不少，統計全川現金鑄造數目不下 7000
　　萬元，而申鈔到川僅 3000 萬左右，除流出外市面行使不過 2000
　　萬元之譜。若一旦停現用鈔，多數縣分均無鈔票，則市面經濟將
　　有斷絕之虞，情形極爲嚴重。擬請鈞府轉呈行政院，川省行使法
　　幣由稅收機關先行收現後即存儲中央銀行，不再用出，一面由有
　　鈔地方之人民自行以現換鈔，則逐漸可達法幣統一之目的，而市
　　場無停止之患。

　　　　第二、川民對鈔票之行使歷來多恒疑慮，此固地方財政不足有以
　　致之。中央鈔票係國家支持發行，自非地方可比，然爲增加人民信任
　　推行迅速起見，宜將各縣所徵現金存於成都重慶之中央銀行，以去疑
　　慮。此與政府在渝設第一發行局之意相符，況四川爲復興民族之根據
　　地，蔣委員長已屢向川民曉諭，爲國際關係計尤有在川保管之必要。

　　　　第三、川省銀幣除少數雜版外均爲財政部成都造幣廠所鑄，其
　　成色、重量如何，固非人民所能過問，但通行以來，公私收交無不
　　視爲本位幣，仍有啞版、光版，蓋由鑄造技術不精與行使過久所致，
　　絕非僞造可比。邇來政府派員來川鑒定，群情惶惑，以爲前所持鈔
　　已受八折之損失，今之持銀又有折扣之虞，奸人因以操縱，小民受
　　害尤多，應請政府命令頒佈，凡屬廠造之川幣除雜版市面另有假者
　　外，無論光啞一律准予流通調換法幣，將來收託改鑄，其損失由國
　　家或地方擔任，則川民實惠無窮矣。〔註29〕

〔註29〕《呈省府文照抄敝行黃經理來稿》（1935 年 11 月 7 日），成都市檔案館：
　　　　104-1-192。

上述三點理由論及四川在貨幣、金融、財政等方面所存在的現實問題，故在推行法幣時不能操之過急，應逐步引導，慢慢過渡。這引起四川省府的重視，11 月 20 日，經電請國民政府核示，省府下發批示，「通令各縣市府，凡市面通用各洋，無論公私交易，仍暫准照舊收用」〔註 30〕。接著四川省政府急電各地，因川省法幣數量不多，暫准各地通用十足銀元，以逐步過渡。並制定過渡辦法四條，即（一）川省法幣數量少，不敷收換，原有市面流通的貨幣繼續通用；（二）川省過去鑄造的各版銀元，除鋼版、鉛版偽造的銀幣外，其它銀元均可以一元兌換法幣一元；（三）四川善後公債按面額七折、四川建設公債按面額六折補價；（四）四川省銀行包括已發的一百萬元輔幣券在內，共可發行輔幣券一千萬元。〔註 31〕該過渡辦法的制定，緩衝了人們對法幣的抵制心理，有利於法幣在成都市場的順利推行。

綜合上述內容，法幣在成都推行之始，民間礙於積習，對法幣頗多疑慮。銀行公會建議制定過渡辦法，慢慢消減了人們對法幣的抵制心理。後來，中央銀行新輔幣開始發行，新輔幣製造精美，便利市場零星交易，人多樂用，於是法幣開始在成都慢慢流通開來。法幣的流通，使成都紊亂的幣制歸於統一，市場交易的障礙被排除，貨物可以暢通無阻，工商百業的生產經營漸入正軌。尤其是 1935 年 6、7 月份，四川省政府、四川善後督辦公署和四川「剿匪」總司令部均由渝遷蓉之後，成都恢復了全省財富聚散中心的地位，公私消費大增，物價趨於平穩，經濟逐步活躍起來。總之，法幣政策的實施是成都金融貨幣史上的一件大事。貨幣發行的統一，改變了過去川省幣制混亂的局面，爲抗戰期間成都金融業的繁榮，準備了必要的先決條件。

第二節　抗戰期間

抗戰期間，成都銀行公會的社會活動可歸納爲以下幾個方面：第一，組織會員銀行遵行戰時各項金融法規；第二，組織會員銀行承接與抗戰有關的各種捐款；第三，組織會員銀行承借各類貸款。

〔註 30〕《四川省政府財字第 1650 號批示》（1935 年 11 月 20 日），成都市檔案館：104-1-192。
〔註 31〕重慶金融編寫組編寫：《重慶金融（上卷）》，1991 年版，第 59 頁。

一、輔助遵行戰時金融法規

（一）成都銀行公會與《非常時期安定金融辦法》

1937 年「七七」事變後，國內金融市場陷入劇烈的動盪之中。「八一三」事變爆發後，作爲中國金融中心的上海籠罩在炮火之下，國內金融市場更加混亂不堪。人們紛紛從銀行大量提現，競相購買外匯，各地出現提存擠兌風潮。提存漸多，銀行庫存減少，基礎愈加不穩。在此影響下，重慶、成都及全川金融市場也大受震蕩，民眾私藏法幣，市面流通籌碼無多，致使銀根轉緊，利率趨高。而擁鉅資者套購外匯，致使資金逃避，人心惶惑不安。隨著局勢的緊張，各銀行急需制定統一辦法，以限制提存保護金融機構。爲穩定金融、經濟乃至人心，國民政府不得不採取緊急應付措施。1937 年 8 月 15 日，財政部公佈了《非常時期安定金融辦法》〔註32〕七條，規定：（一）自八月十六日起，銀行錢莊各種活期存款，如須向原存銀行錢莊支取者，每戶只能照其存款餘額每星期提取百分之五，但每存戶每星期至多以提取法幣一百五十元爲限；（二）自八月十六日起，凡以法幣交付銀行錢莊續存或開立新戶者，得隨時照數支取法幣，不加限制；（三）定期存款未到期者，不得通融提取，到期後如不欲轉定期者，須轉作活期存款，但以原銀行錢莊爲限，並照本法第一條規定爲限；（四）定期存款未到期者，如存戶商經銀行錢莊同意承做抵押者，每存戶至多以法幣一千元爲限，其在二千元以內之存額得以對折作押，但以一次爲限；（五）工廠、公司、商店及機關之存款，如發付工資或與軍事有關，須用法幣者得另行商辦；（六）同業或客戶匯款，一律以法幣收付之；（七）本辦法於軍事結束時停止。〔註33〕該辦法主要是通過對

〔註32〕《非常時期安定金融辦法》是國民政府財政部參酌上海銀行公會於「八一三」事變後所議定的四條暫行辦法的基礎上制定的。該四條暫行辦法是：1、各行莊所有客戶往來透支，除同業外於十三日起一律暫時停止加欠。實行後如有繼續存入者，准予照數支用。2、各行莊所有未到期之各種定期存款，自十三日起不得通融提取，如須做棧押者至多以一千元爲限，在二千元以內的定期存款，至多以對折作押。3、各行莊所有各種活期存款，一律以同業彙劃付給：如須取法幣，其存款在一千元以下者，按日至多可取二百元；其在一千元至二千五百元者，按月至多允提二成；其在二千五百元至五千元者，每戶按月取數不超過五百元；其在五千元以上者，按月可取一成。如有續存或新開戶者，以分別存入之原幣隨時照數給付。如工廠發放工資須用法幣另行商辦。4、各行莊之同業彙劃軋帳頭寸，照交換所向例辦理。參見張天政博士論文《上海銀行公會研究（1937～1945）》，第 47～49 頁。

〔註33〕《金融法規續編》，中央銀行經濟研究處發刊，1942 年 6 月，四川省檔案館 6.40/3。

提取存款酌加限制以鞏固銀行信用，並防止資金外流，穩定金融局勢。但對一般工商業、機關發放工資或與軍事有關的款項，仍許通融辦理。

《非常時期安定金融辦法》頒行的目的是通過限制提取存款的辦法來鞏固銀行信用，維持法幣的正常流通，以穩定市面、經濟、人心。但該項安定金融辦法在公佈之初，並沒有得到廣大儲戶的理解與支持。在成都有一些不明真相的儲戶聚集在各銀行門口，要求全部提走現金。為了防止滋生是非，成都銀行公會請求川康綏靖公署給每行派遣兩名憲兵以維持秩序。而且該辦法第五條規定「工廠、公司、商店及機關之存款如發付工資或與軍事有關需付法幣者，得另外商辦」等語，也不盡完善，因為該條內容沒有規定具體防範措施，怎樣防止私人存戶可能會冒充機關將存款全部提走，從而無法做到根本上限制提存。8月19日成都銀行公會接到四川財政特派員公署公函，通令將《非常時期安定金融辦法》轉知各會員銀行「一體遵辦」。〔註34〕同一天，銀行公會對該辦法第五條提出疑問，「《非常時期安定金融辦法》第五條規定『工廠、公司、商店及機關之存款，如發付工資或與軍事有關需付法幣者，得另外商辦』，查各銀行存款，其屬於上項規定性質者固屬不少，而私人存戶因見該條之可引用，冒稱機關存款，妄以公緘證明，希圖全部提取者，恐亦在所難免，倘遇此種情事發生，若予承認，不啻根本推翻部令辦法，若嚴格拒絕，不免發生重大糾紛」〔註35〕。銀行公會就此疑問呈請四川省政府給予詳細解釋，四川省政府將銀行公會的疑問提付省府第163次省務會議進行討論，並於8月20日給予答覆。答覆內容如下「照財政部公佈《非常時期安定金融辦法》第五條規定，除存款時票據上確係注明為工廠、公司、商店及軍政機關名義得另外商辦外，其餘以個人姓字存款者均繫私人款項，不得援用本條規定，假託任何機關名義希圖全部提取，仰即遵照辦理」〔註36〕。該答覆仍然沒有具體的防範措施，無法根本防止私人存戶可能會冒充機關將存款全部提走。但時值抗戰方殷，成都銀行公會不便繼續追問，只好於次日（8月21日）將該批示轉函各會員銀行「遵照辦理」〔註37〕。

在貫徹執行《非常時期安定金融辦法》的過程中，成都銀行公會沒有像

〔註34〕 《財政部四川財政特派員公署公函（第3442號）》（1937年8月19日），成都市檔案館：104-1-208。

〔註35〕 《呈四川省政府》（1937年8月19日），成都市檔案館：104-1-208。

〔註36〕 《四川省政府批（第5551號批示）》（1937年8月20日），成都市檔案館：104-1-208。

〔註37〕 《致各會員行緘》（1937年8月21日），成都市檔案館：104-1-208。

上海、漢口、南京等地銀行公會那樣〔註38〕，能夠根據當地情況，自行訂立補充辦法以穩定當地金融形勢，成都銀行公會僅僅被動地將安定金融辦法傳達給會員銀行，而少有互動性的反應。因爲抗戰剛剛開始，國內的金融重心依然在上海，還沒有內移至四川，成都金融市場所受震盪不如沿海地區劇烈。此時的成都可以說仍然偏安西南一隅，金融業不很發達，銀行公會所能發揮的作用十分有限，無法提出建設性的意見或制定具體的應對措施。因此，成都銀行公會無條件也無能力仿行上海、漢口等地銀行公會的做法。儘管如此，成都銀行公會在執行安定金融辦法時所作的努力，在客觀上有助於成都金融市場的穩定。1937 年 9 月 8 日，成都市銀行公會函請川康綏靖公署，要求撤走派到各銀行的憲兵。公函說，「這批憲兵是在《非常時期安定金融辦法》公佈之初，深恐存戶不明眞相，易生糾紛，派去進行彈壓的。時逾兩旬，一切恢復常態，不用留駐憲兵」〔註39〕。這說明在抗戰之初因限制提取存款而引發的成都金融市場的動盪情形已漸趨穩定，惶惶然的人心也逐漸安定下來。

（二）成都銀行公會與《非常時期管理銀行暫行辦法》

1938 年，東部國土淪陷，戰區銀行紛紛遷川，川內各商業銀行也陸續成立，全省金融機構已遍佈城鄉。作爲後方兩大重鎮——重慶、成都的金融業發展盛況空前，幾近畸形。1941 年底，僅重慶市的銀行總行數量由戰前 9 家增至 18 家，翻了一倍；分支行處更如雨後春筍，遍設渝市，由戰前的 27 家增爲 72 家，約增 160%〔註40〕。隨著遷川工廠的增多和國防軍用需求的激增，

〔註38〕　比如上海：非常時期安定金融辦法的實施，勢必影響上海銀行同業之間及工商企業的業務往來，爲便利資金周轉起見，上海銀行公會會同錢業公會提出補充辦法四條，獲財政部批准。該辦法内容爲：1、銀錢同業所出本票，一律加蓋同業彙劃戳記。此項票據只准在上海同業彙劃，」不付法幣及轉購外匯；2、存戶所開銀錢業當年 8 月 12 日以前所出本票與支票，亦視爲同業彙劃票據；3、銀行錢莊各種活期存款，除遵照部定辦法支付法幣外，其在商業上往來之需要，所有餘額得以同業彙劃付給之；4、凡有續存或新開存戶者，銀行錢莊應注明法幣彙劃，取時仍分別以法幣或彙劃支付之。《上海市規定非常時期安定金融辦法補充辦法四項》（1937 年 8 月 16 日）中國第二歷史檔案館等合編《中華民國金融法規檔案資料選編》，上冊，檔案出版社 1989 年版，第 627－628 頁。

〔註39〕　田茂德、吳瑞雨編：《民國時期貨幣金融紀事（1911～1949）》，西南財經大學出版社，1989 年版，第 166 頁。

〔註40〕　參見中國人民政治協商會議西南地區文史資料協作會議編：《抗戰時期西南的

工業貸款呈現上陞趨勢，但商業放款在各行莊放款總額中仍占較大比例。而商業放款多不用於正途，大多從事囤糧、囤貨、操縱居奇等不法經營活動。據當時報載，四川糧價飛漲，原因在於銀行囤積居奇，而成都市市長楊全宇與大川銀行經理歐書元卻利用職權進行勾結，屯糧居齊，謀取私利。爲了打擊腐敗及不法經營活動，並能殺雞儆猴以穩定後方經濟秩序，國民政府給予兩人處以死刑和有期徒刑。當時輿論普遍認爲，戰時金融界應專事扶植後方生產，嚴厲制裁囤積、投機行爲。〔註41〕

爲安定後方金融，並抑制銀行利用業務之便從事囤積、投機等不法行爲，1940 年 8 月 7 日國民政府公佈施行了《非常時期管理銀行暫行辦法》十條。主要內容歸納爲以下幾個方面；（一）法定準備金〔註42〕的規定：銀行經收存款應以所收存款總額的 20%爲準備金，轉存於當地的中、中、交、農四行機構，由收存行給予適應之利息；（二）銀行業務的規定：銀行運用存款以投資生產建設事業及聯合產銷事業爲原則，不得直接經營商業或囤積貨物，並不得以代理部、貿易部或信託部等名義，自行經營或代客買賣貸物。銀行承做彙往口岸匯款，應以購買日用必需品及抗戰必需品之款爲限，非經批准不得買賣外匯；（三）監督管理辦法的規定：財政部得隨時派員檢查銀行帳面、庫存狀況及其它有關文件。官辦或官商合辦之銀行，其服務員一律視同公務人

金融》，西南師範大學出版社，1994 年，第 4 頁。

〔註41〕 參見田茂德、吳瑞雨編：《民國時期貨幣金融紀事（1911～1949）》，西南財經大學出版社，1989 年版，第 225 頁。

〔註42〕 準備金制度是中央銀行鞏固其「銀行的銀行」地位，增強調劑金融能力的重要手段。在中國實行存款準備金制度是個漸進的過程：民國 20 年（1931）3 月 28 日國民政府公佈的《銀行法》第十四條規定：「無限責任制組織之銀行，應於其出資總額外，照實收資本交納百分之二十現金爲保證金，存儲中央銀行。」第十五條又說：「保證金爲維持銀行信用起見，得由財政部處分之。」這是按實收資本交納的保證金。同時這個規定對無限責任銀行（多數是錢莊、銀號），尚不包括股份制有限責任制銀行。民國 23 年（1934）7 月 4 日公佈的《儲蓄銀行法》，對儲蓄存款首次規定交納存款準備金，且以公債庫券充之，而不交現金。這與大多數銀行、錢莊、銀號沒有關係。民國 29 年（1940）8 月 7 日公佈的《非常時期管理銀行暫行辦法》，開始規定普通銀行交納存款總額 20%的準備金，但又規定可以交存當地中央、交通、中國、農民四行的任何一行，而不是完全交存中央銀行一家。直到民國 31 年（1942）6 月 14 日頒佈《統一貨幣發行辦法》後，從同年下半年起，存款準備金才完全集中於中央銀行，使普通銀行與中央銀行的依存關係，真正建立起來。參見黃鑒暉：《中國銀行業史》第 192～193 頁。

員，不得直接經營商業。次年 12 月國民政府又對該辦法進行修正補充，其要點有：（一）限制新銀行之設立；（二）確定銀行運用資金之原則；（三）限制抵押放款之對象、期限及數量；（四）取締銀行另立商號或其原有附設商號之經營買賣；（五）限製買賣外匯；（六）禁止銀行人員利用行款經營商業，否則以侵佔論處。〔註43〕

　　非常時期管理銀行暫行辦法及其修改辦法的頒行，一方面是爲了限制商業行莊直接買賣貨物經營商業或受委託代客買賣，以獲取豐厚的商業利潤，防止普通銀行的囤積投機活動。另一方面，該辦法規定銀行錢莊所吸收的存款，除儲蓄存款按《儲蓄銀行法》提存準備外，普通存款應以存款總額的 20% 爲準備金，交存當地指定的中央、中國、交通、農民四行均可，並適當給息；每年 3、6、9、12 月根據繳存行莊各月普通存款總額的變動情形，適當調整應繳準備金數額；存款準備金的比率每半年調整一次。實施這一措施，便於集中普通銀行的存款準備金，以利收縮通貨，加強國家銀行的資力。

　　非常時期，加強銀行管理的各項法令公佈實施後，財政部便會同經濟部、「四聯總處」，先後派員分赴重慶成都等後方各大都市檢查銀行賬冊及倉庫情況，查看有無囤積居奇之現象。成都銀行公會在接到財政部通令後，立即組織各會員銀行遵照法令規定行事，不得違規從事囤積。但是該法令第六條規定內容較爲模糊，缺乏周詳措施，即「銀行每旬應造具存款、放款、匯款報告表，呈送財政部查核，其表式由財政部另定之」，這使得各銀行不知道究應如何辦理此項旬報表。又因成都市各銀行大多爲重慶總行的分支行或辦事處，對許多事情無法獨立做主，「惟渝市總行爲首是瞻」。所以究應怎樣辦理，還需「探尋渝市金融界意向」〔註44〕。1941 年 11 月 9 日，成都銀行公會召開改組後的第一屆第六次臨時會議，決議「由各會員銀行自向總行請示辦法或由總行彙集分支行辦事處之款數統一填報，抑或由蓉市之分支行或辦事處單獨填報，俟得總行指示辦法後，再行遵照辦理」〔註45〕。總之，爲執行國民政府戰時安定金融辦法，防止會員銀行從事囤積投機活動以謀取商業利潤，首先，成都銀行公會嚴格按財政部訓令行事，要求會員銀行停做某些物品的

〔註43〕重慶市檔案館編：《抗日戰爭時期國民政府經濟法規》上冊，檔案出版社，1992年版，第 652～653 頁。

〔註44〕成都市檔案館：104-1-232。

〔註45〕《本會奉令改組第一屆第六次臨時會議記錄》（1940 年 11 月 9 日），成都市檔案館：104-1-238。

押款業務。各會員銀行也積極響應，支持銀行公會對的工作。1941 年 12 月 2 日，成都銀行公會中的中國、聚興誠、川鹽等 16 家會員銀行聯合啓示：「奉財政部令，近來日用必需品及糧價飛漲，銀錢莊號承做押款有助長居奇之嫌，應一律停止。因此，即日起停做日用必需品和糧食的抵押放款。」〔註 46〕其次，成都銀行公會積極協助成都經濟檢查大隊對會員銀行的倉庫進行檢查，以防止銀行利用業務之便進行囤積。但對經濟檢查大隊在檢查過程中的違法行爲如封存穀米、拘押人員等做法堅決反對。爲制止經濟檢查大隊的違法行爲對銀行正常營業的干擾，11 月 26 日，成都銀行、錢業兩公會聯合召開會員大會，以銀行倉庫純係租佃性質，如此查封直接妨礙營業間接影響市面爲由，呈請軍、政、參（某團）等單位對經濟檢查大會的行爲迅予查處〔註 47〕，以維護銀行的合法利益。

此外，成都銀行公會還就安定金融辦法所規定的存款準備金事宜與成都「四聯分處」（即「四聯總處」成都分處）進行溝通，並提出建設性意見。當時，四川盛行比期〔註 48〕存放制度，比期存款又占存款的大部分，銀行爲了能少繳納準備金，要求比期存款免予繳納準備金，只按定期和活期存款數目計算。但財政部 1942 年 4 月通令比期存款應與普通存款一樣，也要繳納百分之二十的存款準備金。至於如何收繳準備金，怎樣將不同類型的存款區別對待等問題，財政部缺乏周詳的規定。因此，成都各銀行錢莊在實際抄作中倍感棘手，便紛紛向銀行公會陳述困難，懇請四行聯合辦事處成都分處給予指導並施以救濟。1942 年 4 月 20 日成都市銀行、錢業兩公會聯合致函成都「四聯分處」，陳述會員行莊在收繳存款準備金時所存在的問題及提出的建議。綜合起來，可歸納爲以下五個方面：

第一，活期存款及個人比存（比期存款）應請一律免繳準備金。財政部對於修正非常時期管理銀行暫行辦法第三條的有關解釋是「普通存款係指儲蓄存款以外，其它一切活期（包括比期）定期存款而言」。又「比期存款除同

〔註 46〕《銀行公會啓示》（1940 年 12 月 2 日），成都市檔案館：104-1-232。
〔註 47〕田茂德、吳瑞雨編：《民國時期貨幣金融紀事（1911～1949）》，西南財經大學出版社，1989 年版，第 223 頁。
〔註 48〕比期：是各地銀錢業和工商業公定的一種債權債務結算日期，分爲小比期和大比期。小比期，以每月 5 日、10 日、15 日、20 日、25 日爲結算期，屆期銀錢業同業之間結算債權債務。大比期，以每月 15 日和月底最後一日爲結算期，屆期銀錢業與工商業之間結算債權債務。以比期開展存放款業務的銀錢業，在南方各地都有，四川較爲盛行。參見黃鑒暉：《中國銀行業史》，第 187 頁。

業間彼此拆借者准免繳準備金外，其個人比期存款與普通存款無別，仍應交準備金」。〔註49〕查比期存款無論同業拆借或個人比存，同屬暫時性質，爲期短促，轉瞬即取，而活期存款則更有隨時提取的可能。各行莊爲顧全榮譽計往往會對此類存款隨時儲款備支。如果活期存款及個人比期存款繳納百分之二十準備金，則存戶取款時必須隨時向四行取回準備金，才能周轉無礙，否則將影響行莊的信用。同時，財政部規定「準備金須待至三、六、九及十二月底始得申請撥還」，如果存戶需款急切，不能久待，各行莊只有借款墊付，其借墊之款又係存款性質，照規定又應繳百分之二十準備金。如此以來，「不僅前繳之準備金未及領回，又因借款墊付之故，再繳準備金，準備金就變爲兩筆存款，兩次共繳準備金達百分之二十四，若再繼續累墊累借，則一筆存款可變爲多筆存款，墊累愈多存款之數愈大而所繳準備金愈重，各行莊所貼賠利息愈巨，各行莊損失就愈多。〔註50〕

第二，提高定期存款準備金的利率。財政部規定交存準備金應照中、中、交、農四行公佈之標準爲周息八釐，按月計算不過六釐有奇。而近來因時局關係，銀根奇緊，各行莊收受存款月息常超出二分以上乃至三分，如果僅給準備金周息八釐，則每繳準備金一百萬元按月貼賠之利息數就達兩萬。當商人挖肉補瘡至資金耗盡挪墊無方時，整個金融就會陷於崩潰，影響後方救濟穩定。〔註51〕

第三，定期存款準備金應照存款之期提前撥還。財政部規定「在三月、六月、九月、十二月底，銀行存款減少至總額五分之三時，方可申請比例撥還準備金」，該規定原本爲體恤各行莊資金周轉起見，但是存款期滿之時不一定恰好在三月、六月、九月、十二月底，倘若存款定期已屆，而準備金還未到撥還之時，各行莊爲顧全信用計只有挪款暫墊。但如果到期之款源源來取，銀行又將何以應付？墊款日多，終至崩潰。所以對於定期存款之準備金應請於期滿前一個月申請撥還，以資救濟。〔註52〕

〔註49〕成都市檔案館：104-1-262。
〔註50〕《銀行錢業兩公會致四行聯合辦事處成都分處函》（1942年4月20日），成都市檔案館：104-1-262。
〔註51〕《銀行錢業兩公會致四行聯合辦事處成都分處函》（1942年4月20日），成都市檔案館：104-1-262。
〔註52〕《銀行錢業兩公會致四行聯合辦事處成都分處函》（1942年4月20日），成都市檔案館：104-1-262。

　　第四，信用放款應免予提供押品。財政部令信用放款需責成借款人提供抵押品，因成都市工商業素賴信用放款，各業商號聞此消息，極為惶恐，紛向各行莊陳述困難，請免抵押。大致情況主要有以下幾點：（一）運銷土產物品必先借款到手方能買貨，在貨品尚未買入時，無由提供抵押。（二）運銷國外之貨，因時局關係常滯中途，必須貨款周轉以達換取外匯之目的，貨既在途，無法提供抵押。（三）抵押手續向需提出正式棧單，如藥材之類時需烘焙薰烤不能存棧，其它工商貨物大都依存鄉僻，均無正式棧單，亦難提供抵押。（四）零售商貨雖存市區，但須隨時銷售，如因貸款之故將貨提供抵押則無貨可售，必至生機斷絕。〔註 53〕所以，請求財政部將信用放款免予提供押品。

　　第五，中央銀行向各行莊放款應免予提供證品。中央銀行放款原為體恤商艱、俾資周轉，但要求行莊提供押品抵押於中央銀行，而各行莊沒有經營貨業，自身無貨可押。若以放款抵押之貨轉押於中央銀行，則放款一經收回即須將押品交還原主，如果轉押之期未滿，又以何項貨物交還？此為各行莊無法提供押品之實情。即使政府公債、工廠股票、及其它財產可做抵押品，但未必各行莊盡皆有之。縱使有之，而中間輾轉審核，調查手續繁重，實效已過，必誤時機。所以，此為公債、股票、財產難做抵押品之實情。況且各行莊之定期存款已繳 20%為準備金，可做為各行莊向中央銀行貸款的證品，所以，無需另行提供貸款之證品。〔註 54〕

　　以上五點是各行莊對繳納存款準備金所提建議，成都銀行公會請求成都「四聯分處」轉報財政部「代陳商艱」，並懇請提高繳存中央銀行存款準備金利息，「俾資救濟」，以彌補各行莊的損失。1943 年 1 月 21 日，成都市政府轉接財政部通知「自本年 6 月 21 日起，各行莊以現金繳付存款準備金者，其利率一律提高為年息一分」〔註 55〕。財政部雖將利息提高了兩釐，但並未就上述各點建議全部給予答覆，因為抗戰時期事務繁忙，許多反映上去的問題往往會不了了之。

〔註53〕《銀行錢業兩公會致四行聯合辦事處成都分處函》（1942 年 4 月 20 日），成都市檔案館：104-1-262。

〔註54〕《銀行錢業兩公會致四行聯合辦事處成都分處函》（1942 年 4 月 20 日），成都市檔案館：104-1-262。

〔註55〕《成都市政府訓令（社字第 0093 號）》（1943 年 1 月 21 日），成都市檔案館：104-1-262。

綜合以上，在 1940 年以前，國民政府對於銀行的管制，大抵側重於公私銀行的調整和聯繫工作，對於銀行的營業方針與資金運用等尚缺乏嚴格的監督和管理。因此，許多銀行利用自己的資金從事投機事業，囤積居奇，操縱市場。1940 年 8 月，《非常時期管理銀行暫行辦法》公佈實施後，開始對銀行進行系統的控制，但繳納存款總額百分之二十作爲準備金的規定，雖然利於國家銀行控制全國金融，但一般銀行卻難以承受，同時也不利於銀行在資金不足、信用枯滯的情況下因時因地地放出貸款，以刺激工商各業的活躍。所以準備金制度「頗爲各行莊所詬病」〔註 56〕。儘管如此，爲維護後方金融的穩定，成都銀行公會還是積極組織會員銀行嚴格遵照執行《非常時期管理銀行暫行辦法》及其補充辦法，並代表會員銀行與各部門進行溝通，反饋意見，尋求幫助，從而減少了戰時各項金融法規給成都金融業帶來的震蕩。

二、組織會員承接各項募捐

成都銀行公會的所有活動以維護同業利益爲基本前提，而作爲社會組織的一員，它又不可避免地要參與到社會生活的其它方面，尤其在抗戰時期，社會動蕩不堪，各種募捐活動層出不窮。成都銀行公會作爲成都金融市場中的中堅力量，它不僅要竭力維護成都金融市場的穩定，保障銀行業的經濟利益，而且在成都社會生活中也扮演著不可或缺的角色，成爲許多社會團體、組織請求捐助的對象。抗戰期間，這種捐助主要涉及到與抗戰有關的各種無償捐獻，及不同團體請求銀行公會讚助活動經費等方面。

（一）防空捐款

1938 年，國民政府首都南京失守，淪陷區範圍擴大，國民政府被迫退守西南，以重慶爲陪都。此時作爲大後方中心的成都、重慶兩大城市，不斷遭到日軍飛機的多次狂轟濫炸，造成了巨大災難。1938 年 12 月，日軍開始轟炸重慶，給重慶市民的生命財產造成重大損失。爲了減少日軍轟炸成都市時造成重大損失，成都防空當局加緊疏散宣傳。1938 年 11 月 8 日，日機第一次進襲成都〔註 57〕。同日，四川全省防空司令部下令加緊疏散人口，由財政廳先

〔註 56〕成都市檔案館：104-1-262。
〔註 57〕《成都第一次空襲》，國難三日刊，1938 年 11 月 8 日，第 5 頁，轉引劉俊《抗戰時期四川成都的防空建設述論》，2008 年四川師範大學碩士論文。

期撥墊二十萬元用作防空建設費用。11 月 10 日，四川全省防空司令部公佈了《成都市人口疏散辦法》。當時成都市需要疏散人口達 350110 人之多〔註58〕，不但需要救濟的人口很多，而且防空建設任務繁重，而政府提供的經費僅僅是杯水車薪，根本滿足不了需求，所需餘款只有向社會募集，銀行公會首先成爲徵募的對象。

1939 月 3 月 10 日，成都銀行公會召開臨時會議，商討防空捐款事宜。公會主席丁少鶴提出「在本市設立分行之銀行，其會計未經劃分資本未固定者，准其儘量捐助。本會各會員銀行自應量力樂捐，其捐款總額及分擔之數額……應調查其它團體捐額多寡，酌定標準」〔註59〕，會議公推由婁仲光負責調查其它團體捐獻情形，以便參考。4 月 17 日，銀行公會於川鹽銀行內再開臨時會議，繼續商討捐款事宜，並邀請中央銀行成都分行派代表參加，共同磋商如何分配防空捐款，最後決議由各銀行援成例分配捐款〔註60〕。5 月 6 日，再次召開會員大會，經會議公決，中央銀行和銀行公會各會員共同負擔防空捐款總數爲一萬五千元，其分配辦法即照各銀行分配防空捐之成例，中、中、交、農四行共同負擔十分之五，四川省銀行負擔十分之一，其它各銀行共同負擔十分之四〔註61〕。按以上比例分配，各行捐款具體數額列表如下：

表 4-1：成都銀行公會會員防空樂捐分配表（1940 年 5 月）

中央銀行成都分行	捐法幣一千八百七十五元
中國銀行成都分行	同上
交通銀行成都分行	同上
農民銀行成都分行	同上
四川省銀行	捐法幣一千五百元
金城銀行	捐法幣六百元
上海銀行	同上

〔註58〕 參見龔克、劉言：《曾經的傷痛，難民的記憶——抗戰時期成都的人口疏散情況》，《四川檔案》，2005 年第 3 期。

〔註59〕 《成都銀行公會臨時會議》（1939 年 3 月 10 日），成都市檔案館：104-1-227。

〔註60〕 「成例」是指上年度成都銀行公會的防空捐款標準和分配方式。成都市檔案館：104-1-227。

〔註61〕 《銀行公會致各銀行函》（1939 年 5 月 9 日），成都市檔案館：104-1-227，第37 頁。

川康銀行	同上
美豐銀行	同上
聚興誠銀行	同上
川鹽銀行	同上
重慶銀行	同上
和成銀行	同上
成都銀行	同上
西康銀行	同上

以上共計捐款 15000 元。資料來源：「銀行公會各會員分擔防空樂捐數」，成都市檔案館：104-1-227，第 37 頁。

　　5 月 11 日，成都銀行公會將所認捐款一萬五千元送交四川省營業稅局成都分局查核驗收，並轉四川省防空建設司令部，完成了防空捐款。

（二）寒衣代金捐款

　　1938 年 4 月 1 日國民黨的《抗戰建國綱領決議案》提出：「發動全國民眾，組織農、工、商、學各職業團體，改善而充實之，使有錢者出錢，有力者出力，為爭取民族生存之抗戰而動員。」〔註62〕在此背景下，1938 年 9 月 9 日，全國徵募寒衣運動委員會總會（簡稱寒衣總會）召開成立大會，並通過了《全國徵募寒衣運動委員會組織大綱》。總會設在武漢，在重慶、成都、昆明、新加坡等十八個城市設立了分會〔註63〕。隨著戰局發展，寒衣總會先後遷至長沙、桂林、重慶。1939 年 9 月，寒衣總會公佈了「（民國）二十八年度徵募運動計劃」，徵募目標為「徵募棉背心三百萬件，分發抗戰將士」。其中重慶、四川分別負擔徵募二十萬件。總會提出：「本屆以徵募代金」為主，「棉背心以國幣一元五角折抵一件」，號召廣大人民積極捐獻寒衣代金。〔註64〕

　　自全國徵募寒衣運動委員會發動徵募三百萬件棉衣運動以來，「川省各地

〔註62〕　《抗戰建國綱領議案》（節錄民眾運動部分）1938 年 4 月 1 日，重慶市檔案館、重慶師範大學合編：《中華民國戰時首都檔案文獻》第二卷　戰時動員，2008年，第 18 頁。

〔註63〕　《全國徵募寒衣運動計劃（九月九日總會修正）》1938 年 9 月 9 日，軍委會政治部檔案，中國第二歷史檔案館。

〔註64〕　《全國徵募寒衣運動委員會總會二十八年度徵募運動計劃》1939 年 9 月 22日，《中華民國戰時首都檔案文獻》第二卷　戰時動員，第 324～326 頁。

紛紛響應，踴躍捐輸，情形極為熱烈」﹝註65﹞。為組織好川省寒衣代金徵募工作，全國徵募寒衣運動委員會四川省分會（簡稱四川寒衣分會）特製定收交寒衣代金款及保管辦法十三條，其中第三條規定「凡成都市繳解寒衣代金及捐款者，應將現金繳存中央銀行成都分行，掣取銀行收據，同時由銀行通知本會交徵募組登記後，送保管組彙帳」﹝註66﹞。央行成都分行作為成都地區唯一的寒衣代金收受銀行，不但負責各單位、團體、個人寒衣代金的收交、整理及清冊、匯總工作，還要和成都銀行公會會員銀行共同負擔一筆數額不菲的寒衣代金捐款。成都各銀行成為寒衣捐款的主要承捐對象。起初，四川寒衣分會要求成都銀行公會應負擔寒衣捐款一萬五千元，但各會員銀行反映強烈，認為負擔過重，請求減為五千元。1939 年 11 月 7 日，成都銀行公會致函四川寒衣分會，陳述困難情形：「現刻天候漸寒，前方將士抗戰方殷，自應速將寒衣捐款及早募集，以期增強抗戰實力，唯蓉市非交通商埠，各同業多屬分支行或辦事處，本小利微，並因時局關係，本年所負其它義務較諸上年，尤為繁多，此次寒衣捐款，奉派巨數，力實難勝，只因愛國熱忱，未敢後人，同業等唯有勉力竭棉力，查照上年寒衣捐款成案﹝註67﹞，共同籌集法幣五千元，以效壤流之助」﹝註68﹞。銀行公會要求將捐款額減少為三分之一，不但未得到四川寒衣分會的同意，而且四川寒衣分會還要求其增加捐款。11 月 11 日，銀行公會又致呈國民政府軍事委員會委員長成都行轅政治部第二組組長呂丘國，轉陳會員銀行的意見，懇請體恤商艱，准予共同認繳五千元，不得再增加捐款。原呈內容是：「本市同業多係分支行或辦事處，平日因時局關係，所負義務已極繁多，即如寒衣捐款一項，除正式徵募之外，尚有其它捐款項目，而各總行對蓉市同業之經費向按規定開支，限制甚嚴，並未備有活動經費，以故每遇募捐事項，非常感受困難，雖具努力報效之忱，終有棉力薄弱之慨，況本會隸屬於市商會範圍以內，今蒙特別提出單獨募捐，則本會同業負擔比較其它商業行店，已覺特重，前議共同認捐五千元之數，實已力盡汗

﹝註65﹞ 《中央日報》1939 年 11 月 17 日，中華民國戰時首都檔案文獻》第二卷 戰時動員，第 347 頁。

﹝註66﹞ 《全國徵募寒衣運動委員會四川省分會收繳衣款及保管辦法》，成都市檔案館：104-1-227，第 79 頁。

﹝註67﹞ 「成案」是指 1938 年 11 月 9 日成都銀行公會第六次臨時會議所議決的寒衣捐款辦法，成都市檔案館：104-1-227。

﹝註68﹞ 《致全國徵募寒衣運動委員會四川省分會函》（1939 年 11 月 7 日），成都市檔案館：104-1-227。

乾，無法增益，應請轉陳下情，仍照原議共同認繳五千元，……寒衣捐款係
爲前方將士所需，理當儘量勸募，故本會不惜舌敝唇焦，以相勸遵，無如各
該同業，雖具熱心，苦於力不能逮，再四思維，只得據情轉陳，尚祈體念商
艱，准予查照原議，共同認繳五千元，以示體恤同人」〔註69〕。銀行公會據
實陳述困難，情眞意切，最終獲准同意，共只捐獻五千元。其分配方式按各
會員銀行的資力強弱進行分擔：中國、交通、農民三銀行每行認捐較多，四
川省銀行、川康銀行次之，其餘金城、上海、聚興誠、川鹽、美豐、重慶、
市民、和成、西康等九銀行稍少。詳細數額見下表：

表4-2：成都銀行公會收交各會員銀行寒衣代金細數清冊（1939年）

行　別	寒衣代金數
中國銀行成都分行	五百元
交通銀行成都分行	五百元
中國農業銀行成都分行	五百元
四川省銀行成都分行	四百五十元
川康平民商業銀行成都分行	三百五十元
上海銀行成都支行	三百元
金城銀行成都分行	同上
聚興誠銀行成都分行	同上
川鹽銀行成都分行	同上
美豐銀行成都分行	同上
重慶銀行成都分行	同上
成都商業銀行	同上
和成銀行成都分行	同上
西康省銀行成都辦事處	同上

以上共捐寒衣代金五千元。資料來源：成都市檔案館：104-1-227。

　　爲儘量增加銀行界的捐款，成都銀行公會除組織會員銀行進行捐獻外，
還積極動員各銀行所屬職員認捐寒衣代金。各銀行職員共捐寒衣代金七百四
十九元三角一仙。各行職員捐獻數額如下：

〔註69〕《致國民政府軍事委員會委員長成都行轅政治部第二組組長呂丘國函》（1939
　　　　年11月11日），成都市檔案館：104-1-227。

表 4-3：成都銀行公會收交各會員銀行職員寒衣代金細數清冊（1939 年）

行　別	寒衣代金數
中國銀行成都分行	三十九元五角
交通銀行成都分行	三十七元三角
中國農民銀行成都分行	三百三十元
四川省銀行成都分行	八十六元四角五仙
川康平民商業銀行成都分行	三十八元九角
上海銀行成都分行	十三元五角
金城銀行成都分行	二十五元
聚興誠銀行成都分行	六十元
川鹽銀行成都分行	十九元一角七仙
美豐銀行成都分行	二十四元一角五仙
重慶銀行成都分行	二十七元三角四仙
成都商業銀行	十五元九角
和成銀行成都分行	二十一元
西康省銀行成都辦事處	八元一角

只統計各銀行職員捐款總數，共計捐寒衣代金七百四十九元三角一仙。資料來源：成都市檔案館：104-1-227。

　　爲前方戰場浴血奮戰的將士募集寒衣代金是後方各金融機關義不容辭的責任，但因成都各銀行多爲重慶總行的分支行處，資力有限，往往會在捐款問題上力不從心。就連公會主席胡信成也曾在成都銀行公會臨時會議上代表川鹽銀行發言，聲稱「如成都市徵募寒衣運動支會函請公會轉向各銀行再行募集寒衣代金，敝行自難再認」〔註70〕。也許這僅是他的一句牢騷話，但卻眞實的反映了抗戰期間，面對各種捐款紛至沓來，各銀行的確難以勝任。儘管如此，成都銀行公會還是「不惜舌敝唇焦，以相勸遵」〔註71〕，竭力勸捐，爲抗戰竭盡了綿力。

〔註70〕《本會奉令改組第一屆第九次臨時會議記錄》（1940 年 12 月 2 日），成都市檔案館：104-1-238。

〔註71〕《致國民政府軍事委員會委員長成都行轅政治部第二組組長呂丘國函》（1939 年 11 月 11 日），成都市檔案館：104-1-227。

（三）節約獻金〔註72〕捐款

此次節約獻金運動是指抗戰後期由馮玉祥發起的節約獻金救國運動。抗戰後期，日軍瘋狂進攻，前方將士雖然缺衣少食仍然浴血奮戰，而國民黨的上層權貴貪污腐化，使大後方的經濟壓力日益嚴重。爲了擴大募捐的影響和數額，1943 年 10 月 14 日，馮玉祥決定將 1942 年 12 月成立的全國基督教節約獻金總會更名爲中國國民節約獻金救國運動會，自任重慶總會會長，首先在全川發動節約獻金救國運動〔註73〕。1944 年初，馮玉祥深入各地宣傳動員。他從重慶出發，遊歷成都、雙流、新津、樂山等川東、川南、川西等二十餘縣進行勸捐，號召人民「要本著良心，有錢出錢，有力出力，傚仿蘇聯、英國的國民獻金運動，大力供給前方將士，……要自願的獻出我們的金錢，爭取民族的生存，國家的獨立」〔註74〕。爲鼓勵捐獻，他向捐款較多者贈送親筆字畫，這進一步掀起了獻金運動的高潮，所到之處，各地工商界、銀行界、軍界、學界、婦女界和當地士紳紛紛解囊，競相捐款。

　爲響應馮副委員長發動的節約獻金運動，成都市商會於 1943 年 12 月 27 日召開各業公會聯席會議，決議組織「成都市商界響應節約獻金委員會」，負責籌備節約獻金事宜。28 日，該委員會召開第一次會議，要求各業公會發動節約獻金運動以響應馮副委員長的號召，並於來年 1 月 1 日起至 3 日內將各公會募集的獻金數字函覆到會。29 日，成都市商會致函銀行公會「貴會對於歷次愛國捐獻工作素極熱忱，此次馮副委員長在蓉倡導，尤爲表現之良機，務望廣爲宣揚，踴躍勸獻，毋失已往之令譽，致貽外界之口實」，希望銀行公會能「從速發動」〔註75〕。銀行公會接到商會通知後，於 1944 年 1 月 8 日召開會員大會，商討獻金事宜。並要求各行經理於次日下午到商會與馮玉祥共同舉行茶話會，接受馮副委員長的訓話〔註76〕。1 月 12 日，中國國民節約獻

〔註72〕抗戰期間，節約獻金運動曾開展多起，如 1939 年 3 月 1 日孔祥熙曾在重慶宴請金融界人士，動員金融界節約獻金。上述節約獻金是指 1943 年爲響應馮玉祥的號召而開展的節約獻金運動。參見《民國時期貨幣金融紀事（1911～1949）》，第 190 頁。

〔註73〕參見梁星亮《抗戰後期馮玉祥發動的獻金救國運動》，《民國春秋》2001 年第 6 期。

〔註74〕《給熱心救國朋友的第四封信》，成都市檔案館：104-1-408。

〔註75〕《成都市商會函》（1943 年 12 月 29 日），成都市檔案館：104-1-408。

〔註76〕《致各銀行經理互利信託公司經理函》（1944 年 1 月 7 日），成都市檔案館：104-1-408。

金救國運動成都分會召集成都市各界代表在青龍街社會處召開動員大會，商討籌備獻金大會事宜，決定於 1 月 16 日在成都市少城公園體育場舉行本市節約獻金運動大會。銀行公會理事長袁玉麟赴會，並被推舉爲中國國民節約獻金救國運動成都分會銀行代表隊隊長〔註77〕。

作爲成都市金融界兩大組織，成都銀行、錢業兩公會被社會各界寄予獻金厚望。爲此，兩公會爲保持步調一致，商定了兩業統一獻金辦法，即「凡會員行、號、莊所獻金額，於十六日以前開立中央銀行支票（請不送現鈔）逕向中央銀行繳納取據後，於十六日午前九鐘，每一行號莊派員一人，持據赴少城公園集獻，用昭劃一」〔註78〕。

1 月 16 日，成都市節約獻金大會在少城公會如期舉行，參加大會典禮的有各機關、團體、學校、工廠、鎮保及各界領袖紳耆。大會由八支方隊組成，其中銀行方隊是由各銀行推派兩名代表組成〔註79〕。獻金時銀行隊將捐獻數目唱名報告大會，並繳驗各行獻金證件以備核查。各行獻金情形詳見下表：

表 4-4：成都銀行公會各銀行 1944 年繳納響應馮副委員長節約獻金統計表

行　名	認繳獻金數	已繳金額	繳款日期	繳納何處代收	收據號數	備　考
中國銀行	4 萬元	4 萬元	1 月 15	中央銀行	金字 540	--
亞西銀行	2 萬元	2 萬元	1 月 16	同上	金字 1781	因收據編號號碼不明恐不確實
川康銀行	2.5 萬元	2.5 萬元	1 月 15	同上	金字 541	--
互利信託公司	2 萬元	2 萬元	1 月 15	同上	金字 1107	--
山西裕華裕華	2 萬元	2 萬元	1 月 15	同上	金字 663	--
交通銀行	4 萬元	4 萬元	1 月 15	同上	金字 1114	--
美豐銀行	2 萬元	2 萬元	1 月 15	同上	金字 534	--

〔註77〕成都市檔案館：104-1-408。
〔註78〕《成都市銀行錢業商業同業公會會函》（1944 年 1 月 13 日），成都市檔案館：104-1-408。
〔註79〕銀行方隊總人數不詳，檔案資料只有每行號派代表兩名的記載，特此說明。

行　名	認繳獻金數	已繳金額	繳款日期	繳納何處代收	收據號數	備　考
四川省銀行	2.5 萬元	2.5 萬元	1 月 15	同上	--	因騎縫編號處裁去號碼無法辨認
金城銀行	2 萬元	2 萬元	1 月 15	同上	金字 664	--
四明銀行	2 萬元	2 萬元	1 月 15	同上	542	--
重慶銀行	2 萬元	2 萬元	1 月 15	同上	1402	--
大川銀行	1.5 萬元	1.5 萬元	1 月 17	同上	金字 771	--+
濟康銀行	1.8 萬元	1.8 萬元	1 月 15	同上	--	收據已寄雅安總行號數無從清查，但繳中央銀行支票號 869959
和成銀行	2 萬元	2 萬元	1 月 16	同上	--	收據編號不明故未填
成都市銀行	2 萬元	2 萬元	1 月 15	同上	519	--
光裕銀行	1.6 萬元	1.6 萬元	1 月 18	同上	--	繳納獻金原收據已寄渝總行號數無從清查
川鹽銀行	2 萬元	2 萬元	3 月 30	同上	2674	--
四川建設銀行	2 萬元	2 萬元	1 月 14	同上	48	--
上海銀行	2 萬元	2 萬元	1 月 14	同上	聯金 49	--
聚興誠銀行	2 萬元	2 萬元	1 月 15	同上	--	騎縫字號裁去過多無法辨認
通惠銀行	2 萬元	2 萬元	1 月 15	同上	--	據存城外疏散處一時無法往查
益華銀行	2 萬元	2 萬元	1 月 15	同上	5319	據存疏散處

行　名	認繳獻金數	已繳金額	繳款日期	繳納何處代收	收據號數	備　考
西康省銀行	1萬元	1萬元	1月16	同上	--	騎縫處編號裁去不明無法辨認
福川銀行	2萬元	2萬元	4月1	同上	--	同上
雲南實業銀行	2萬元	2萬元	1月17	同上	--	收據編號不明無法辨認
華孚銀行	2萬元	2萬元	1月15	同上	金字506	收據附傳票
永利銀行	2萬元	2萬元	1月16	同上	--	收據號數不明本行係以中央銀行支票第869780號繳納
永美厚銀行	2萬元	2萬元	1月18	同上	金字2598	--
中國農民銀行	4萬元	4萬元	1月15	同上	金字617	收據裁去太多是否無誤不敢作定
雲南興文銀行	2萬元	2萬元	1月16	同上	--	收據裁去太多號數無法辨認
勝利銀行	2萬元	2萬元	1月17	同上	金字74	--
同心銀行	2萬元	2萬元	1月15	同上	--	據存疏散處號數待查
陝西省銀行	1.2萬元	1.2萬元	1月15	同上	金字562	--
河南農工銀行	1.2萬元	1.2萬元	1月16	同上	--	收據騎縫處因裁漏號數不明無從辨認
成都商業銀行	1.4萬元	1.4萬元	1月14	同上	2689	--

資料來源：成都市檔案館104-1-408。

在這次節約現金運動中，成都銀行公會各會員共計獻金達 72.7 萬元，這在當時成都的工商團體中是獻金數量最高的。

（四）獻金購機捐款

全面抗戰開始後，中國的制空權完全掌握在日軍手中，各地屢受空襲，軍民傷亡、財產損失慘重。國民政府為加強航空建設，壯大空防力量，以達到飛機對飛機從空中打擊和防禦敵人的目的，號召廣大人民踴躍捐款，支持航空建設。並制定了《航空捐款獎勵條例》，發動社會各界積極認捐，以應戰時之需。為了響應號召，四川掀起了獻金購買飛機的熱潮：1941 年春，合川縣人民勸募三十萬元，捐購「合川號」飛機；5 月 1 日，宣漢縣捐款獻機委員會將勸募的八萬元，彙給航空建設協會四川分會；許多貧困的職員和學生還開展「一元獻機運動」，勸每人捐出一元錢，募集資金，捐購飛機；富榮鹽場職工響應「一元獻機運動」，募得國幣八十萬元，捐購四架飛機。如此等等，四川人民的獻機捐款運動如火如荼。

成都市民在獻機捐款運動中也不甘落後，航建協會四川省分會分配給成都市的獻機捐款總數高達一百四十萬元。1942 年初，成都市政府召集各工商團體開會，就獻機捐款事宜進行磋商，商討應如何分配這一百四十萬元捐款。經討論制訂了兩項捐款標準：根據第一項標準成都金融界應擔任捐款二十八萬元；根據第二項標準成都金融界應擔任二十四萬元。〔註 80〕1月 5 日，成都市銀行錢業兩公會召開聯席會議，共同商討獻機捐款事宜。會議決定按第二項標準執行，即金融界承擔獻機捐款共計二十四萬元，其分攤方案是「銀行公會所屬之銀行及中央銀行、郵政儲金彙業局、四川省合作金庫共同擔任一十六萬元，其分擔數額以上年寒衣代金之例分配之，至錢業公會所屬之銀號錢莊，共擔任八萬元」〔註 81〕。根據此方案，成都銀行公會應承擔 16 萬元捐款，其內部分配方案按「上年寒衣代金之例」進行分配，即中、中、交、農及四川省銀行承擔較多，其餘銀行平均分攤。各行分攤具體數額如下表：

〔註80〕成都市檔案館：104-1-248。

〔註81〕《銀行公會致中央銀行、四川省合作金庫、本會各會員銀行函》（1942 年 1月 8 日），成都市檔案館：104-1-248。

表 4-5：成都銀行公會會員捐款獻機應分攤數額表（1942 年）

行　　別	分配數額（萬元）	行　　別	分配數額（萬元）
中央銀行	1	川鹽銀行	0.66
中國銀行	1	重慶銀行	0.66
交通銀行	1	川康銀行	0.66
農民銀行	1	聚興誠銀行	0.66
四川省銀行	0.78	美豐銀行	0.66
郵政儲金彙業局	0.66	和成銀行	0.66
四川省合作金庫	0.66	成都銀行	0.66
上海銀行	0.66	通惠銀行	0.66
金城銀行	0.66	大川銀行	0.66
西康省銀行	0.66	裕華銀行	0.66
濟康銀行	0.66	長江銀行	0.66

說明：本表只列出各銀行應分攤數額，共計 16 萬元，不包括錢業公會應分攤的 8 萬元數額。資料來源：成都市檔案館：104-1-248。

　　1 月 8 日，成都銀行公會將上述分配的捐款數額通知各庫、局、行等單位，並要求將捐款逕交中央銀行代收。〔註 82〕對於上述分配方式，各單位態度各異：郵政儲金彙業局欣然接受，只是要求「貴會（指銀行公會）轉知獻機委員會派員持同正式收據來局具領爲荷」〔註 83〕；四川省合作總金庫函覆銀行公會稱「查關於獻機捐款，本庫以事關國防建設，業已直接捐獻成都市捐款獻機委員會在案。所有貴會分擔數額，未能重複擔任，應請豁免」〔註 84〕；四川省、金城、川鹽、川康、美豐、成都、大川、濟康、上海、西康省、重慶、聚興誠、和成、通惠、裕華、長江等十六家會員銀行認爲「現蓉市金融枯竭，達於極點，營業正在折本期間，實屬無力再繳」，每家只願意承擔 1 千元，合計 1.6 萬元。再加上郵儲局的 6.6 千元，銀行公會總共只能承擔 2.26 萬元，這與原攤額數 16 萬元「相差甚巨」。4 月 21 日成都市政府向銀行公會催繳捐款，指出「所募解捐款數目，核與原攤額數字相差甚巨，仰仍繼續加緊

〔註82〕《成都銀行公會致各銀行函》（1942 年 1 月 8 日），成都市檔案館：104-1-248。
〔註83〕《郵政儲局函銀行公會》，成都市檔案館：104-1-248。
〔註84〕《四川省合作總金庫函覆銀行公會》（1942 年 1 月 26 日），成都市檔案館：104-1-248。

策動，以期早日圓滿結束，俾符功令，而利抗建為要」，希望能「從速繳款，俾便結束」〔註85〕。可見，成都市政府並未同意銀行公會的請求。但各銀行以負擔過重為由「仍未照繳」。7月21日，市府再次訓令銀行公會，催繳捐款「案查本市捐款獻機事宜，定於六月三十日遵令全部結束，所有該會認攤獻機捐款，前經令飭遵照，加緊催收，如額募足，依限報解，以重功令，並派員督促在案，現在逾期已久，尚未據該會募足捐款，具報結束，實有未合，合行令催，仰該會即便遵照，迅將認攤捐款，務需如數募足報解，以資結束，勿將再事延誤，致違功令，影響抗建，是為至要，仍將奉令日期先行報查，切切此令！」〔註86〕。顯然，成都市政府的態度較為堅決，仍未答應銀行公會的請求。8月1日，銀行公會召開會議，將捐款事宜提付會議催促。各會員銀行雖勉力捐獻，但不願意按原議定數額認捐，每家只願意捐獻一千元，即除中、中、交、農四行、四川省合作金庫已直接捐獻外，郵政儲金彙業局、四川省銀行、西康省銀行及各商業銀行共只認捐 2.26 萬元，各銀號錢莊共只認捐 0.97 萬元，總計銀錢兩業共只繳納 3.23 萬元。8月5日，成都銀行公會呈覆市府，向其「述苦」，說明沒能按原議定數額如數募足的理由，請求諒解。即「本會查獻機捐款，有關抗建，奉令之初，曾經仰體德意，開列攤數，盡量勸募，原期集成巨數，藉表熱忱，惟因蓉市近數月來，金融異常枯竭，各銀行號莊率皆挖肉補瘡，以維市面，本身即有自顧不遑之勢，對於各方募捐之事，遂致益形竭蹶，本會對於此案，雖經迭次開會勸募，而各同業或已直接捐獻，或已繳過捐款，在此折本期間，無力再繳，亦屬實在情形。本會心餘力絀，萬不得已，惟有歷陳困難，當祈鈞府曲賜體恤，准予就此結束，同業感德」〔註87〕。限於資料缺乏，最終結果無法知曉。但從此過程中可見成都銀行公會作為中介組織，解決會員與地方政府之間矛盾方面，發揮了重要的「緩衝」作用，並使最終達成一致，化解衝突。

　　以上所述各點僅是成都銀行公會在抗戰期間的募捐勞軍和獻金救國活動中的一些較為典型的事例。成都銀行公會在抗戰期間的各種捐助活動還有很

〔註85〕《成都市政府指令（宣字第 0010 號）》（1942 年 4 月 21 日），成都市檔案館：104-1-248。
〔註86〕《成都市政府訓令（獻總字第 0008 號）》（1942 年 7 月 21 日），成都市檔案館：104-1-248。
〔註87〕《呈為呈覆遵募獻機捐款情形歷陳困難當予結束事》（1942 年 8 月 5 日），成都市檔案館：104-1-248。

多，如「七七」獻金、義賣獻金以及政府機關、各類學校、社會團體等的捐款請求等等。雖然每次捐獻活動的形式不同，但其實質大同小異，所以不再一一列述。

三、統籌各類借、貸款事項

抗戰期間，成都銀行公會除主動參與各種無償捐獻活動外，還積極組織會員承擔各類借貸款項，以支持抗戰事業或扶助經濟發展。

（一）組織會員認借防空臨時住宅建築貸款

1939 年日機對成都進行狂轟濫炸，爲躲避空襲，大量人口需要疏散到郊區，建築大量的臨時住宅安置疏散區人口就成爲當時防空工作中的一項重要任務。爲做好此項防空工作，國民政府要求各銀行向「資力不足者」貸款。爲此，行政院特製定了「四川、貴州兩省疏散人口區域建築房屋辦法」，用以指導川黔兩省防空臨時住宅建築貸款事宜。內容包括四點〔註88〕：（一）關於勘測地點建築房屋事項，由四川、貴州兩省政府建設廳及重慶市政府辦理，並由內政部指導進行；（二）關於資本事項，由內政、財政兩部會函中、中、交、農四行聯合辦事處，並分令重慶、成都及貴陽各銀行共同投資，即以此項房屋作抵，由政府擔保其數目，重慶暫以三百萬元爲限，成都、貴陽各以一百萬元爲限，至必要時得增加之；（三）此項房屋由中央信託局承保兵險，如該局有損失時，由政府負責；（四）在二十八年五月底以前，私營住宅向地方主管機關申請建築登記證者，得依照內地房屋救濟辦法予以獎助，並得照前條規定投保兵險。爲推進成都臨時住宅貸款工作，四川省政府設置了專職機構——四川省會疏散區臨時住宅建築管理委員會，專門負責成都疏散區臨時住宅建築貸款事宜。

同年 6 月初，四川省會疏散區臨時住宅建築管理委員會向成都銀行公會轉發行政院訓令，「『川、黔兩省疏散人口區域建築房屋辦法』第二條規定：成都國家銀行得貸款一百萬元，以便迅速完成大量住宅，以利疏散」，要求成都銀行公會組織會員銀行承擔此種貸款，並「將各銀行分配貸款確數列表函知，以便辦理」〔註89〕。經徵得各會員同意，6 月 7 日，成都銀行公會將議定

〔註88〕《四川貴州兩省疏散人口區域建築房屋辦法》，成都市檔案館：104-1-229。
〔註89〕《四川省會疏散區臨時住宅建築管理委員會公函》（1939 年 6 月），成都市檔案館：104-1-229。

好的貸款分配確數及其標準函覆該會，稱「茲經會議表決，本市中、中、交、農四行共同投資一百萬元之案，應由四行自行分配，其它會員銀行自由投資」，貸款之標準約分四點，「（一）每戶貸款額不得超過二千元；（二）月息不能低於一分三釐；（三）歸還之期限不得超過一年；（四）須保兵險，……」〔註90〕。但是，四川省疏散區臨時住宅建築管理委員會並沒有完全認同此項貸款標準，而是要求成都銀行公會「得照中、中、交、農四行，貸款利息標準酌量增加，至貸款手續，仍照本會貸款辦法辦理」〔註91〕。

為了明確貸款辦法並規範貸款手續，川康綏靖主任公署四川省政府特製定了「建築房屋貸款辦法」21條〔註92〕，用以指導貸款事宜。具體內容是：

建築房屋貸款辦法

第一條　凡屬省會應行疏散之住民須在本會規定地點建築住宅而感資力不足者，得以本辦法之規定，向本會申請借款，建築公司及團體或個人，有意建築疏散區臨時住宅者，其貸款辦法另定之

第二條　申請借款人，須自籌建築資金百分之三十，此項自籌資金，包括銀行存款、現金、建築住宅之土地所有權或承租權及建築材料等，並須於申請借款時，提出實物或證件，以憑審核。

第三條　申請借款人，寫申請時，須以式填具借款申請書保證書印鑒各三份，連同建築圖說一份及其它有關證件，一併送本會以憑審核。借款申請書，保證書，及印鑒，格式另定之。

第四條　保證書由保證人簽字蓋章，對貸款之清償與申請人同負連帶責任，保證人之資格如左：一、殷實工商業家；二、富紳；三、文官簡任以上，武官將官以上。

第五條　前項申請，經審查後須由經辦人於原申請書審查意見欄內，鑒注意見，並由主管長官決定辦法，如經審查合格，應即填製審核通知書三聯。以一聯查存，一聯連同有關書表證件，通知銀行，準備貸款，另一聯發交申請人，持向指定銀行，辦理借款手續。審核通

〔註90〕《成都市銀行公會函》（1939年6月7日），成都市檔案館：104-1-229。
〔註91〕《四川省疏散區臨時住宅建築管理委員會公函》（1939年7月10日），成都市檔案館：104-1-229。
〔註92〕《四川省疏散區臨時住宅建築管理委員會建築房屋貸款辦法》（1939年6月14日），成都市檔案館：104-1-229。

知書格式另定之。

第六條　申請借款人，自銀行借款時，須訂立正式借約。借約格式另定之。

第七條　申請借款人持到經核准貸款之審核通知書，一星期內不向指定銀行辦理借款手續者，認為棄權，撤銷其借款資格。

第八條　申請借款人，領得貸款後，十日內不見動工興建，或雖動工興建而工程進行延緩至兩個月以上者，得追還貸款，或拍賣其所有未完建築及建築材料以資補償，如不足清償債務者，得向原申請人追償之。

第九條　每戶住宅造價至多不得超過六千元，除自籌百分之三十外，應貸金額百分之七十。

第十條　貸款金額分七百元，一千四百元，二千一百元，二千八百元，三千五百元，及四千二百元六級，但申請人得以己意，舉借各級定額以內之貸款。

第十一條　借款手續完成後，應代金額分三期核付：第一期建築工程確已開始進行或建築材料已購買一部分時，得付全部貸款三分之一；第二期建築工程已完成過半時，續付三分之一；第三期全部工程告竣時，如數付訖。

第十二條　每期付款之前，應由借款人填具清款書三聯，送請本會審核。其工程進行經調查確已達到規定進度時，由本會填製付款通知書二聯，其中一聯存查，一聯連同原請款書一紙，通知銀行準備付款，另一聯交原請款人持向貸款銀行領款。請款書及付款通知書格式另定之。

第十三條　前項貸款自正式訂立借約之日起，八個月後，開始還本付息，分八十個月還清，還本付息標準另定之。

第十四條　已屆還本付息，逾期三個月不履行者，得由貸款銀行催告，並通知本會，再逾期三個月仍不履行者，得函請本會會同拍賣其以貸款建築之住宅所得價款，仍不足清償債務時，並得查封借款人其它財產變價抵償。

第十五條　各銀行貸放之款，已逾上開還本付息期間，而有不能收回情形時，由政府負責處理。

第十六條　貸款建築之住宅完成後，即為前項貸款之抵押品，所有人非經本會許可，不得變賣，或以之設定類似抵押性質之其它物權。

第十七條　凡在本會規定地點建築臨時住宅之借款人，於建築工程告竣後，均享有向中央信託局投保兵險、火險之權利。

第十八條　疏散區內各項公共建築由本會自行辦理，所需建築資金向貸款銀行借措，但關於還本付息，不受本辦法之限制。

第十九條　貸款本息清償後，借款人所交之各項證件，應由本會及承貸銀行分別發還，以清手續。

第二十條　本辦法呈請川康綏靖公署四川省政府公佈施行。

第二十一條　本辦法遇必要時得呈准川康綏靖公署四川省政府修正之。

綜合以上各條，大致可概括為兩個方面：首先是貸款方法問題，即申請人借貸，需要自備建築資金30%；借款最低金額為700元，以700元為一級，共有六個級別，最高可貸4200元；借款分三期撥付；還本付息分80個月還清等。其次是貸款程續問題，程序較為嚴格，不但需要有擔保人，而且還要對擔保人的資格加以限制，這樣有利於降低銀行貸款風險。貸款程序之嚴格，可通過銀行、借款者、四川省會疏散區臨時住宅建築管理委員會三者之間的錯綜關係來表現出來。如圖所示〔註93〕：

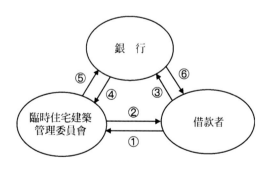

說明：

①借款人向本會申請，並呈交「申請書」「保證書」「印鑒」「建

〔註93〕《四川省會疏散區臨時住宅建築貸款程序圖》，成都市檔案館：104-1-229。

築圖說」及其它有關證件。

②由本會發給「審查通知書」。

③借款人接到本會「審查通知書」後，前往指定銀行辦理借款手續，並向銀行填寫借據。

④借款人填具「請款書」連同銀行所給「借款回單」，呈本會請款。

⑤由本會發給借款人「付款通知書」，同時通告銀行。

⑥借款人接到本會「付款通知書」後，逕向銀行填具「借款收據」，領取借款。

該辦法公佈後，成都銀行公會轉函各會員銀行，嚴格按規定方法和程序承貸。嚴格而繁瑣的貸款程序雖然具有降低貸款風險的作用，但在大量疏散人口急需安置的情況下，銀行應將貸款及時發放到申請者手中，以利盡快建好臨時住宅，安置大量疏散人口。而如此繁瑣的申領程序無疑降低了建築臨時住宅的效率，於防空疏散不利。儘管如此，成都銀行公會還是發揮了動員與組織作用。

疏散期間，人口流動頻繁，導致成都市房屋退佃轉租糾紛迭起。爲平息糾紛，四川省疏散委員會擬定「成都市房屋業主佃押金糾紛救濟辦法」九條，其中第四條規定「凡房主能確切證明其押金實係挪用者，得遵照不動產抵押貸款手續向銀行貸款，作爲退還押金之用」；第五條規定「不動產抵押貸款由市政府會同銀行公會辦理之，貸款規則及手續由市政府、銀行公會擬定，呈准公佈施行之」；第六條規定「貸款基金由銀行公會各會員銀行分別擔負之」〔註94〕。上述幾條要求銀行向房主提供房押借款，並要求銀行公會擬定借款辦法。因房屋抵押貸款數額甚巨，「本市租佃押金以全市府收房捐之數比例推算，全市押金不下三千餘萬元」，而各銀行資金有限，「只能供給本身營業之需」。所以成都銀行公會認爲各會員「實無餘力負擔押金借款」〔註95〕。但因此種貸款關涉戰時後方的「民生」，與抗戰也有一定的關聯性。所以成都銀行公會後來還是說服各會員接受此類貸款，答應

〔註94〕《四川省疏散委員會提案》（1939 年 6 月 20 日），成都市檔案館：104-1-229。
〔註95〕《二十八年第十四次臨時會議記錄》（1939 年 7 月 7 日），成都市檔案館：104-1-229。

由各商業銀行備款 5000 元作為房押借款。並由其負責擬定房押借款辦法五條〔註96〕：（一）本市銀行除中、中、交、農四行外，其它各商業銀行為救濟房屋押租糾紛起見，每家銀行提出現金五千元準備房主抵借；（二）此項借款須經成都市政府核明，確係作為退還房押之用，始由市政府以書面介紹之，並由借款人以田房契據或經銀行認為有價證券作抵押品，其它一切手續均照銀行規定辦理；（三）抵借利息定為每元月息一仙三，歸還限期至多不得超過三個月，如三個月限滿時因事實上確有延長之必要又經銀行同意者，得轉期一次，仍以三個月為限，以後不得再轉；（四）此項抵借之款由銀行專薄登記，每家銀行以五千元為準，借畢即止；（五）本辦法由銀行公會呈報成都市政府備案，以資遵守。

　　抗戰期間的防空臨時住宅貸款和房押借款，是關乎戰時「民生」的重要金融業務，成都銀行公會在會員銀行「實無餘力」的情況下，組織會員盡力承貸，為抗戰竭盡了綿薄之力。

（二）組織會員認借馬乾副食費用

　　1944 年 5 月 4 日上午，成都市政府在市商會內舉行成都市補給委員會第一次座談會，要求成都市銀行錢業兩公會出席會議，共同商討馬乾副食借款辦法。補給委員會稱「現因補助中央軍校及憲兵團教導團副食馬乾等費，擬向各會員銀行號莊息借法幣一千萬元，以資周轉」，「借款按五分行息，以一個月為期」。借款手續是「用銀行承兌匯票方式由補給委員會逐向各銀行號莊洽辦，其承兌匯票之印花由市府向直接稅局交涉手續，如有困難之點，由市府向監理官交涉，均與認借之銀行號莊無涉」。座談會指定由成都市銀行負責承兌。由於成都市政府對於此項馬乾副食借款「相需甚殷」，是日下午，成都市銀行錢業兩公會召開聯席會議，就馬乾副食借款問題進行商討。兩公會認為「成都市補給委員會暫時借款周轉，……本兩公會同業自當勉為其難，一致通過所有認借數額，即日當場寫定並由兩會開列清單，先行函送各銀行號莊，俾使準備」〔註97〕。各銀行號莊在聯席會議上當場確定認借數額，兩公會共同認借總數達 950 萬法幣，其中由銀行公會承擔的數額達 690 萬元，占認借總數的 70%以上。各行莊認借數額如下表所示：

〔註96〕《成都市各商業銀行救濟房押借款辦法》，成都市檔案館：104-1-229。
〔註97〕《成都市銀行錢業商業同業公會會員聯席會議紀錄》（1944 年 5 月 4 日），四川省檔案館：77-2。

表 4-6：1944 年 5 月 4 日銀錢兩業會員聯席會議決定認借馬乾等費數額清單

銀行號莊名稱	認借數額（萬元）	銀行號莊名稱	認借數額（萬元）
聚興誠銀行	20	裕華銀行	20
川鹽銀行	20	大川銀行	20
川康銀行	30	通惠銀行	20
美豐銀行	20	濟康銀行	20
四川省銀行	20	長江銀行	20
重慶銀行	20	成都縣銀行	10
金城銀行	20	亞西銀行	20
上海銀行	20	互利信託公司	10
西康省銀行	10	光裕銀行	20
和成銀行	20	福川銀行	20
成都商業銀行	20	同心銀行	20
四明銀行	20	永美厚銀行	20
華孚銀行	20	陝西省銀行	10
雲南實業銀行	20	河南農工銀行	10
成都市銀行	20	勝利銀行	20
永利銀行	20	通商銀行	20
建設銀行	20	華僑興業銀行	10
益華銀行	20	華信銀行	20
雲南興文銀行	20	成益銀號	20
匯通銀號	20	豫康銀號	20
涪泰銀號	10	惠川銀號	10
怡益銀號	10	和通錢莊	10
華慶豐銀號	10	聯成銀號	10
昌泰銀號	10	克勝銀號	10
永通銀號	10	其昌銀號	30
新亞銀號	10	建中銀號	10
中祥銀號	10	族昌銀號	10
復利銀號	10	裕豐銀號	10
植光錢莊	10	華康銀號	10

資料來源：四川省檔案館：77-2，第 177～179 頁整理而成。

5月5日，成都銀行公會致函所屬會員銀行，請按議定數額貫徹執行，即「認借數字除中國、交通、農民三銀行另案辦理外，其餘省市縣行及各商業銀行、號莊業經當場寫定認借數字，除列冊呈報成都市政府外，茲將寫定認借數字照列清單隨函送達，即希遵照，一俟補給委員會派員到行洽辦時，煩爲照議辦理是荷」〔註98〕。各會員銀行對此並無異議〔註99〕，如數認借。

（三）組織會員認購川康興業公司股款

川康興業公司是川康興業特種股份有限公司的簡稱，所謂特種股份有限公司，即「由政府機關組成，准許本國人民或外國人民或國人認股之股份有限公司」〔註100〕，是官商合辦的股份制有限責任公司。川康興業公司總部設在重慶，1942年2月正式成立。該公司由中央和川康兩省政府與民間資本合組而成，股本總額爲法幣7000萬元，分70萬股，每股100元、。其中40萬股爲官股，由中央認購30萬股，川康兩省政府合計認購10萬股。其餘30萬股爲商股，由四行二局和四川省銀行認購半數以上，其餘由各商業銀行及各縣市有關方面認購。到1943年才收足股本。

川康興業公司主要在重慶、成都、自貢等地銀錢業進行招股。1941年12月12日，成都市商會召開茶話會，專門商討爲川康興業公司募股事宜。決定成立「川康興業公司成都市募股委員會」，推舉銀行公會常務委員胡信成、錢業公會主席陳益延爲該會委員，負責與銀行錢業兩公會就募股事宜進行溝通。成都市政府社會科科長鍾汝爲報告了成都市應認購鉅額股款理由（原檔案內理由略），余中英市長預擬數目爲400萬元（計可占董事兩人）。會議還報告了成都金融界的募股方法：（一）銀行屬支行其渝總行已認者請總行撥部分爲成都支行股款；（二）銀行支行轉請總行准許認股若干；（三）錢莊亦儘量認股；（四）各業公會擬照納公會會費加三倍可得認200萬元，餘則由銀行錢兩業擔任之；（五）即由募股人組織募股委員會加緊進行，務於本月20日將認股書填繳市府轉送；（六）預推定董事兩人（如能募得500萬元則可增加董事一人），於25日前推定。會議最後決議先預定400萬元，銀行錢業兩公會各應認股200萬元〔註101〕。

〔註98〕《成都市銀行錢業兩公會函》（1944年5月5日），四川省檔案館：77-2。
〔註99〕《各銀行函覆銀行公會》（1944年5月），四川省檔案館：77-2。
〔註100〕楊及玄：《省營公司發展聲中的川康興業公司》，《四川經濟季刊》第1卷第4期，1944年9月15日，第316頁。
〔註101〕參見《成都市商會爲川康興業公司募股茶話會錄》（1941年12月12日），成都市檔案館：104-1-250。

　　同年 12 月 25 日，成都市商會召開各業公會聯席會議，並邀請成都市政府社會科科長鍾汝為蒞會指導。經眾討論，決定金融界募集數字暫定為400 萬元（銀行錢業分認 200 萬元），募集標準以各公會所收會費三倍數字認股。如有自願增加數字者聽便。並將認股書分別檢送各業公會，限於本月 28 日以前填送商會，以便層送匯轉〔註 102〕。12 月 30 日，成都市銀行公會召開會員大會，進行認股表決。經表決，認股的銀行有中國、交通、農民、四川省、西康省、上海、金城、川鹽、重慶、川康、美豐、聚興誠、和成、成都、通惠、大川、裕華、濟康、長江等 19 家，共認股 150 萬元。該認募數字由各會員銀行自認，或在總行認股數內撥出一部分作為蓉行認股數。至於各會員銀行分配股款的具體數字則由銀行公會「查酌情形」，列單通報〔註 103〕。

　　1942 年 1 月 5 日，成都銀行公會依據各銀行實力進行分攤，並將各銀行分配的股款數開列清單，函送各銀行徵求意見，即「本市各會員銀行多係分支行或辦事處，此次分配認股之數字，所有已經由渝行認股者，自行在渝行認股數內撥出一部分，作為蓉行股款，其未在渝行認股者，則應在蓉自行認股，以期權利平均，……茲將查酌情形，分配認股數字，開列清單，徵求同意，除分函外相應檢同清單，函達貴行，請煩查照，即將由渝撥蓉之股款數字或在蓉自認購股之數字，從速函覆過會，以憑匯報為荷」〔註 104〕。各銀行分攤股款數額如下：

表 4-7：成都銀行公會會員銀行認購興業公司股款清單（1942 年）

銀行名稱	認購股款數（萬元）	銀行名稱	認購股款數（萬元）
中國銀行	12.5	美豐銀行	7.3
交通銀行	12.5	聚興誠銀行	7.3
農民銀行	12.5	和成銀行	7.3
四川省銀行	8	成都銀行	4.8

〔註 102〕《成都市商會公函》（1941 年 12 月 26 日），成都市檔案館：104-1-250。
〔註 103〕《成都銀行公會民國三十年十二月三十日常務會議》（1941 年 12 月 30 日），成都市檔案館：104-1-250。
〔註 104〕《成都銀行公會致各會員銀行函》（1942 年 1 月 5 日），成都市檔案館：104-1-250。

銀行名稱	認購股款數（萬元）	銀行名稱	認購股款數（萬元）
西康省銀行	7.3	通惠銀行	7.3
上海銀行	7.3	大川銀行	7.3
金城銀行	7.3	裕華銀行	4.8
川鹽銀行	7.3	濟康銀行	7.3
重慶銀行	7.3	長江銀行	7.3
川康銀行	7.3		

資料來源：成都市檔案館：104-1-250。

　　對於以上分配方式，蓉市各分支行不敢擅作主張，需請示總行方能決定。經請示渝市各總行後，交通、農民、聚興誠、川鹽、美豐、濟康、重慶、上海、通惠、川康、裕華等 11 家銀行均稱已由渝市各總行統籌認股，蓉行不能再認，其在渝所交股款也已經辦洽手續，不能撥蓉〔註 105〕。如重慶銀行在函覆中稱「前准貴會函開川康興業公司股款，敝行應認七萬三千元或自行認股，抑或在渝總行認股數內撥出一部分為蓉行股款等由，當即函報敝渝總行，去訖。自奉總行覆示此項股款，蓉行不能再認，現正與興業公司當局交涉，函蓉市商會，免予攤認」〔註 106〕。其它各行也以相同的理由函覆成都銀行公會，請求免予再認。為避免重複攤派，減少各銀行的負擔，成都銀行公會彙集各會員的意見，並與市府溝通，向其陳述「免認」理由，「此案前經本會分配募股數字，通知各會員銀行照繳，均因各會員銀行覆稱興業公司股款已由各該總行在渝統籌認股，蓉行不再認募，本會又覆函請各行即將渝總行所認之股劃出一部分為蓉股，而各該總行又因在渝所繳股款早已辦妥手續，不能分攤，乃向興業公司聲明情形，准予免向蓉行募股，各該會員銀行據此理由轉覆到會」〔註 107〕。鑒於上述理由，成都市政府訓令銀行公會，對那些已由渝總行統籌認股的蓉行，「免再重募」〔註 108〕。

　　成都銀行公會在組織會員銀行認購興業公司股款時，在銀行與成都市政

〔註 105〕成都市檔案館：104-1-250。
〔註 106〕《重慶銀行函覆成都銀行公會》（1942 年 1 月 17 日），成都市檔案館：104-1-250。
〔註 107〕《銀行公會致成都市政府的呈》（1942 年 7 月 31 日），成都市檔案館：104-1-250。
〔註 108〕《成都市政府訓令》（1942 年 7 月），成都市檔案館：104-1-250。

府之間進行斡旋，並與商會、川康興業公司等進行溝通、交涉，努力擺脫市府對會員銀行的糾纏，從而避免了重複攤派，保護了同業利益。至於成都銀行公會會員最終認購興業公司股款數額，依然為 150 萬元，並如數繳足所認數額，完成了認募任務。

綜觀上述幾個方面，抗戰時期，成都銀行公會站在愛國立場上，積極投身各種捐助活動，資助抗戰事業發展，並在各種捐助活動中發揮了一定的組織、領導和協調作用，其歷史功績應得到充分的肯定。

第三節　抗戰勝利之後

抗戰勝利之初，經濟中心東移，四川經濟陷於蕭條境地。這時成都銀行公會的主要活動包括：一方面在謀求同業發展的前提下，盡力組織會員銀行對工商各業予以貸款支助，以穩定後方經濟形勢；另一方面內戰爆發後，通貨惡性膨脹，面對國民政府肆意踐踏銀行利益的行為，成都銀行公會卻無能為力，不但無法保護會員的利益，而且在政府威力脅迫之下，還強迫會員銀行用金銀外幣兌換形同廢紙的金圓券，使會員利益損失慘重。

一、扶助工商業發展

戰後，國民政府政治、經濟中心東移，許多戰時遷川的工廠開始陸續遷回原址，大後方工業產量急遽下降，中小工廠普遍停業停產，經濟凋敝，百業待興。蔣介石在談到戰後四川經濟狀況時說：「今日四川，無論經濟、社會、教育以及人民生活進步程度，如與抗戰以前，就是與我入川之初的時代相比較，實在是不可同日而語。」〔註109〕國民政府主管當局在 1945 年 9 月給予工業各企業緊急貸款 50 億元法幣，但貸款基本上是給予四川水泥廠、中國紡織公司等資源委員會控制下的官營企業，廣大民營中小企業卻只能望梅止渴。〔註110〕萬般無奈之下，各中小工廠只好求助於各商業銀行。而當時成都銀行業同樣處境艱難，一方面銀行資金短缺，瀕臨停業；一方面中小工廠亟需貸款，嗷嗷待哺。在此兩難情形之下，成都銀行公會積極組織會員銀行設法向工商各業提供貸款支助，如通過成立貸款銀團（第五章有此論述），幫助困難企業渡過難關。

〔註109〕《新蜀報》，1946 年 4 月 25 日。
〔註110〕《中央日報》，1945 年 9 月 7 日。

但因當時抗戰勝利不久，國民政府還未來得及將戰時金融管理體制轉變過來。戰時金融管理體制是一種消極管理方式，對銀行營業範疇、資金運用、及分支行設置等方面都設有重重束縛，致使銀行無法放開手腳，施展其「資金之總匯」的功能，難以向工商各業施以援手。1946 年 8 月，成都銀行公會召開理事會，向政府提出要求：救濟後方工商業以安定金融；財政部應撤銷至少亦應放寬限制銀行增設分支機構的法令；行莊在收復區原設有總分行處的復原時應給予種種便利，未曾設立過的應准優先移設或分設。並且，成都銀行公會還將該提議帶到 1947 年召開的全國銀行公會聯合會上進行討論，獲得通過。

此外，成都銀行公會還竭力維護同業利益。內戰全面爆發後，蔣介石集團加強了對金融資本的掠奪，成都銀行公會從維護本業利益出發，進行了一些應對和抗爭。如 1947 年財政部公佈的經濟緊急措施中，有商業銀行因周轉不靈而停止交換被勒令停業的規定，銀行公會認為偶因周轉不靈即被弔銷執照，未免過於苛刻，要求寬限於半月內自行調整，逾期再行弔銷執照，依法清理。又如 1948 年 8 月和 1949 年 7 月，國民政府先後改革幣制為金圓券和銀圓券，中央銀行成都分行奉命通告各銀行以前發行的各種鎳幣可按面額兌換金圓券和銀圓券，並可作為其輔幣行使，導致兩度發生鎳幣風潮。民間大量鎳幣出籠，向中央銀行擠兌，在市場上搶購商品，情況極為混亂。成都銀行公會召開緊急會議，向當局陳述厲害，採取措施，促使平息。

二、協助推行金圓券

內戰爆發後，國民黨軍政費用開支增長巨大，便仰賴濫發通貨來維持，致使法幣發行額大增，抗戰之前的 1937 年 6 月，總額為 14 億元，到 1946 年竟增至 47000 億元。法幣惡性膨脹，大鈔頻發，本票飛舞，國民政府鑒於法幣貶值太快，幣信喪失，已無法繼續作為市場流通交易的籌碼，乃改變花招，改行金圓券、銀圓券，強迫流通，再三對民間金、銀、外幣瘋狂掠奪。1948 年 8 月 19 日法幣又被宣佈作廢，用金圓券來替代。國民政府不用黃金、白銀、銀元等硬通貨來收回它原先發行的法幣，而是用新的紙幣——金圓券兌換法幣。由於兩者都是不兌現的紙幣，預示著政府可以無止境地濫發，這必然造成瘋狂貶值。在發行金圓券的同時，國民政府還規定金、銀、外幣實行國有，人民不得持有和買賣，銀行、錢莊等金融機構都必須將所保存的金、銀、外

幣按規定比例兌換金圓券。當時政府規定收兌金、銀、外幣的價格比 8 月 19 日前的市價略高一些，使擁有金、銀、外幣者表面上得到一些好處，但實際情形並非如此，因為金圓券貶值的速度比法幣還要快，各銀行用金、銀、外幣兌換的金圓券很快就成為一堆廢紙。所以，強迫金融機構用「硬通貨」兌換金圓券，無疑是一種赤裸裸的掠奪，各銀行礙難接受，竭力拒絕。中央銀行成都分行只好通過成都銀行公會進行催收。1949 年 5 月，成都市銀行、錢業兩公會召開聯席會議，議決如下事項：限制市區金銀出境；嚴格取締金銀市場；各行莊簽發本票須經中央銀行保付後始得流通；公用事業不得拒用金圓券。〔註 111〕在銀行公會的極力勸導下，各銀行、錢莊被迫把大量的銀元、生銀交送成都中央銀行，換成金圓券。隨著金圓券的快速貶值，各銀行、錢莊損失慘重。所以，在協助推行金圓券的過程中，成都銀行公會扮演了不光彩的角色。

總之，內戰全面爆發後，成都金融、外匯政策變化多端，普通商號肆意吸收存款、地下行莊隨處存在、農村高利貸橫行一時，還有黃金潮、鎳幣潮、本票案、拒用金圓券銀圓券的風潮等等接連湧現，清償戰前貸款的問題也掀起風波，此時全川貨幣紊亂至極，金融一蹶不振。在此情形之下，成都銀行公會作為行業自治組織難以有所作為，並迫於政府的威力不得不作出有損於會員利益的行為。

〔註 111〕田茂德、吳瑞雨編：《民國時期貨幣金融紀事（1911～1949）》，西南財經大學出版社，1989 年版，第 408 頁。

第五章　成都銀行公會的對外關係

　　成都銀行公會作為成都市金融市場中的一支中堅力量，在成都市金融行業領域中扮演著一個任何機構都無法取代的角色。但作為社會組織的一員，它的活動必然要超出銀行業本身的業務範圍，不可避免地參與到社會生活的方方面面。首先，銀行公會與它的管理者政府有著天然的聯繫〔註1〕。作為非官方組織，政府希望它能履行好中間調節者的職能，發揮其作為溝通政府與民間二者之間的橋梁作用，協助政府維護金融業的穩定並促進金融業的發展。其次，銀行公會與金融市場中的另外一股力量錢業公會存在緊密聯繫。在成都金融業有關的各種活動中，兩公會常常互相溝通，共同應對，共謀成都金融業的發展。再次，銀行公會還要走出本土範圍積極參與全國金融領域的相關活動，與全國其它地區的銀行公會共商金融大計，為全國金融業的發展建言獻策。無論哪種對外關係，成都銀行公會時刻履行著作為銀行同業組織的基本職能，以盡力維護全國及成都金融市場的穩定為大局，以保護銀行業的根本利益為宗旨，這是其基本職能。

〔註 1〕關於成都同業公會與地方政府之間的關係有不同的看法：李德英認為「成都市同業公會對地方政府有較大的依賴性」，李德英：《同業公會與城市政府關係初探——以民國時期成都為例》，《城市史研究》第 22 輯，天津社會科學出版社，2004 年，第 222 頁；何一民認為「成都市商會及同業公會完全變成了地方政府的工具，而失去了獨立性」，何一民：《變革與發展：中國內陸城市成都現代化研究》，四川大學出版社，2002 年，第 238 頁；李柏槐認為「成都各同業公會與地方政府的關係並不總是融洽和相互依賴的，也並非完全變成政府的工具而失去獨立性，雙方的鬥爭仍然在繼續」，李柏槐：《民國時期成都工商同業公會研究》，四川大學 2005 年博士學位論文，第 157 頁。

第一節　與政府之間的關係

成都銀行公會是在銀行從業者的推動和成都地方政府的引導下建立的。爲使銀行公會能夠按照既有的制度安排履行其自治職能，並協助地方政府行政，國民政府通過立法及其它種種措施對銀行公會進行管理和控制，以最終達到加強對民間社團的管理，鞏固自身的統治基礎，穩定社會的基本秩序等目的。

一、政府對銀行公會的控制

政府〔註2〕對成都銀行公會的控制主要體現在三方面，即立法調控、組織控制及精神控制。

（一）立法調控

銀行公會是在銀行業者的推動和政府的引導下建立起來的，政府對它的管理首先是通過立法和各種措施，對其組織程序、章程內容及改組改選等方面進行調控，使其能夠按照既有的制度安排，履行其自治職能，並協助政府行政。魏文享認爲，南京國民政府對各業公會的立法調控，一方面頒佈普適性的社會團體法規〔註3〕，對各類社團進行原則性的規範，另一方面則以專項性的法規對特定團體進行調控。〔註4〕根據此種觀點，政府對成都銀行公會的立法調控，一方面是普適性的社團立法，主要有國民政府先後制定和頒佈的《國民黨中央民眾訓練計劃大綱》、《訓政時期民眾訓練方案》、《人民團體組織方案》、《修正人民團體組織方案》等眾多法規，其對人民團體的組織原則、組織程序、訓練計劃以及與國民黨、國民政府之間的關係均作了明確規定，力圖建立在國民黨及政府領導下的人民團體體系，以鞏固國民政府的社會基礎。成都銀行公會作爲職業團體，也屬於人民團體之列，自然應受到上述各項法規的制約；另一方面是對特定團體的專項性立法〔註5〕，主要有北京政府

〔註 2〕該政府指南京國民政府和成都地方政府，因對成都銀行公會進行控制的既有南京政府的宏觀立法，也有成都地方政府的相關規則、措施等。同時，也包括銀行公會的各級主管官署，本文將其統稱爲「政府」，特此說明。

〔註 3〕此種法規非單獨針對商會、同業公會等商人團體進行的立法，而是適合所有的社會團體，具有普適性，如《人民團體組織方案》等。

〔註 4〕魏文享：《制約、授權與規範——試論南京國民政府時期對同業公會的管理》，華中師範大學學報（人文社會科學版），2004 年 7 月。

〔註 5〕此種法規只適用於某一特定團體，如《商會法》、《工商同業公會法》等。

頒佈的《工商同業公會規則》及南京國民政府頒佈的《工商同業公會法》、《商業同業公會法》等。這些法規專門對同業公會的組織程序、同業認定、章程內容等方面進行了規定，並細化了同業公會的職責範圍。下文主要論述與銀行公會關係極大的專項性法規。

南京國民政府十分重視對商人團體的立法，「自國府奠都金陵後，首注意於商會問題之解決，由工商部法規討論委員會擬定商會法草案，經立法院議決通過，並同時制定工商同業公會法，頒布施行，以爲組織標準」〔註6〕。1929年8月17日，國民政府財政部公佈了《工商同業公會法》，該法第一條規定「凡在同一區域內經營各種正當之工商業者均得依法設立同業公會」；第三條規定「工商同業公會之設立須有同業公司行號七家以上之發起」，並規定同業公會發起人按照規定訂立章程後，「應造具該同業公會公司行號及其營業主或經理人姓名表冊，連同章程分別呈請地方主管官署轉呈省政府核准設立」；第十四條要求「原有之工商各業團體不問其用公所、行會、會館或其它名稱，其宗旨合於本法第二條所規定者，均視爲依本法而設立之同業公會，並應於本法施行後一年內依照本法改組」，即本法頒佈後各公所、行會、會館、原同業公會或其它名稱的同業團體，均得依本法進行改組、重新登記註冊，如果不依法改組，將不被國民政府所承認。〔註7〕該法的頒行，使同業公會在名稱、章程、組織等方面更爲規範，數量也大幅增加。根據《工商同業公會法》的規定，成都市開始了對同業行幫的改組。1929年12月，成都市政府發出布告「本市工商人等依照國府公佈工商同業公會法，限三月內一律依法改組呈報設立」〔註8〕。由此，成都市拉開了由過去的同業行幫向同業公會改組的序幕〔註9〕。該法的頒行及其後的修訂，使成都各種新式同業組織的設立有了法律基礎，同業公會的改組改選皆能有法可依。因此，《工商同業公會法》也可以看著是成都銀行公會成立的直接法律依據。〔註10〕

〔註6〕工商部工商訪問局編：《商會法、工商同業公會法詮釋》，1930年印行，轉引魏文享：《制約、授權與規範——試論南京國民政府時期對同業公會的管理》，華中師範大學學報（人文社會科學版），2004年7月。

〔註7〕中國第二歷史檔案館編《民國史檔案史料彙編》第五輯第一編財政經濟（八），江蘇古籍出版社，1994年。

〔註8〕《成都市市政公報》第15期，1929年12月24日。

〔註9〕李德英：《同業公會與城市政府關係初探——以民國時期成都爲例》，《城市史研究》第22輯，天津社會科學出版社，2004年，第228頁。

〔註10〕本文在第二章已有相關論述。

　　成都銀行公會的籌備、成立、改組、改選等每一步都離不開國民政府的專項性法規調控。成都的銀行錢業原來被稱爲銀行錢業幫，後來分開爲兩幫：一個是兌換銀錢的換錢鋪、換錢攤組成的錢幫，隸屬成都市商民協會領導；一個是以經營匯兌存放的銀號、錢莊、票號、字號組成的匯兌銀錢幫，隸屬總商會領導。1930 年奉令改組時，因錢幫商家多兼營油米、雜貨、彩票、紙煙等業務，所以其與油米業合併組成油米錢業同業公會，而銀錢幫獨自改組成銀行錢業同業公會〔註11〕。1934 年，川局穩定後大批的渝幫銀行來蓉開設分支行，成都的銀行數量達到 7 家，根據《工商同業公會法》的規定可以成立成都市銀行業同業公會。同年 5 月 20 日，成都市銀行業脫離銀行錢業同業公會，單獨成立成都市銀行業同業公會。7 月 10 日，成都市錢莊、銀號、字號也單獨組成成都市錢業同業公會。由此可見，《工商同業公會法》爲成都銀行公會的成立奠定了法律基礎。

　　1930 年 1 月國民政府公佈了《工商同業公會法施行細則》，其中第八條規定「公會經省政府或隸屬行政院之市政府核准設立後，須轉報工商部備案」〔註12〕。根據此條規定，成都銀行公會行政管理機關爲成都市政府〔註13〕，銀行公會的發起成立、章程的制定修改及公會人員的變動等，均須呈報成都市政府核准，並轉報工商部備案。1934 年 4 月，成都銀行公會在組織籌備時，先由發起人呈請成都市人民團體指導委員會鑒核備案，即「本市銀行同業現有中國、聚興成、美豐、川鹽、川康、重慶、四川地方等七家，已足法定人數，應照國民政府公佈之工商同業公會法正式組織成都市銀行業同業公會」〔註14〕，呈請許可成立，並予鑒核備案。

　　1934 年 5 月，成都銀行公會成立後，便以據相關規定將公會章程、會員

〔註11〕 參見李柏槐：《民國時期成都工商同業公會研究》，四川大學博士學位論文，第 51 頁。

〔註12〕 中國第二歷史檔案館編《民國史檔案史料彙編》第五輯第一編財政經濟（八），江蘇古籍出版社，1994 年。

〔註13〕 關於同業公會的主管官署，在北京政府時期，中央是農商部，在省市爲地方政府。在南京國民政府時期則比較複雜，在政府系統，中央爲社會部，在省爲社會處，在直轄市爲社會局，在地方爲縣政府。但黨部所轄的各級民眾訓練委員會對同業公會也有管理權。參見魏文享：《制約、授權與規範——試論南京國民政府時期對同業公會的管理》，華中師範大學學報（人文社會科學版），2004 年 7 月。

〔註14〕 《呈請成都市人民團體指導委員會鑒核》（1934 年 4 月），成都市檔案館：104-1-188。

表冊、代表名冊、職員選舉事宜及正式成立情形等向成都市政府呈報，請求備案〔註15〕，並呈請成都市政府「轉呈各主管官廳」〔註16〕。可見，成都銀行公會是在國民政府的立法調控下自主建立起來的。並且其成立之後的活動目的、方式、內容等，都要自覺接受國民政府相關法律法規的監督與指導。

　　1938 年 1 月，國民政府重新頒佈了《商業同業公會法》、《工業同業公會法》及《輸出業同業公會法》。這三部新法與前頒《工商同業公會法》相比，主要有以下幾點不同：第一，《商業同業公會法》將商業同業公會的發起人由原來的七家降低爲三家以上即可組織同業公會，《工業同業公會法》、《輸出業同業公會法》則將發起人降低爲兩人。發起人數的降低是爲了讓更多的工商業者加入公會，以便於接受政府的控制。第二，上述三部法律均有相關內容明確規定了同業公會的「法人」身份。〔註17〕而 1929 年的《工商同業公會法》沒有就同業公會的性質作明確的規定。〔註18〕第三，對同業公會法定職責的規定有所變化，比原來更加細化、專業化。比如，《商業同業公會法》規定同業公會的職責是：關於會員商品之共同購入、保管、運輸及其它必要之設施；關於會員營業之統制；關於會員營業之指導、研究、調查及統計。其中，在履行「關於會員營業之統制」的職責時，需擬訂計劃書，並「經會員三分之二同意，呈請縣市政府核准」〔註19〕。顯然，新頒《商業同業公會法》加強了同業公會在實施經濟統制方面的職責，這是抗戰的需要。根據上述新頒各法內容的變化，各同業公會先後依法實施新的改組，公會名稱由原來的「成都市 XX 業同業公會」更改爲「成都市 XX 業商業同業公會」，中間增加「商業」兩字。1939 年 8 月 29 日，國民黨四川省成都市執行委員會及成都市政府聯合向成都銀行公會發出改組訓令，「查本市商會及各業公會改組事宜前奉省

〔註15〕《爲公會正式成立職員選舉完竣呈報備案事》（1934 年 5 月），成都市檔案館：104-1-188。

〔註16〕《爲遵令改具會員名冊及當選委員名冊並繕具章程覆懇備案事》（1934 年 5 月），成都市檔案館：104-1-188。

〔註17〕《商業同業公會法》、《工業同業公會法》、《輸出業同業公會法》（1938 年 1 月 13 日），《中華民國國民政府公報》第 31 冊，（臺灣）成文出版社有限公司，1972 年。

〔註18〕李柏槐：《民國商會與同業公會關係探析——以 1929～1949 年的成都市爲例》，《四川師範大學學報（社科版）》，2005 年 3 月。

〔註19〕《商業同業公會法》（1938 年 1 月 13 日），《中華民國國民政府公報》第 31 冊，（臺灣）成文出版社有限公司，1972 年。

令業經轉飭遵照在案，茲爲早日改組健全用符功令起見，特遵照中央新頒法令，參酌本市實際情形，會同商定各業公會，一體遵照辦理，並限定於本年九月底改組完竣，以便著手市商會改組事宜」，要求成都銀行公會「剋日進行籌備，依限改組完竣，仍將遵辦情形，隨時具報，查改爲要！」〔註20〕。奉上述指令，成都銀行公會著手進行改組。1939 年 11 月 24 日，公會主席丁少鶴呈報成都市政府有關改組進展情形，「查本會此次奉令改組，業已依照程序將許可證書呈繳中國國民黨四川省成都市執行委員會，請予換發新許可證書，並經登記公會會員，……茲由本會會員銀行公同議決，定於十二月八日午後二時在本市中新街川鹽銀行內，召集成立大會選舉執監委員，特將會員登記名冊隨文附送」，並請成都市政府「先期公告，並予派員屆時蒞會指導，實爲德便」。〔註21〕

12 月 8 日，成都銀行公會如期召開改組大會，並選舉產生改組後的第一屆執監委員，並將公會名稱「成都市銀行業同業公會」改爲「成都市銀行商業同業公會」。之後，公會將本次改選情形分別呈報給中國國民黨四川省成都市執行委員會和成都市政府請予備案，並函知重慶市銀行商業同業公會、成都市商會「一體週知」〔註22〕。

綜上觀之，成都銀行公會的成立、改選、改組等活動必須依法進行，有賴於政府的立法調控。離開政府的立法調控，銀行公會及其會員銀行的行爲就會失去規範、約束、指引和保障，這樣既無法維護政府的權威，也無法保障會員的利益。

（二）組織控制

政府對銀行公會的組織控制首先體現在公會的註冊管理方面。1929 年，國民政府頒佈的《工商同業公會法》對註冊程序的規定是，同業公會之發起必需呈請「特別市政府或由地方主管官署轉呈省政府核准設立」〔註23〕。強調註冊程序的合法性，即在組織籌備之時就要接受政府的合法性審核，以避

〔註20〕《中國國民黨四川省成都市執行委員會、成都市政府訓令（社字第 07 號）》（1939 年 8 月 29 日），成都市檔案館：104-1-223。
〔註21〕《呈爲擬定成立大會日期及地點選送會員登記名冊當祈公告並派員蒞會指導以便改選事》（1939 年 11 月 24 日），成都市檔案館：104-1-188。
〔註22〕成都市檔案館：104-1-223。
〔註23〕中國第二歷史檔案館編《民國史檔案史料彙編》第五輯第一編財政經濟（八），江蘇古籍出版社，1994 年。

免組織游離於體制之外。審核是註冊管理中的重要環節，只有通過審核，公會才能取得合法地位。根據《凡商會及工商同業公會呈報組織或改選時應具手續說明書》，政府對同業公會審核手續的規定較爲嚴格，即同業公會「組織時：（一）應先報請當地高級黨部許可指導，呈報備案時並將許可證號數敘明；（二）呈報備案時應造具章程、會員名冊及當選委員名冊各四份，依次呈轉，不得逕自呈部；（三）成立日期及委員就任日期，均應於呈文內敘明」〔註24〕。以上規定說明註冊管理是組建新的同業公會的重要程序，它是政府加強同業公會控制的重要手段。1934 年成都銀行公會籌備組織時就先向中國國民黨成都市人民團體指導委員會辦事處呈請審核、許可給照。後經人民團體指導委員會審核「尚無不合，准予發給許可證書」，並指令成都銀行公會籌備委員會「推派代表，隨帶私章，來處承領」〔註25〕，放准成立。

其次，政府對銀行公會組織上的控制還體現在對銀行公會設立及改選時所進行的直接監督和指導方面。爲了監督檢查銀行公會的會務開展情況，政府部門運用較多的監管手段是派員進行直接監督。銀行公會在召開會員大會前一般會報知地方政府和主管官署，等會議召開時政府與主管官署則派員參加。但銀行公會日常的理事會議或監事會議大多獨立舉行，政府派員監督的情況不多。1934 年，成都銀行公會正式召開成立大會之前，懇請成都市政府和人民團體指導委員會「屆時派員監視指導」〔註26〕。銀行公會成立當天，成都市政府監選委員楊天一、人民團體指導委員會委員植久安應邀蒞會，對銀行公會的成立過程進行現場監督和指導。

銀行公會改選時也需將改組後的公會章程及會員、委員名冊等向成都市政府呈報備案。規定「上屆章程，如經令飭改正或議決修正者，應與會員委員名冊一併具報，並均須蓋用該會等圖記；黨政機關監選人姓名，應於呈文內敘明；上屆各委員，如經過補選，因有特殊情形未及呈報者，亦應於呈文內詳細申明；改選日期及委員就任日期，均應附報」〔註27〕。可見，公會改

〔註24〕《凡商會及工商同業公會呈報組織或改選時應具手續說明書》，成都市檔案館：104-1-188。

〔註25〕《中國國民黨成都市人民團體指導委員會辦事處指令》，成都市檔案館：104-1-188。

〔註26〕《呈爲正式成立同業公會，懇請派員監督指導》，成都市檔案館：104-1-188。

〔註27〕《凡商會及工商同業公會呈報組織或改選時應具手續說明書》，成都市檔案館：104-1-188。

選的每一步都要向成都市政府和相關主管官署呈報，以接受監督和指導。如果所呈章程存在問題，成都市政府就會提出修改意見。1935 年成都銀行公會向成都市政府呈報改組後的公會章程及會員、委員名冊，呈請核準備案。成都市政府就公會委員改選和章程修改等問題提出自己的意見，「該會會員名冊大致尚無不合，惟章程第六條『由本會會員二人以上之介紹』句內應於會員下加『代表』二字，第十六條『應改選者』四字應刪，第二十『五』內之五字應改爲『四』字，第三十條『以會員過半之出席代表過半之同意行之』句內出席下應加添『出席』二字，第三十二條內之『一』字應改爲『二』字，再該會章程內凡委員上均應加『執行』二字方與法令相符」，並要求銀行公會「即便遵照更正，繕呈五份來府以憑核轉」〔註 28〕。上述修改意見，看似小事，無關宏旨，但卻反映了政府對銀行公會的改組、監管是比較嚴格的。

抗戰期間，國民政府爲加強社會控制，需要充分發揮同業公會的行業管理職能，不但實行職業團體強制入會和限制退會辦法〔註 29〕，而且還令農工商團體非常時期暫緩改組，維持現狀，以保持會員處於公會的管理之下。1938年 6 月，成都市政府向各業公會轉發了國民政府行政院頒行的《非常時期農工商團體維持現狀暫行辦法》，要求所有農工商團體「會員大會之舉行及職員之選舉，均延期辦理，在延期內原有職員不得解除責任」，違背該項規定者「其決議及改選無效」。〔註 30〕1938 年 8 月 18 日，成都銀行公會接到中國國民黨成都市人民團體臨時指導委員會第 441 號訓令，要求銀行公會「暫緩舉行改選或改組」〔註 31〕。這有政府在非常時期的強制干涉之嫌，但礙於政府威力，各公會也只能接受。

第三，政府對銀行公會各會員銀行開設分支行方面的限制也是組織控制的體現。爲維護金融秩序、規範金融市場，國民政府嚴格限制銀行擅自開設分支行處。1935 年 9 月成都市政府轉發財政部通令，「應隨時注意監督，至核准註冊之銀行如在各省市設立分支行處時，應將本部核准註冊及分行設立文

〔註 28〕 《成都市政府訓令（市字第二六令號）》（1935 年），成都市檔案館：104-1-190。
〔註 29〕 《非常時期職業團體會員強制入會與限制退會辦法》（1938 年 4 月 21 日），成都市檔案館 38-11-562。
〔註 30〕 《非常時期農工商團體維持現狀暫行辦法》，《四川經濟月刊》第 10 卷第 1 期，1938 年 7 月。轉引李柏槐：《民國時期成都工商同業公會研究》，第 187 頁。
〔註 31〕 《中國國民黨成都市人民團體臨時指導委員會第 441 號訓令》（1938 年 8 月 18 日），成都市檔案館：104-1-214。

件，攝製影片，送呈地方政府查核備案；其有未經呈奉核准，擅自設立分支
行處者，並應請由地方政府轉聯本部核辦，以符法令，而便稽查」。可見，開
設分支行必須要經過當地政府的備案，否則即為違法。成都市政府訓令銀行
公會「准照查明，本市如有未經呈奉財政部核准擅自設立分支行處者，列表
具報來府，以憑核轉」〔註32〕。奉此訓令，成都銀行公會對各會員銀行的註
冊、領照等情況進行調查摸底，統計如下：

表 5-1：成都銀行公會會員註冊、領照情形調查統計表（1935 年 9 月）

會員牌號	營業主或經理人	行員人數	註冊及領照概況	行　　址
重慶銀行成都分行	宴仲光王伯楨	25	領有財政部銀字第 189 號執照及實業部新字第 277 號執照	春熙路
川康殖業銀行成都分行	康心遠沈仁波	不詳	總行曾向財政部呈准並給有執照備查	南新街
川鹽銀行成都分行	胡信成	9	渝總行呈報財政部核准註冊	署襪中街
中國銀行成都支行	孫祖瑞	29	本行希係經政府之特許為國際匯兌銀行並領有條例在案	東御街
聚興誠銀行成都分行	黃墨涵	40	總行係 22 年 7 月呈奉財政部核准補行註冊，領有第 148 號營業執照	華興街
四川美豐銀行成都分行	胡濬泉	10	本行業經總行呈報財政部核准在案，奉有 23 年 4 月 1 日印錢字第 1186 號批文	署襪中街57 號
四川商業銀行	--	--	本行於 21 年 10 月在財政部註冊，領有銀字第 155 號執照	--

資料來源：參見成都市檔案館：104-1-190，第 53、54 頁；《民國時期四川貨幣金融紀
事（1911～1949）》，第 121 頁；《重慶金融》（上卷），第 234 頁。

上表調查結果顯示，各分支行處都經註冊在案，領有營業執照，皆屬合
法分支行處。

此外，為加強對各地銀錢業同業公會管制機能，1942 年 5 月 7 日，財政

〔註32〕《成都市政府訓令（市字第九七八號）》（1935 年 9 月 9 日），成都市檔案館：
　　　　104-1-190。

部通令各地健全銀錢業同業公會組織，特規定以下三條內容〔註33〕：（一）各地銀錢業同業公會，應將章程、會員名冊、職員略歷表，呈報本部備查；（二）各同業公會，對於當地未經依法註冊之銀錢行莊及未經報准設立之分支行號，應不准其加入公會，其已經註冊或報准設立者，應依照非常時期職業團體強制入會於限制退會辦法之規定，強制其入會；（三）各地商號，如有私營存款、儲蓄、匯兌等銀行業務者，應由當地銀錢業同業公會，隨時檢舉，報部取締。成都市政府將此通令轉發給銀行公會，令其「遵照辦理，具報爲要」，並要求銀行公會將會員名冊「另擬表式，造呈侯核」〔註34〕。5 月 25 日，銀行公會致函各會員銀行「迅將註冊證書或開業執照等項證明文件，查明證件字號及奉到日期，從速賜覆過會，以便彙報」〔註35〕。此後，銀行公會根據各會員函覆的相關內容製成「成都市銀行業同業公會會員銀行調查表」，呈報成都市政府轉財政部備案。

表 5-2：成都市銀行業同業公會會員銀行調查表（1942 年）

名　稱	經理姓名	總行資本額	開業年月	是否註冊及證書或奉文字號	營業種類
中國銀行成都支行	楊康祖	官股、商股各兩千萬元	民國元年	由總行辦理	政府特許之國際匯兌銀行
交通銀行成都分行	金銳新	官股兩千萬，商股一千萬	民國 27 年 6 月	由總行辦理	政府特許爲發展全國實業銀行
農民銀行成都支行	寧向南	官股一千萬元	民國 24 年 11 月	由總行辦理	存放匯兌儲蓄農貸節約建國儲蓄
四川省銀行成都支行	周潛川	官股、商股各兩百萬元	民國 23 年 2 月	由總行辦理	存放匯兌儲蓄及其它銀行應有業務
西康省銀行成都辦事處	劉榮卿	官股三百五十萬元	民國 27 年 3 月	由總行辦理	存放匯兌儲蓄及銀行應有一切業務

〔註33〕《訓令各地健全銀錢業同業公會組織文》（1942 年 5 月 7 日），財政部渝錢稽字第 29009 號訓令。《金融法規大全》，1947 年 8 月，四川省檔案館 6.38/3。
〔註34〕《成都市政府第 217 號令》，成都市檔案館：104-1-241。
〔註35〕《銀行公會致各會員銀行函》（1942 年 5 月 25 日），成都市檔案館：104-1-241。

名　　稱	經理姓名	總行資本額	開業年月	是否註冊及證書或奉文字號	營業種類
上海銀行成都分行	唐慶永	商股五百萬元	民國 27 年 4 月	27 年 7 月 28 日註冊，有經濟部設字第 17 號執照	同上
金城銀行成都分行	鄧君直	商股一千萬元	民國 26 年 11 月	由總行辦理	同上
川鹽銀行成都分行	胡信成	商股六百萬元	民國 23 年 2 月	由總行辦理	同上
重慶銀行成都分行	婁仲光	商股五百萬元	民國 22 年 8 月	由總行辦理	同上
聚興誠銀行成都分行	陳梓材	商股四百萬元	民國 3 年	由總行辦理	同上
美豐銀行成都分行	沈仁波	商股一千萬元	民國 22 年 12 月	由總行辦理	同上
川康銀行成都分行	衷玉麟	商股一千萬元	民國 26 年 9 月	由總行辦理	同上
和成銀行成都分行	殷靜僧	商股兩百萬元	民國 27 年 1 月	由總行辦理	同上
成都商業銀行	黃康侯	官股十三萬元 商股八十七萬元	民國 27 年 7 月	領有財政部銀字 323 號及經濟部新字 314 號執照	同上
通惠銀行成都分行	葉漢卿	商股三百萬元	民國 29 年 3 月	總行領有財政部銀字 340 號及經濟部新字 334 號執照	同上
大川銀行成都分行	熊覺夢	商股三百萬元	民國 29 年 7 月	領有財政部銀字 315 號執照	同上
裕華銀行成都辦事處	李自箴	商股五百萬元	民國 29 年 7 月	由總行辦理	同上
濟康銀行成都分行	孫卓章	商股二百五十萬元	民國 30 年 7 月	領有財政部銀字 366 號執照	同上
長江銀行成都分行	程英祺	商股兩百萬元	民國 30 年 11 月	總行領有財政部銀字 356 號執照	同上

資料來源：成都市檔案館：104-1-241，整理而成。

綜合以上論述，可以看出成都銀行公會的成立、改組、人事改選、分支行的開設、會員出入會的管理及公會組織的完善等都是在政府的監督下進行的，這樣可以將公會納入政府的嚴密組織控制之中。特別是在抗戰期間，由於社會經濟發生了巨大變化，銀行對國民經濟的影響和作用日益增強，加強對銀行公會的組織控制可以增強戰時政府的宏觀調控能力，使銀行更好的服務於抗戰需要。

（三）精神控制

南京國民政府時期，國民黨採取了多項措施加強對各業公會內部的滲透與控制。除了在組織上控制公會外，還注重對其實施精神訓練。特別在抗戰期間，國民黨更加強調對各業公會「灌輸本黨主義及革命精神」，用以提高商人團體的民族意識，鼓勵其抗戰情緒。同時，為了籠絡工商界優秀分子，國民黨大肆吸收工商界優秀分子入黨，這也是加強精神控制的一種表現。〔註36〕。

1935年，四川省組織成立了「公民訓練委員會」，要求各工商團體舉辦「公民訓練班」，向公民「灌輸軍事常識，增進生活技能」。1935年11月底，成都市各同業公會紛紛組織「公民訓練班」。到1935年12月底，僅僅一個月時間，成都市共組織訓練班四十九所，各業公會受訓學員達四千餘人。各同業公會還成立了「聯合辦事處」，負責協調各公會的公民訓練工作。〔註37〕在這次公民訓練活動中，成都銀行公會與錢業公會聯合舉辦了商訓班，對會員和職員進行黨化教育和專業知識的培訓。成都銀行公會共派出二十名代表參加，其中中國、聚興誠兩行各四人，其餘六行各兩人〔註38〕。銀行公會公推聚興誠銀行襄理葉亞男為本會副教育長行政管理員，專門管理銀行公會所派代表的訓練事宜〔註39〕。為達到整齊劃一併培養參訓人員軍事意識的目的，成都銀行公會規定

〔註36〕《督導重慶市商人運動實施方案》，1940年5月16日第五屆中央常務委員會第147次會議備案，《中常會議紀錄》（三十），廣西師範大學出版社，第77頁。轉引魏文享《民國時期工商同業公會研究（1918～1949）》，第68頁。

〔註37〕《工商團體成立訓練班》、《各商幫公民訓練班紛紛組織成立》、《外東商團兩訓練班舉行開學典禮》、《各行業公民訓練班舉行大檢閱》、《本市訓練班計四十九所各業受訓學員四千餘人》《各業公民訓練班成立聯合辦事處》，《新新新聞》1935年11月21日、12月2日、11月3日、12月26日、12月31日。《各業公會訓練班籌備就緒》、《新四川日報》1936年2月7日。轉引李柏槐《民國時期成都工商同業公會研究》，四川大學博士學位論文，第200頁。

〔註38〕《致各銀行》（1935年11月25日），成都市檔案館：104-1-191。

〔註39〕《致陳益延》（1935年11月26日），成都市檔案館：104-1-191。

各行參訓人員統一著裝，鞋子用青色帆布，襪子用青色線襪〔註40〕，要求所有受訓各學員須於十二月一日午前九時全副武裝，齊集城守東大街中城小學操場，分編入隊，聽候檢視〔註41〕。在培訓中，既有專業知識的訓練，也有黨國意識的灌輸。通過嚴格訓練，既提高了職員的業務能力，利於行業發展，又向他們灌輸了軍事意識、服從意識，有利於實施精神控制。

1939 年 3 月 11 日，國民政府國防最高委員會組織成立了「國民精神總動員委員會」，在全國範圍內開展了國民精神總動員運動。該運動與當時正在進行的新生活運動相配合，對全體國民進行社會紀律化、國防科學化、生活現代化的「三化」教育，培養國民「國家至上，民族至上」的思想意識。為貫徹此種思想，加強精神控制，國民政府要求各業公會新選及改選後的當選人員必須進行就職宣誓，宣誓詞為：「余誓以至誠實行三民主義，遵守國家法律，服從政府命令。益謀增進同業利益，如有違背誓詞，願受最嚴重之處分，謹誓。宣誓人 XXX。」〔註42〕通過就職宣誓，可以喚起當事人的愛國意識，增強認同感，更利於精神上的控制。同時，為加強對工商各業的管制，服務於抗戰大局，國民政府對各工商團體進行了整改、重新登記、換發許可證書等，並要求各團體「在此非常時期，對於所加之約束應深刻理解，總以國家至上、民族至上為最高原則，以完成復興民族根據地所負爭取最後勝利之任務」〔註43〕。根據國民政府的要求，成都銀行公會於 1939 年底進行了整改。經整改、登記、審查合格後，領有「人民團體組織許可證書」一份。證書內容如下：

人民團體組織許可證書〔註44〕

市字第五十五號

兹據丁少鶴等申請許可組織成都市銀行商業同業公會，經本會派員視察，認為合格，應准依法組織，並應遵守下列事項，合給此證為憑。

計開：

一、不得有違反三民主義之言論及行為

二、接受中國國民黨之指導

〔註40〕 《致各銀行》（1935 年 11 月 27 日），成都市檔案館：104-1-191。
〔註41〕 《致各銀行》（1935 年 11 月 29 日），成都市檔案館：104-1-191。
〔註42〕 《當選人員誓詞》（1939 年），成都市檔案館：104-1-223。
〔註43〕 《中國國民黨成都市執行委員會為對本市各民眾團體實行總檢查整理告各界民眾書》（1939 年），成都市檔案館：104-1-8。
〔註44〕 成都市檔案館：104-1-223。

三、遵守國家法律，服從政府命令

四、團體會員以法律所許可之人為限

五、有反革命行為被告發、及受剝奪公權處分者，不得為會員

六、除例會外各項會議須得當地高級黨部及主管官署之許可，方可召集。

七、違反上列規定者應受法律所規定之處分。

中國國民黨四川省成都市執行委員會

書記長：陳紫輿

　　該許可證書所規定的各條應遵守事項，既說明了國民政府對改組後的成都銀行公會組織管制地更加嚴格，也說明對其精神上的控制進一步加強。

　　此外，吸收工商界優秀分子入黨，用國民黨黨義馴化工商界人士也是政府加強對同業公會思想控制的一種表現。1940 年 9 月中國國民黨成都市執行委員會以第 562 號訓令要求「各同業公會各職員會員之優秀分子其未入黨者，應約集到會，填具入黨申請書，其已經入黨並領有正式黨證者，應查明冊報」〔註45〕。並令飭各公會職員商定日期，攜帶相片私章，一同前往中國國民黨成都市執行委員會，辦理入黨手續。隨後，中國國民黨成都市執行委員會致函成都銀行公會主席丁少鶴，要求動員公會職員優秀分子入黨，即「貴會改組後，職員均繫優秀份子，歡迎參加本黨，共同努力革命工作，用特函達，請煩轉致各同人準備二寸半身相片三張，於九月二十八日隨帶私章到會，以便填具申請書，申請上級黨部，照准加入為要！」〔註46〕。為鼓勵職員入黨，成都銀行公會於 9 月 21 日召開臨時會議，會議表決「凡本公會之職員及會員代表，均應一律入黨，定期於九月二十八日午後二時，各帶私章及相片三張，齊往市黨會辦理入黨手續。至各銀行行員其自願加入者均請一同前往，並無限制」。〔註47〕9 月 28 日，成都銀行公會如期將本公會職員中未入黨的優秀分子集約至中國國民黨成都市執行委員會辦理入黨手續，並將已入黨領證者列表呈報，以備核查。

〔註45〕成都市檔案館：104-1-231。

〔註46〕《中國國民黨成都市執行委員會函銀行公會主席丁少鶴》（1940 年），成都市檔案館：104-1-231。

〔註47〕《銀行公會致各銀行函》（1940 年 9 月），成都市檔案館：104-1-231。

表 5-3：成都銀行公會職員已經入黨領證人員一覽表

姓　名	黨證號數	備　考
沈孝純	特字第 64980 號	--
寧喬齡	川字第 18363 號	民 16 年在北平入黨，民 21 年 8 月中央發下證書，並於上年參加成都市黨員總報到
劉榮卿	川字第 450 號	黨證係 19 年 4 月補發，已在本市參加總報到
唐心一	川字第 17702 號	黨證係 21 年 8 月份奉發，已經在本市參加總報到
萬練百	定字第 561 號	黨證係 28 年奉發
楊正藍	--	已領有黨證，因疏散省外號數待查
鄧微心	第 17488 號	係民 17 年入黨
曾紫霄	--	係民 11 年入黨，領有黨證，因疏散省外號數待查
朱伯英	第 22224 四號	係民 21 年入黨
黃漢勳	第 20 號	別號慶雲係民 21 年 9 月入黨
吳俊	蜀字第 39224 號	別號才子係民 19 年 4 月入黨

資料來源：《成都銀行公會呈中國國民黨成都市執行委員會》1940 年 9 月 28 日，成都市檔案館：104-1-231。

綜合上述各點，國民政府對成都銀行公會的控制是加強其統治的必然要求。抗戰期間，國民黨對各職業團體的控制逐步強化，成都銀行公會也不例外。通過強化各種控制方式，使成都銀行公會在政府預設的軌道上運行，而不會脫離國民黨的「股掌」之外。

二、銀行公會與政府之間的矛盾

銀行公會作為同業組織是各會員利益的代表，以維護同業的根本利益為宗旨。作為民間組織，在會員與政府之間，同業公會盡力表現著「中立」的姿態，頗能「一手托舉兩家」。但作為自治團體，同業公會又具有一定的獨立自主性，未能完全屈服於政府的強權管制，因此，在一些經濟、政治活動中，同業公會與政府之間不可避免的會發生利益衝突。當然，這種矛盾不可能是激烈地、正面地交鋒，更多是表現為一種「柔性」的博弈。當矛盾發生時，同業公會往往會通過採取應對措施，向政府反向施加一定的壓力，盡量為同業爭取利益；或者是消極地應對政府的要求，通過政策的變通來減少會員損

失，維護同業利益，將矛盾予以化解。

　　成都銀行公會作為政府金融政策的支持者，配合國民政府管理金融市場、維護金融市場的正常秩序是其重要職責。但當政府的某項政策有失公允、危害到金融業的合法利益時，成都銀行公會就會代表同業出面與政府交涉，請求予以修改。由於沒有更多的資料顯示成都銀行公會與政府之間的衝突，因此這裏對此不做過多的闡釋，僅舉以下個案以示說明。

　　1943 年 4 月，國民政府公佈新頒所得稅法，將原所得稅法個別條款予以修正，其中第六條規定「第三類所得如為政府發行之證券及國家金融機關之存款儲蓄所得，其稅率為百分之五，其它非政府發行之證券及存非國家金融機關之存款儲蓄所得，其稅率為百分之十」，「第三類所得稅自四月份起，應依照新定稅率按月繳清」。4 月 15 日，財政部川康直接稅局成都分局將新頒所得稅法轉發給成都市銀行、錢業兩公會，要求「遵照辦理」〔註48〕。該法對扣繳存款所得稅率之規定，將政府與非政府證券、國家金融機關與非國家金融機關儲蓄存款，加以區別對待，有失公允。成都銀行公會擔心「法令失平，致起糾紛」〔註49〕，遂於 4 月 28 日致函成都市商會，表達對此項規定的質疑，並提出三點理由：（一）扣繳銀錢號莊存款利息所得稅原係按百分之五計算，除以壹分提作銀行號莊手續費外實繳稅款百分之四。而新頒所得稅法對於政府證券及國家金融機關之存款儲蓄所得稅為百分之五，對於商家、銀行、號莊之存款儲蓄所得稅為百分之十，輕重懸殊。政府立法本旨係為限制遊資起見，但商家、銀行遵奉政府管理法令接受存款，原為吸收遊資，以扶助生產建設等事業，故必須存款充裕方能活潑金融。自上年依照政府平抑利率辦法切實奉行以來，蓉市利率較諸他埠獨低，市面資金逃避至今尚未回覆，今若在此微薄利息中再予加重所得稅率，則存戶所得利息更微。人情惟利是趨，資金勢必更加逃避，萬一存戶因此裹足，一變而為私人借貸，則商家、銀行斷絕現金來源，市面金融誠恐立見恐慌，此不能不陳述者一也。（二）商家、銀行、號莊在政府嚴格管制之下，凡所吸收存款皆係依照法令運用，以扶助生產建設為職志，實為國家金融機關之輔助。若商家、銀行、號莊貨幣流通，則國家金融機關自可互資周轉；若商家、銀行、號莊現金缺乏，亦恐於國家

〔註48〕成都市檔案館：104-1-269。
〔註49〕《成都市錢業商業同業公會致銀行商業同業公會函》（1943 年 4 月 21 日），成都市檔案館：104-1-269。

金融機關不無連帶之影響。由是觀之，商家、銀行、號莊與國家金融機關其資金雖有公私之別，其扶助生產建設則係同一立場，其存款儲蓄之所得，似亦應一律扣稅，以維現金之來源。今商家、銀行、號莊存款儲蓄所得扣稅特別加重，一般存戶不明法令，多疑爲商家、銀行、號莊漁利中飽，每日因此發生糾紛者，指不勝屈，今爲互維公私業務計劃，爲徹底扶助生產建設計，應將公私存款儲蓄一律扣稅，俾無軒輊，方能充裕後方之資源，堅實抗戰之力量，此不能不陳述者二也。（三）至於直接稅局通知存款利息所得稅自四月份起徵一節，各銀行號莊係四月十五日始行奉到通知。在此法令新頒之初，存戶對於新增稅率，尚多未能明瞭，驟予執行，尤多困難，若再追溯既往，決難辦到，但稅局之通知既明定起徵月份，而商家、銀行、號莊對於存戶又無強迫權力，實覺左右爲難，此不能不陳述者三也。

　　以上三點皆爲成都市商家、銀行、號莊的「實在情形」，不能不加以考慮。因此，成都銀行公會函請成都市商會轉呈各主管官署，對該法第六條規定予以修正，「以昭公允」。〔註50〕隨即成都市商會代向財政部致呈「銀行錢商兩業會函轉請修正新頒所得稅法第六條賜准公私存款儲蓄一律扣稅一案由」。6月26日，財政部給予批示，將新頒所得稅法第六條所規定的「非國家金融機關證券、存款儲蓄所得稅徵課百分之十」一案，暫緩徵收，「仍照舊稅率按百分之五徵課」，「各會員行對於存款利息所得稅應一律按規定稅率百分之五扣取，除撥留百分之一爲扣繳機關手續費外，仍照舊率百分之四轉繳稅局，以符原案」。顯然，財政部同意將所得稅率降爲百分之五。7月16日，成都市商會將該批覆轉發給銀行公會「遵照辦理」〔註51〕。成都銀行公會的請求得到財政部的同意。從本質上看，銀行公會與政府的共同點或者聯繫的基礎在於維繫發展工商經濟所必須的社會經濟秩序。當時正值抗戰後期，成都各銀行資金捉襟見肘，財政部制定存款所得稅率不得不考慮成都市的「實在情形」，答應銀行公會要求降低稅率的請求，以維持成都的社會經濟秩序。在上述過程中，銀行公會與政府之間並沒有出現充滿「火藥味」的衝突，僅僅是由銀行公會代表其會員向政府反映意見，提出請求。儘管如此，從某種意義上來說，成都銀行公會與政府之間的這種沒有「硝煙」的衝突也是雙方利益博弈中的一種矛盾關係的表現。

〔註50〕《成都銀行公會致市商會函》（1943年4月28日），成都市檔案館：104-1-269。
〔註51〕《成都市商會函覆市銀行公會》（1943年7月16日），成都市檔案館：104-1-269。

總之，成都金融市場的穩定、規章制度的完善都離不開政府及其職能部門的支持和領導，而政府各項金融法規的頒行往往又需要通過金融公會去貫徹實施。所以，雙方在這一過程中必然會產生一種互動，凡是有利於銀行業利益的政策、法令，銀行公會會積極地配合；相反，如果危及銀行業整體利益時，它會據理力爭，呈請修改，以維護銀行業的整體利益。可以說銀行公會與政府之間是一種合作衝突的互動關係。

第二節　與錢業公會之間的關係

錢莊、銀號是一種舊式的金融機構。在舊中國的金融界，錢莊、銀號代表傳統力量，銀行則代表現代資本主義經濟的產物〔註52〕。傳統與現代是矛盾的統一體，二者之間既排斥競爭又合作共生。近代以來，在中國的金融市場上，錢莊、銀號與銀行能夠並存並有相當程度的發展，是因為在中國的經濟變革中，作為舊式金融機構的錢莊較早與年輕的資本主義經濟成分有了聯繫，導致其性質出現變化，部分地完成自我改造，從而獲得了新的發展空間並成為中國金融領域的一支重要力量。從競爭對手的角度看，任何一方從未徹底戰勝另一方，只是銀行略占上風；從合作夥伴的角度看，二者只有相互合作，才能最終出現雙贏的局面。〔註53〕同樣，作為它們利益代表的同業組織，銀行公會與錢業公會之間也存在著上述的關係，既相互競爭又合作共贏。

一、成都市銀錢兩業關係的歷史淵源

（一）銀錢兩業資力消長變化的歷史考查

近代以來，成都的錢莊、銀號經歷了國內外經濟、政治變遷的衝擊與金融業內部的激烈競爭，雖幾經曲折，卻沒有從成都的金融市場消失，一直持續到新中國成立。民元（1912年）以前，錢莊、票號等傳統金融勢力佔據成都金融市場，其主導地位無可撼動。而現代銀行業因萌發不久，與錢莊、銀號無可匹敵。從民元到川政統一，因政局不穩，成都新興銀行業

〔註52〕何益忠：《變革社會中的傳統與現代：1897～1937年的上海錢莊與華資銀行》，《復旦學報》，1998年第3期。

〔註53〕參見李一翔：《傳統與現代的柔性博弈——中國經濟轉型中的銀行與錢莊關係》，《上海經濟研究》，2003年，第1期。

處於風雨飄搖之中，錢莊、銀號雖也遭殃不小，但總體實力尚存，仍能主導成都金融市場。當時，由於各軍閥濫發紙幣，銀行不堪其苦，關停倒閉現象隨著軍閥勢力的消長而不足為奇。至軍閥混戰結束時，成都只有中國、聚興誠兩家銀行是經財政部批准成立的合法銀行，因資力稍微強大得以幸存下來。而此時成都的錢莊、銀號因為以往的競爭對手票號、典當的衰落而獲得了相對較好的發展時機，加上自身順應時代潮流而不斷改善經營方式、擴大業務範圍，再加上有軍閥勢力的撐腰，錢莊銀號無論是數量還是資本實力都有了很大突破，在成都的金融市場占居著絕對的優勢。川政統一後，大量的渝幫銀行進入成都市場，成都的銀行業迅速發展起來。抗戰爆發後，成都變為大後方的經濟、金融中心，中央金融機構及外省銀行大批湧入，銀行發展呈突飛猛進之勢。此時的錢莊、銀號雖有發展，但已是明日黃花，銀行業成為成都金融市場的主導。抗戰勝利後，因發動內戰需要，國民政府加強了金融管制，此時的錢莊、銀號因自身資力薄弱、組織簡陋、管理鬆弛、經理職權太重易滋流弊等缺點，已不能適應時代潮流的變化，許多錢莊、銀號通過增資改組搖身變為銀行，在通貨膨脹的壓力下艱難生存。

（二）銀錢兩業合作組織的歷史演進

從民初到 1927 年，在成都金融行業一直沒有出現同業組織，經營匯兌業者各自為政，也無固定交易地點，只有各家「跑外者」（探聽其它行莊風聲的人）組成的「同德會」〔註54〕。「同德會」僅是各家跑外者藉此聯絡感情的場所，不具有同業組織之職能，所以，此會對各家營業「亦無若何裨益」。1928年，隨著銀號、錢莊及新式銀行業的勃興，成都市銀行錢業公會隨之成立，作為新興銀行與傳統錢莊、銀號這兩種金融機構共有的同業組織。該公會直轄於市商會，雖「稍有團結」，但內容組織「仍屬空洞」。1929 年成都市商會一分為二，即商會和商民協會。銀號、錢莊另組銀錢業公會，隸屬舊有市商會；銀行隸屬新組織之商民協會，但當時只有中國、聚興誠兩銀行，因不足

〔註54〕「同德會」不屬於同業組織，僅是各家跑外者藉以聯絡感情的場所。當時，雖沒有固定的交易地點，但每日都有行市，此行市即由跑外者在各處探聽，如東大街某數家匹頭莊即為探聽匯兌行情之地，嗣後在信誠銀號，每日早晨各家在此茶會，探詢行情後，再分頭作各家之收交。參見《全國銀行年鑒》（1935年），D226 頁。四川省檔案館：6.32/3。

法定人數，不能單獨組織公會，乃加入銀號錢莊共組成都市銀行錢業公會，屬商民協會。1931 年根據國民政府頒佈的工商同業公會法，成都銀行錢莊公會進行了改組，成立了成都市銀行錢業同業公會。該會才是現代意義上的同業組織。1934 年，成都銀行增設 5 家，加上原有聚興誠、中國 2 家銀行已達單獨組織同業公會之法定數量。斯年 5 月，銀行業乃脫離銀行錢業同業公會另組銀行業同業公會，7 月原銀行錢業同業公會改組爲成都市錢業同業公會。成都銀錢業和銀行業分離後，雙方皆感尚有組織一聯絡機關之必要，於是共同組織成都市銀行錢業合組交易所，以「生氣互通，業務稱便」〔註 55〕爲目的，設址於南新街。

二、成都市銀行錢業兩公會之間的關係

成都錢業公會與銀行公會同於 1934 年成立，但此時代表傳統金融勢力的錢業公會與代表新興銀行家階層的銀行公會相比，實力開始變弱。在成都的金融市場上，銀行公會始終以壓倒性優勢處於主導地位。但銀行公會並未居高臨下，一意孤行，而是在許多重要問題上往往會與錢業公會共同協商，多採取聯合行動。比如川政統一至抗戰爆發之前，兩公會的主要活動是盡力協助當局修補軍閥混戰所遺留的千瘡百孔的混亂局面，共渡金融難關。抗戰時期兩公會的活動是輔助遵行政府有關金融政策法令。抗戰勝利至成都解放時期，金融中心東移，兩公會的主要活動是救濟後方工商業以安定後方經濟。

銀行公會和錢業公會作爲成都金融業的兩大同業組織，業務相似，矛盾和利益共存，所以二者之間的聯繫十分密切。除了會員之間有必要的業務往來之外，兩公會爲履行維護同業利益之職能，聯絡也較爲頻繁，經常會就一些共同關心的問題採用信函或直接派代表的形式進行協商。成都銀錢兩公會還建立了聯席會議機制，凡涉及到雙方共同利益或需要兩會協商解決的事務便召開聯席會議。通過聯席會議，兩會或互通聲氣、交換意見、消解分歧，形成團結的一體；或相互協商、制定措施，共同應對或執行政府的有關金融政策法規。由於金融行業與人們的經濟生活息息相關，所以日常事務比較繁多，兩業之間的聯席會議也頻繁召開。通過下表即可看出兩業聯席會議召開的頻度。

〔註 55〕參見中國銀行總管理處經濟研究室編：《全國銀行年鑑》（1935 年），「成都市銀錢業同業公會」。 四川省檔案館：6.32/3。

表 5-4：成都市銀行、錢業同業公會 1949 年上半年度聯席會議日期表

開會日期	星期別	會議類別
1 月 6 日	星期四	兩業理監聯席會
1 月 13 日	星期四	兩業會員聯席會
1 月 20 日	星期四	兩業理監聯席會
1 月 27 日	星期四	兩業會員聯席會
2 月 5 日	星期六	兩業理監聯席會
2 月 12 日	星期六	兩業會員聯席會
2 月 19 日	星期六	兩業理監聯席會
2 月 26 日	星期六	兩業會員聯席會
3 月 7 日	星期一	兩業理監聯席會
3 月 14 日	星期一	兩業會員聯席會
3 月 21 日	星期一	兩業理監聯席會
3 月 28 日	星期一	兩業會員聯席會
4 月 6 日	星期三	兩業理監聯席會
4 月 13 日	星期三	兩業會員聯席會
4 月 20 日	星期三	兩業理監聯席會
4 月 28 日	星期四	兩業會員聯席會
5 月 6 日	星期五	兩業理監聯席會
5 月 13 日	星期五	兩業會員聯席會
5 月 20 日	星期五	兩業理監聯席會
5 月 28 日	星期六	兩業會員聯席會
6 月 6 日	星期一	兩業理監聯席會
6 月 13 日	星期一	兩業會員聯席會
6 月 22 日	星期三	兩業理監聯席會
6 月 28 日	星期二	兩業會員聯席會

原注說明：1、本表所列開會日期係以每月分為四周，按周開會一次；2、本表會議日期如逢星期及新舊年節暨例假則開會，時間特列為提前一日或移後一日。資料來源：成都市檔案館：104-1-340。

　　成都銀錢兩業聯席會議大多在銀行公會所在地舉行，雙方各派重要代表出席會議，各推一人共同擔任聯席會議主席。開會時兩業代表就共同討論的

問題交換意見，商討的結果再由兩公會分別通知各自會員行莊知照辦理。此外，錢業公會一些內部會議遇到需要銀行公會參加討論的問題時，便會邀請銀行公會派代表參加。總之，銀行、錢莊兩公會的業務較爲相似，在成都的金融市場，需要兩公會聯手解決的事務很多。以下幾點既是很好的說明：

（一）兩公會聯合設立放款委員會

抗戰時期，成都銀錢業畸形繁榮。因爲在戰時物價飛漲情況下，銀錢業可以利用金融機構的自身優勢，通過高額利潤吸收社會資金，轉而經營投機商業。這是戰時銀錢業獲取高額利潤的最佳途徑，也是銀錢業呈現空前「繁榮」的主要原因。銀錢業的膨脹及其商業投機活動，對大後方的囤積居奇、物價上漲起了推波助瀾的作用。抗戰初期，國民政府對銀錢業疏於管理，缺乏有效的管理辦法，基本上採取了放任自流的態度。1940 年底銀錢業的消極作用日益明顯，國民政府不得不頒佈《非常時期管理銀行暫行辦法》，1941 年底又將該辦法予以修改。1942 年底蔣介石數次手令財政部和「四聯總處」嚴屬管制商業行莊，「使銀錢業不能作非法營業」。「四聯總處」會商財政部，準備首先與成都、重慶兩地銀錢業公會組織放款委員會，負責審核本地行莊資金的運用。〔註56〕1943 年 3 月 7 日，財政部令各地「四聯分支處」同當地銀錢兩業公會於 4 月 1 日前組成放款委員會，並公佈辦法及通則，規定各行莊在 5 萬元以上 100 萬元以下的放款，須由放款委員會審核後才能貸放；5 萬元以下的放款，由各行莊自行貸放，須報放款委員會備案核查；放款委員會按月向財政部報告工作；放款委員會主任由四聯分支處主任委員兼任。4 月 1 日成都銀錢兩公會與成都「四聯分處」組織成立了放款委員會〔註57〕，稱爲「成都銀錢業放款委員會」。該委員會由成都「四聯分處」主任楊延森任主任委員，銀行公會唐慶永、錢業公會陳清極任副主任委員，中國銀行經理楊康祖、大川經理蕭壽眉、匯通經理夏肇康、華豐經理葉漢卿擔任委員。成都市放款委員會的設立對遏制抗戰初期成都金融市場的惡性膨脹起到一定的作用，但高額利潤的驅使難以根除銀錢業利用自身優勢進行投機鑽營活動，成都市放款委員會難以發揮實際作用。財政部和「四聯總處」不得不承認其設立放款委

〔註56〕重慶市檔案館、重慶市人民銀行金融研究所合編：《四聯總處史料》，第 416 頁。

〔註57〕田茂德、吳瑞雨編：《民國時期四川貨幣金融紀事（1911～1949 年）》，西南財經大學出版社，1989 年版，第 283 頁。

員會的措施「對於督導銀錢行莊的資金運用難獲實際功效，而審核放款徒增手續之周折」。同時，放款數額的限制使各行莊的放款受到很大的束縛，影響了銀行業務，引起各行莊的反感。所以實行不到一年，就無形停止了。雖然成都市放款委員會的設立沒有達到預期的效果，但銀錢兩公會在此過程中加強了聯繫，進一步加深了雙方之間加的信任和瞭解，為後來共同應對成都金融市場的各種危機奠定了基礎。

（二）兩公會籌擬組織聯合準備委員會

1943 年，成都市市面金融枯窘，經濟周轉相當困難。為活潑市面金融，扶助工商業發展，成立銀錢業聯合準備委員會（以下簡稱聯準會）藉資調整金融，就成為當務之急。成都市銀錢業兩公會鑒於當時成都市場迫切情形，認為「實有從速組織成都市銀錢業聯合準備委員會之必要」〔註58〕，便聯合起來呈請財政部准予設立。1943 年 7 月 21 日財政部成都區銀行監理官辦公處將財政部頒發的銀錢業組織聯準會原則十一條轉發給成都銀行公會，略謂「先由重慶市實行，其它地方如有組織必要，並准各銀錢同業公會陳明實情，呈由各該區銀行監理官辦公處，報部核准辦理」〔註59〕，並訓令成都銀錢兩公會「遵照辦理」。8 月 11 日，成都市銀錢業兩公會召開聯席會議，商討組織聯準會事宜，認為「蓉市係川西商業薈萃之區，各銀行號莊均與渝市行莊互有聯繫，今渝市行莊既已組織準委會，蓉市行莊自未可視為緩圖，亟應舉出負責人員成立籌備委員會計劃進行」。會議決定先行組設籌備委員會，當即公推陳梓材、陳清極、沈仁波、衷玉麟、趙丕修、金銳新、楊宗緒、胡信成、夏肇康、葉漢卿、劉榮卿、尹孝芯、王作賓 13 人為籌備委員，並以兩業公會主席為召集人，所有籌備情形由兩業公會備文呈請監理官辦公處轉呈財政部。〔註60〕

1943 年 9 月 24 日，成都市銀錢業聯合準備委員會籌備委員會在銀行公會會議室召開第一次會議，並請監理官繆鍾彝及中央銀行經理楊宗序蒞場指導。會上監理官繆鍾彝就設立聯準會情形發表訓詞，「在此非常時期，銀錢業運用資金應投放於生產建設事業，最大者莫如廠商，但廠商資金在生產過程

〔註58〕《成都市銀錢業聯合準備委員會籌備委員會函》（1943 年 10 月 12 日），成都市檔案館：104-1-259。
〔註59〕《財政部成都區銀行監理官辦公處訓令（監字第 184 號）》（1943 年 7 月 21 日），成都市檔案館：104-1-259。
〔註60〕《成都市銀行商業同業公會、錢業商業同業公會謹呈成都區銀行監理官辦公處》（1943 年 8 月 30 日），成都市檔案館：104-1-259。

中常需要較長時間，銀錢業資金則重在周轉靈活，是以財政部爲兼顧兩全計，特仿上海市往日法規，制定銀錢業組織聯合準備委員會原則十一條（後重慶市開始實行），蓉市自當奉行遵辦，本席前接銀錢業公會聯銜呈請前來，業經據情轉報財政部一併核准，即可推進，今日銀錢業聯合召集籌備會議，亟須先行擬定公約，其公約之意義應依據財政部規定之原則及渝市現行之辦法辦理並借鑒，就蓉市金融現狀參酌擬訂，以適合蓉市之需要而又不背部頒原則，俾作一省地方性之公約，希望能多從扶助生產建設事業著手，方爲有益」。繆鍾彝支持設立聯準會，但最好應參酌成都市金融現狀，先擬定公約草案，以資指導。會議臨時主席衷玉麟提出要求，「本會即經財政部明示產生，復承繆監理官楊經理之訓示，當遵部令及訓詞，其原則當本『寧肯不辦，不肯辦濫』之旨，故一切的一切必須本此宗旨而進行，首要愼之於始而方臻於完善，請諸公商討今後工作程序」。會議最後決定草擬「成都市銀錢業聯合準備委員會公約草案」，公推金銳新、楊宗序、劉榮卿爲起草委員。〔註61〕

　　1943 年 10 月 7 日，籌備委員會召開第二次會議。因草案業已定稿，所以本次籌備會議主要研討草案內容及此後工作進行辦法。該草案係「依據財政部頒發原則，及滬市以往之公約，渝會（重慶銀錢業聯合準備委員會）公佈之公約，並參以本市最近金融情態，斟酌損益、權衡輕重得失擬訂之，其中意義係以不背部頒原則，能適合蓉市需要爲主旨」，因此，會議召集人衷玉麟再次強調「此項公約草案對於同業各行莊有共同之利害，故請同人到會逐條詳細研討，希望同人本『寧肯不辦，不肯辦濫』之旨，多費時間，各抒所見，共同商酌，期臻妥善。」〔註 62〕最後，公約草案經各位列席委員逐條研討，獲得一致通過。其具體內容如下：

　　　　　　　成都市銀錢業聯合準備委員會公約草案

　　第一條　本市銀錢業同業公會爲奉行財政部命令調劑市面金融起見，組織聯合準備委員會，定名爲成都市銀錢業聯合準備委員會（簡稱本委員會），辦理聯合準備事宜。

　　第二條　凡本市各銀行、銀號、錢莊經簽字本公約後，均得參

加爲本會委員行莊，其出席本委員會之代表以各行莊負責人充之。

第三條　本委員會由委員行莊選舉委員十三人組織執行委員會，並由執行委員會互選常務委員五人，常務委員互選一人爲主任委員，主持日常事務，其任期均爲一年，得連選連任。前項委員名額於必要時得呈准財政部增加之。

第四條　委員行莊應於本會成立日，先將所需公庫證金額提請執行委員會核定後，應立即交足估值相當之準備財產。

第五條　準備財產以左列種類爲限：甲、政府發行之債務及其它有價證券；乙、經財政部核准之投資憑證；丙、經放款委員會核定附帶實物之放款憑證及押匯憑證；丁、合於非常時期票據呈兌貼現辦法規定之票據；戊、成都市區內經過合法登記並有市價隨時可以變賣之房地產；己、貨物棧單立時可以變賣者。

繳納上列各項準備財產時，先經執行委員會審查後交評價委員會核定，執行委員會對所交各項準備財產，得參酌情形按其種類規定百分比率，但於必要時得調整之。

第六條　本會附設評價委員會辦理評價事宜，其組織遵照財政部所頒原則另訂之。

第七條　本會收受委員行莊所交準備財產，經核定後應按照評定價格百分之七十發給公庫證。

第八條　公庫證之發行全爲記名式，其證面金額依領證委員行莊之請求，由執行委員會填發之。

第九條　委員行莊之退出須一個月前書面通知，經本會召開委員行莊代表大會一致可決，並須將其所領之公庫證，全部清償繳銷後始得退出。

第十條　委員行莊原繳交之準備財產，得隨時申請調換，但須經執行委員會及評價委員會之核准。

第十一條　委員行莊所繳存之準備財產如遇市價低落或有敗壞之虞時，得本會之通知應於三日內補繳或調換其它合格之準備財產，否則本會得將市價低落或有敗壞之虞之準備財產，照市變價以

抵價，其所領公庫證有餘交還，不足催繳。

第十二條　委員行莊領用公庫證到期不能清償及不能履行其最終責任時，除處分所繳之準備財產及本身之其它資產外，不足之數由本會各委員行莊，按當時所領用之公庫證數額比例，負連環保證責任。

第十三條　公庫證得由委員行莊向中央銀行或同業間作借款保證品，承貸行莊應按公庫證面額十足拆借。

第十四條　本會收受之一切準備財產完全交中央銀行代為保管，其辦法另訂之。

第十五條　本委員會委員行莊常會，每半年舉行一次，每年六月底及十二月底舉行，由執行委員會召集之，但經執行委員會之決議，得召集臨時會。

第十六條　本委員會執行委員會至少每月開會一次，由常務委員會召集之，必要時並得舉行臨時會。

第十七條　本委員會應將準備財產種類及填發公庫證數額，及其它工作情形除按月報請成都區銀行監理官辦公處轉報財政部外，並報請中央銀行備查。

第十八條　本委員會之開支應由執行委員會提出預算，經由大會通過，由委員行莊依照繳交準備財產數目比例繳納。

第十九條　本會章程及辦事細則依據本公約訂定之。

第二十條　本公約如有未盡事宜，經委員行莊代表大會一致可決得修訂之。

第二十一條　本公約有效期間定為兩年，但經委員行莊代表大會之決議得延長之。

第二十二條　本公約於中華民國三十二年 X 月 X 日第 X 次委員行莊代表大會一致可決簽訂，呈請財政部批准施行，另抄正本一份由委員會保管副本 X 份，由委員行莊各執一份存查。

起草人：楊宗序、劉榮卿、金銳新〔註63〕

〔註63〕成都市檔案館：104-1-259。

　　成都市銀錢業聯合準備委員會雖然是遵照財政部的相關訓令而籌組的，但財政部並未予以支持。10 月 15 日，財政部以「成都並非商業重要之地方，無組織聯合準備委員會必要」為由，否決了設立成都市銀錢業聯合準備委員會的請求，令「所請應勿庸議」〔註 64〕，要求銀錢兩公會停止申請辦理。

　　對於財政部的上述訓令，成都市銀錢業兩公會是遵令停辦聯準會，還是繼續申請？兩公會決定於 10 月 20 日召開全體會員代表大會，就財政部的訓令再行討論。10 月 20 日，兩公會如期召開第二次會員代表大會，主要討論財政部的上述訓令。各代表紛紛發言，對財政部的做法多有不滿，主張繼續向財政部請求，並決定各項籌備工作繼續進行。如楊宗緒重點強調聯準會公約草案的立意精神是：「（一）遵照部頒十一項原則；（二）參考二十二年上海兩業公約，雖時易境遷，擇其適合於目前情形者；（三）參照重慶兩業聯委會公約十五條；（四）注重本市同業之實際情形與本市工商業所需之一部周轉額度，使金融信用絕無發生惡性膨脹之病因。」因此，他認為「有呈報公約詳為陳述，再行請求核准之價值」，要求繼續請准設立聯準會。趙丕休提出以下幾點理由：「（一）以同業之交換額度言，九月份交換額超過九萬萬以上，僅九月七日一日之交換額即為八千四百餘萬，此額或低於渝市，恐亦僅次於渝市，於此足見成都金融與商業之重要性；（二）本年六月同業歡迎孔部長於勵志社敬聆訓示，孔部長亦依戰時金融首要四川，以工商業言成都僅次於重慶，調節供需責在金融業者，孔部長已明示成都金融具有工商業重要性，吾人再以成都實際情形衡之責；（三）以本市工廠言，十月工廠聯合會成立時登記入會達四十二家，繼續聲請入會者聞有十餘家之多，較戰前幾增幾倍。至於小手工業之多，素為四川之冠，將來需要金融業之互助限度正亦不小。」綜上理由，他認為成都「實為工商重要之地區，必需金融業之互助」，故對繼續請求財政部准予設立聯準會積極支持。錢業公會代表王作賓提出：「今天國家安定後方金融，首重吸收社會遊資，扶助工商業發展，我們銀錢業行莊即直接負此責任，但己立立人之旨，即應先從本身做起，財部成立聯合準備庫之意，即在使整個金融業先從自身檢討，必至共信而後共存，而協同致力於吸收社會遊資，扶助工

〔註64〕《財政部渝錢庚字第 79461 號訓令》（1943 年 10 月 15 日），成都市檔案館：104-1-259。

商業之發展之途徑，以安定後方金融，達成本身所應負之責任。」所以，他認爲「成都爲工商業之重要地區，應有成立聯合準備庫之必要，否則同業間彼此不明資力則無共信之可立，亦無未過綢繆之準備，一遇風浪，牽一髮而動全身，雖能補救得當，亦嫌錯失時機」。高伯吹認爲：「現在國家正在加強建設西北，將來西北工商因政府之保育必有極大之繁榮，成都爲建設西北之起點，亦爲西北工商業之橋梁，應早爲準備，此準備即在先自健全金融業開始，成立聯合準備庫即爲健全金融業之起點」，所以，他對主張繼續請求成立聯合準備庫之議，極表贊成。此外，錢業公會代表陳清極、胡潤民等都從不同方面提出自己的觀點、看法，對繼續呈請財政部准予設立聯合準備委員會給予聲援。〔註65〕

　　分析上述各代表發言，顯然，成都市銀錢兩業對財政部的決定並不滿意，各位代表從不同的角度給出理由，駁斥財政部「成都並非商業重要之地方，無組織聯合準備委員會必要」的觀點，認爲成都爲工商業重要地區，「應有成立聯合準備委員會之必要」。至於成都市銀錢業聯合準備委員會的最終結果，因資料缺乏無從考查。雖然如此，但從兩公會的上述努力可以看出它們是兩個關係密切的群體，爲維護成都金融業的整體利益，不惜與財政部據理力爭，並且態度堅決。這不但說明兩公會是其會員利益的忠實代表，而且說明兩公會之間的關係是緊密團結的。

（三）兩公會共同組織貸款銀團

　　抗戰勝利後，國民政府首都回遷南京，政治經濟中心也隨之東移。戰時喧囂一時的大後方各主要城市也因工廠、學校及各機關單位的遷走而歸於落寞。成都市工商業蕭條，各中小工廠因資金短缺而開工不足，急需金融業貸款救助，以維持生產，安定社會。但此時成都各銀行「多係虧本甚巨」〔註66〕，幾乎自身難保，只有聯合起來組織貸款銀團，才能向工商業施以援手。1946年，成都市工商業聯合會請求銀錢兩業組織聯合貸款銀團，對各工廠予以貸款救助。爲促使銀錢兩公會加快成立貸款銀團，成都市工商業聯合會首先成立了「成都市工廠聯合會工業借款團」，並擬定借款辦法七條，作爲各工廠借

〔註65〕《成都市銀錢業聯合準備委員會第二次會員代表大會紀錄》（1943年10月20日），成都市檔案館：104-1-259。
〔註66〕《各銀行結算完竣，上年度大多折本》，《新新新聞》1947年1月7日，第10版。

款的通用規則。該借款辦法內容如下：

成都市工廠聯合會各工廠聯合借款辦法

一、成都市工聯會爲發展蓉市工業及調劑各會員工廠資金起見，特「組織成都市工廠聯合會工業借款團」（簡稱工業借款團），並商得成都市銀行公會同意組織「成都市銀行工商業貸款銀團」，舉辦工業借款貼現及重貼現等事宜。

二、工業借款團各單位、工廠之借款由工業借款團對工業貸款銀團負連帶清償責任。

三、工業借款團下設各小組由各會員工廠自由組織，凡有會員工廠五家以上之聯合請求得設立爲一小組，凡會員工廠欲參加工業借款團者應先參加小組，參加小組須經該小組之通過。

四、以商品及原料爲抵押之借款抵押品應先由所屬小組審定其品質價格折扣等項，經工業借款團覆核後送請工業貸款銀團抵押核放或承兌或重貼現。

五、各工廠能以機器廠基廠屋爲抵押者得由工業借款團代向工業貸款銀團申請核辦貸款或承兌或重貼現，此類借款以工業借款團爲擔保人，機器廠基廠屋爲第二擔保，各工廠申請此類借款應先將提作抵押之機器廠基廠屋之有關文契證件送請所屬小組審定，並依法與工業借款團辦理第一抵押權之抵押手續，然後由所屬小組及工業借款團核定借款數額，該項機器廠基廠屋即作爲工業借款團代作擔保之抵押品並作爲工業貸款銀團貸款之第二擔保品。

六、借款工廠之借款到期不能償付時，應由其小組各工廠先以現金攤付代墊以維全體借用。

七、借款不能清償時按下列順序處理之。（1）以借款工廠本身之抵押品及其財産抵償之（2）如有不足由其所屬之小組內其它工廠連帶負責分擔賠償（3）如再有不足以借款團各小組分擔賠償（4）各工廠代爲他人清償債務時以其本身核定貸款額之比例攤算。

上述借款辦法即已制定，工業借款團也由工廠聯合會組織成立，銀錢兩業理當相應組織貸款銀團，以滿足成都市工商業貸款之急需。1946 年 10 月 4 日，成都市銀錢兩公會召開聯席會議就組織貸款銀團事宜進行商討，會議公

推趙觀白、鍾信恒及銀錢兩公會理事長爲籌組銀團主辦人。〔註67〕10 月 11 日兩公會再開聯席會，決定「貸款銀團絕對成立，其辦法照上海市成例，採取分組組合式，由各會員銀號自行聯繫組織」。會議討論通過了由工廠聯合會擬具的「成都市工廠聯合會各工廠聯合借款辦法」，認爲該辦法切實可行，並原文抄送各會員行號「請煩賜予研討，自由參加」。〔註68〕接到該借款辦法後，各會員對組織貸款銀團事宜極表贊同，認爲「貸款銀團之成立原爲扶助工業之發展，意義至大，亦爲會員行等應盡之職責，故應早日遵照決議案，自行聯繫成立」。但又提出「目前各項物價未臻穩定，工業廠家需要資金，其數當必甚巨，深恐會員行等資金有限，難供廠商之需要，致負成立銀團之初衷，用是思維至再僉認補救之方，厥有賴於中央銀行之轉貼現辦法，庶足以資調劑。而央行對於轉貼現一事並未普遍辦理，是否既能接受承辦，自當先期明瞭」。〔註69〕顯然，他們參加貸款銀團的前提是要事先知道中央銀行是否原意接受會員行號辦理轉貼現〔註70〕業務，如果接受轉貼現業務就願意參加，否則因資金困難就無法組織貸款銀團。

爲請求國民政府及中央銀行允予辦理轉貼現業務，成都市工廠聯合會呈請四川省政府轉呈經濟、財政兩部，稱「川省中小工場達千餘家，散佈地區及渝、蓉、瀘縣、江津、涪陵、長壽等地，需求扶助，至爲殷切，貴行（中央銀行）爲扶助中小工場及出口貿易，近已在滬領導銀錢業組織貸款銀團，辦理小工商貸款之轉抵押與重貼現，並擬在平津等地同樣推行，對於四川各都市似亦應推廣此種組織，並使省縣銀行參加，以求各地資金作整個有利之運用而協助生產」〔註71〕。在四川省政府、成都銀錢業公會、成都市工廠聯合會等共同努力之下，中央銀行答應給予參加貸款銀團的會員行號辦理轉抵押或重貼現業務，即「中央銀行爲鼓勵工商業生產，促進物質流通起見，頃

〔註67〕《成都市銀錢兩公會函》（1946 年 10 月 4 日），成都市檔案館：104-1-291。

〔註68〕《銀錢兩公會啓》（1946 年 10 月 11 日），成都市檔案館：104-1-291。

〔註69〕《山西裕華、建業、永利、雲南興文、雲南實業、聚興誠六銀行函覆成都市錢商業同業公會》（1946 年 11 月 14 日），成都市檔案館：104-1-291。

〔註70〕貼現，就是執票者在票據到期以前爲獲取現款向銀行或錢莊貼付一定利息所作的票據轉讓。作爲一種貸款形式，貼現與一般貸款形式相比，除了保有短期資金的盈利性外，還具有更大的安全性和流動性。其安全性主要體現於眞實交易所產生的商業票據所具有的自償性質，流動性則基於執票者在需現款時可以及時轉讓、貼現或重貼現。

〔註71〕《成都市工廠聯合會致市政府呈》，成都市檔案館：104-1-291。

經制定全國商業行莊重貼現、轉抵押、轉押匯暫行辦法，通函分支行處，統一辦理，該行成都分行業已奉到公文，轉函本市行莊知照」〔註72〕。同時，還檢具上海方面合約式樣兩種隨函附奉成都銀錢業公會，要求就成都當地銀錢業實際情形「參酌洽辦」。〔註73〕合約格式如下：

　　　　銀團團員間、錢莊第 X 組工商貸款銀團合約格式〔註74〕

　　立合約：XX 錢莊 XX 錢莊（下稱團員）

　　茲以扶植生產事業及出口商復興爲主旨，個別以質押放款或票據貼現方式貸放工商業貸款，並經團員全體同意合組銀團（下稱銀團）審核各項貸款並轉中央銀行允予轉抵押或重貼現（下稱轉借款項），以國幣拾 X 億元爲度，訂定下列各款，俾資遵守。

　　一、銀團專爲團員向中央銀行辦理轉抵押或重貼現事宜。

　　二、團員所有提交銀團之債權無論係以質押放款或票據貼現方式所取得者，其債務人對象必須以生產事業及出口商爲限（但已向國家行局或有關銀團貸用款項尚未清債者須事前聲明），並須負責保證該項貸款完全爲各該債務人之工商業正當需要，絕無移作其它用途請事。

　　三、團員所有提交銀團之債權須將債務人之牌號、負責人姓名、所營事業種類、過去履歷、最近營業及資負狀況並貸款數額等填就明細表，如有繳擔保品者，其擔保品詳細情形一併提交銀團，由銀團召集全體團員審查，一致通過認爲合格然後由銀團轉送中央銀行覆核，經批准後即由中央銀行辦理轉抵押或重貼現。

　　四、每一團員提交銀團之債權以國幣二億元爲最高額，轉借款項以七五折計算，即國幣一億五千萬元爲限，凡銀團代向中央銀行所訂契約等手續一經辦妥，各該團員應即承認其債務。

　　五、每一個團員提交銀團之債權若爲貼現票據而非銀行錢莊承兌且不附擔保品者，每戶總額不得超過國幣貳仟萬元，各戶合計總額不得超過第四條規定數額百分之五十（即一億元）

〔註72〕《新新新聞》1947 年 1 月 29 日。
〔註73〕《中央銀行成都分行啓》（1946 年 12 月 27 日），成都市檔案館：104-1-291。
〔註74〕成都市檔案館：104-1-291。

六、團員提交銀團之債權其貸放利率不得超過月息五分期限以九十天爲限。

七、銀團代辦轉借款項時，除按中央銀行規定手續辦理外團員須將承貸款項時所訂各項契約及質押品全部移轉其貼現票據並應分別背書或承兌。

八、銀團代辦轉接款項到期時，該執原來債權之團員應負完全清償之責。

九、銀團對中央銀行所負債務係由全體團員負連帶責任，倘日後履行此項責任時，由團員平均分擔之。

十、銀團合組期限自本約簽訂之日起至團員對轉供款項所負債務全部清償爲止，但最長以一年爲限，屆期得視銀團與中央銀行訂約情形，由全體團員同意展延之。

十一、銀團由團員互推三人爲代表向中央銀行代表本團辦理一切事務，又互推二人爲代表代理人，於代表缺席時代理其職務。

十二、銀團設秘書一人，辦理文書等一切事務，其費用由銀團負擔。

十三、銀團各項經費由團員於銀團成立時一次各行墊付 X 元，其後每月實交若干，以各該月每團員轉借款項逐日視數比例分擔之。

十四、銀團設於上海 XX 路 XX 號 XX 錢莊內。

十五、本合約如有修改或增刪之必要時，須由全體團員一致議決爲之，其議決錄並須全體團員簽名爲憑，經銀團分別通知後，即作爲本合約之一部分。

十六、本合約一式 X 份由銀團及每團員各執一份，另以兩份分送上海中央銀行及上海錢商業同業公會備查。

立合約人：

中華民國 X 年 X 月 X 日

　　　　銀團與本行（中央銀行）合約格式

立合約人：XX 區第 XX 組工商貸款銀團（以下簡稱乙方）；中央銀行 XX 行（以下簡稱甲乙方）

為扶助生產事業及出口商起見，經乙方同意甲方得以團員承做之質押放款或票據貼現方式貸放工商業貸款向乙方轉抵押或重貼現，經雙方同意訂定下列各款，俾資遵守。

一、轉抵押及重貼現總額以國幣 X 元為度，每一團員以一億五千萬元為限。

二、甲方向乙方請辦之轉抵押或重貼現其原放款對象必須以生產事業及出口商為限，並須經甲方負責保證該項貸款完全為原借款人正當需要，絕無移作其它用途情事。

三、轉抵押或重貼現期限至多不得超過九十天。

四、轉抵押或重貼現利率照原放款利率二分之一計算。

五、轉抵押或重貼現折扣以原放款額七五折計算

六、轉抵押及重貼現均由甲方以銀團名義出面向乙方承借，其借款本息由甲方全體團員連帶負責。

七、轉抵押或重貼現由甲方先將有關單據逐筆提交乙方，經乙方審查合格照約承做一切手續，照乙方規定辦理。

八、甲方應以銀團合約副本一份送存乙方備查。

九、本合約定期一年在合約未滿期前所辦之轉抵押或重貼現至合約期滿尚未到期者甲方仍應照本約第六條規定負責至全部本息清償時為止。

十、本合約一式兩份，雙方各執一份。

立合約人：甲方：XX 區第 XX 組工商貸款銀團；乙方：中央銀行 XX 分行。

中華民國 X 年 X 月 X 日

有了中央銀行允予轉貼現的答覆，及合約格式所能提供的對貸款銀團會員利益的保障，各銀錢行號紛紛函覆成都市銀行錢業公會，明確表示「此事自當樂於參加」〔註75〕。最後參加貸款銀團的銀行達到 39 家，它們是永通、美豐、濟康、建設、和成、復利、中祥、成都商業、成益、華慶豐、成都市、

〔註75〕《各銀行致銀行錢業公會函》（1946 年 12 月），成都市檔案館：104-1-291。

四明、建業、永利、興文、雲南實業、聚興誠、其昌、上海、華孚、川康、豫康、四川省、華康、信華、興業銀公司、涪泰、川大、惠川、裕豐、克勝、昌泰、匯通、重慶、福川、裕華、新亞、和通、勝利等銀行。〔註 76〕當時貸款銀團各會員向工商戶放款的數額每行達 2 億元（已經貶值的法幣）之多，他們請求中央銀行成都分行按債權七五折，辦理轉抵押貸款，但央行只同意辦理一次，拒絕續辦。

　　成都銀錢兩業作爲成都市金融業的主體，扶助成都市工商業發展是其應盡職責，特別是抗戰勝利之後由於經濟重心的轉移，成都市經濟不景氣、工商業陷入蕭條之時，兩公會組織貸款銀團向那些因缺乏資金而關門或倒閉的中小工廠予以貸款支助，更是銀錢兩業義不容辭的責任。雖然銀錢業本身資金有限，但兩業還是聯合起來組織貸款銀團向中小工廠提供力所能及的貸款，扶助了成都工商業的發展，安定了經濟社會。當然，只有社會穩定，金融業才能維護好自身的利益，兩業資助工商業發展也是維護成都金融業本身利益的需要。

第三節　與全國銀行公會聯合會的關係

一、早期全國銀行公會聯合會概況

　　「一戰」後英國、美國、日本等國家開始搶佔國際金融市場，國際金融資本大肆湧入中國境內。中國銀行業爲了抵抗外力入侵，謀求更快發展，就必須聯合起來。因此，早在 1920 年上海銀行公會就倡議發起組建銀行公會全國聯合會（以下簡稱銀聯會）。上海銀行公會認爲「今後吾國之經濟界，其與世界各國接觸至多，如銀行團問題、如幣制問題，此則必由全國銀行業者對外爲一致之表示，對內爲一致之進行，庶幾方可占優勝之地位，故銀行業者爲鞏固團體計，當組銀行公會聯合會爲對外之總機關」。成立聯合會可以「去其行與行之利害關係，及地與地之利害觀念」，對內研究同業之利弊，對外審察社會之需求，「以爲國家社會各方而謀公共永久之福利」。〔註 77〕上海銀行公會的倡議立即得到了各地銀行公會的響應，紛紛表示支持並願意參加全國銀行公會聯合會議。從 1920 年到 1924 年共召開了五屆全國銀行公會聯合會議，每年一屆，第六屆原擬在南京舉行，但因時局不靖而取消。

〔註 76〕成都市檔案館：104-1-291。
〔註 77〕《銀行周報》第 5 卷第 15 號，1921 年 4 月 26 日。

表 5-5：歷屆全國銀行公會聯合會議簡況表

屆　別	時　間（年）	地　點	與會公會數及名單	與會代表人數	提案數	備　註
第一屆	1920	上海	7（上海、北京、天津、漢口、濟南、杭州、蚌埠）	22	1	提案爲各公會共同決定
第二屆	1921	天津	7（上海、北京、天津、漢口、濟南、杭州、蚌埠）	28	11	--
第三屆	1922	杭州	9（上海、北京、天津、漢口、濟南、杭州、蚌埠、南昌、哈爾濱）	33	11	--
第四屆	1923	漢口	8（上海、北京、天津、漢口、濟南、杭州、南京、南昌、）	39	21	哈爾濱因路遠未及趕到，蚌埠託南京代表
第五屆	1924	北京	9（上海、北京、天津、漢口、濟南、杭州、蚌埠、南京、哈爾濱）	36	17	蚌埠未到也未請其它公會代表

資料來源：上海銀行周報社編撰：《銀行公會聯合會議彙記》，《經濟類鈔》第二輯；武漢市檔案館藏同業公會檔案 76-1-117（76 爲漢口市商會及同業公會檔案全宗號）；《第五屆銀行公會聯合會議提議案》，《銀行周報》第 8 卷第 16 號，1924 年 4 月 29 日。轉引自鄭成林博士論文《從雙向橋梁到多邊網絡：上海銀行公會與銀行業（1918 ～1936）》，第 67 頁。

　　由上表可知，五屆聯合會議共交提案達 61 件，內容包括行業營業規則的統一、公會組織的整合等方面，但更多的是與政府的經濟政策有關，如呈請政府改良幣制、迅定紙幣發行制度、改訂銀行通行則例、訂頒票據法、實行廢兩改元等〔註78〕。

　　全國銀行公會聯合會議的召開密切了各地銀行公會間的聯繫，但遺憾的是，1925 年後國內戰爭不斷，商業也較前蕭條，各地銀行紛紛停業或者倒閉，銀行公會無法正常運作。除上海、北京、天津、漢口等地銀行公會外，其它地方銀行公會因爲會員不足法定人數，會費入不敷出而解散〔註79〕，聯合會議也

〔註78〕鄭成林：《從雙向橋梁到多邊網絡：上海銀行公會與銀行業（1918～1936）》，華中師範大學 2003 年博士畢業論文，第 68 頁。
〔註79〕如杭州、蘇州、濟南等地，

就此中斷。南京國民政府成立後，爲鼓勵工商業發展，於 1929 年公佈工商同業公會法，各地銀行公會紛紛重建或者創立。1931 年 4 月 20 日廣州銀行公會提議由上海銀行公會恢復聯會會議機制，但由於各種原因上海銀行公會予以拒絕，全國銀行公會聯合會未能重新恢復，直到 1947 年 4 月才重新召開聯合會議。

　　總之，全國銀行公會聯合會成立最初幾年（主要是 1925 年之前），各銀行聯繫較爲密切，共同爲金融業的發展出謀劃策，如組織華商各銀行應對外商銀行的擠兌，建立存款信用培植民族資本〔註80〕等等，可以說全國銀行公會聯合會是有過光榮歷史的。南京國民政府成立後，雖注重工商業的發展和各類商人團體的組建，但因種種原因，全國銀行公會聯合會並未恢復。抗戰期間，時局動蕩，各地銀行業處境艱難，又因地域及戰事關係，無法互通生氣，更無從召開全國銀行公會聯合會。概而言之，時局不靖導致全國銀行公會聯合會中斷達 20 餘年（從 1925 至 1947 年），抗戰勝利後，重新召開全國銀行公會聯合會以解決過去積壓的和新出現的各類問題，成爲銀行界的共同呼籲。

二、抗戰勝利後全國銀行公會聯合會的召開

（一）全國銀聯會的召開及背景

　　抗戰勝利後，全國人民一致希望能夠休養生息，可是國內時局仍未安定，國民政府執意要發動內戰，導致國內戰雲密佈、工商凋敝、生產萎滯，經濟危機愈演愈烈。許多不明眞相的人們將抗戰勝利後的金融危機、物價騰漲所造成的民生困苦、社會不安的原因歸咎於銀行業的「未能善盡其配合協助之責任」。所以，當時社會各方對銀行界懷有較多的誤解或微詞，認爲銀行經營投資放款業務對經濟危機「頗有推波助瀾之嫌」。〔註81〕同時，由於物價騰漲，幣值日低，銀行無法發揮其「資金總匯」之作用，導致資金麋集於投機市場，而生產資金短缺，許多工廠不得不轉求於高利貸，致使黑市利率攀高不下，一週社會遊資做祟，市場極易發生動蕩。凡此種種情形，非一般銀行所能控制，亦非一般銀行可負其責。如果僅憑少數銀行之資力，輔助國內經濟之復興建設，不免有心餘力拙之感。只有全國同業聯合起來共同應對，才有可能

〔註80〕「李馥蓀致開會詞」，《中華民國全國銀行商業同業公會聯合會成立大會紀念刊》（1947 年 4 月 15 日），四川省檔案館：6.468/3。
〔註81〕「王雲五訓詞」，《中華民國全國銀行商業同業公會聯合會成立大會紀念刊》（1947 年 4 月 15 日），四川省檔案館：6.468/3。

解除所面臨的困境。為共同謀劃全國金融業發展大計，並為消除社會各界對金融界的誤解，全國銀行界需要再次聯合起來，共同研討抗戰勝利後所共同面臨的各類問題，以便「下應社會之需求，上符政府之期望」。〔註82〕

抗戰勝利後，上海銀行公會又成為全國銀行同業組織的領頭羊，為維護同業利益而奔走呼籲，全國銀聯會也再次由上海銀行公會負責籌組。當時新聞報稱「京滬銀行界人士，為促進全國銀行界之聯繫，特發起組織全國銀行同業公會聯合會，現已在上海社會局辦理髮起人登記」〔註83〕。1946 年 10 月，上海市社會局向上海銀行公會轉達社會部訓令，同意上海銀行公會組織全國銀行公會聯合會的請求，定名為「中華民國全國銀行商業同業公會聯合會」。〔註84〕章程草案也由上海公會負責草擬，並分函各地公會加以研討。籌組銀聯會需要徵集各地銀行公會的相關資料，包括會員數量、理監事名冊、經費收入等。各地銀行公會對組建全國銀聯會極表熱情，並紛紛將各該行的調查狀況函覆上海銀行公會。下表是各地銀行公會的調查狀況：

表 5-6：全國銀行商業同業公會調查表（1947 年）

會員名稱	會員家數	代表人數	常務理監事人數	理監事人數	收入經費	備　考
上海銀行公會	132 家	367 人	8 人	24 人	1009.2 萬元	該會月費係比例於各會員行劃撥資本額之單位計算，每單位定為 0.3 萬元
南京銀行公會	39 家	44 人	7 人	13 人	88 萬元	該會月費國家銀行月繳 4 萬元，商業銀行月繳 2 萬元
杭州銀行公會	21 家	89 人	4 人	8 人	72 萬元	該會月費分甲乙丙三級，甲級 4 萬，乙級 3.2 萬，丙級 2.4 萬
重慶銀行公會	77 家	102 人	6 人	26 人	500 萬元	該會月費係按季收取，月入約 160 餘萬，按劃撥資本之單位比例分擔

〔註82〕《中華民國銀行商業同業公會聯合會成立大會宣言》（1947 年 4 月 15 日），四川省檔案館：6.468/3。

〔註83〕《全國銀行業籌組聯合會》，《新新新聞》1947 年 1 月 8 日，第 2 版。

〔註84〕《上海銀行公會啟》（1946 年 10 月 26 日），成都市檔案館：104-1-294。

會員名稱	會員家數	代表人數	常務理監事人數	理監事人數	收入經費	備考
北平銀行公會	23家	114人	6人	14人	248萬元	該會月費由各會員先行墊付，按每月實支之數於次月初向各會員按成計算，分甲乙丙三級
天津銀行公會	33家	33人	8人	12人	108萬元	該會月費分甲乙丙三級，按照各會員認定甲乙丙某級單位數目分別按月繳納
漢口銀行公會	38家	119人	5人	9人	300萬元左右	--
廣州銀行公會	23家	43人	4人	6人	110萬元	每一會員每月繳納5萬元
成都銀行公會	53家	290人	6人	6人	92.755萬元	該會月費由各會員平均分攤
西安銀行公會	23家	27人	4人	8人	230萬元	內計會費2.58萬元，事務所經費227.42萬元，按級分攤
青島銀行公會	13家	34人	4人	10人	124萬餘元	該會月費係按會員代表單位權數
吳縣銀行公會	14家	33人	4人	5人	84萬元	該會月費以每一單位按月繳納6萬元計算
長沙銀行公會	21家	--	4人	8人	199.8萬元	該會月費分一二兩級，一級14.8萬元，二級7.4萬元

說明：1、經費收入欄是1947年的會費收入；2、該表僅統計有14家銀行公會的調查狀況，因爲當時同意加入銀聯會的有12家，加上上海、南京兩個發起行共14家。而實際上後來參加會議的達46家銀行公會。資料來源：《中華民國全國銀行商業同業公會聯合會成立大會紀念刊》1947年4月15日，四川省檔案館：6.468/3；成都市檔案館：104-1-294；《新新新聞》1947年1月8日第2版。

經過上海銀行公會的精心準備及各地公會的密切配合，1947年4月15日，全國銀聯會如期在南京勵志社召開成立大會。4月18日結束，共進行了4天時間。大會正式通過全國銀聯會章程44條，確定其宗旨是「加強全國銀行同業之聯繫，團結全國銀行同業之力量，圖謀銀行事業之發展，改進協助政府經濟政策之進行，及維持增進全國銀行同業之公共利益」。各地代表提出

眾多議案，共計 152 條〔註85〕，經大會認真研討，最後整合爲以下重要幾點：
（一）平衡財政穩定幣值；（二）改進金融機構確定銀行體系；（三）撤除消
極管制從事積極管制；（四）頒布新銀行法樹立永久規模；（五）增進同業聯
繫充裕生產資金；（六）提倡銀行學術劃一制度程序；（七）謀取各業合作博
得社會同情。〔註86〕以上幾點議案反映了抗戰勝利之後國內金融業所積存的
種種需要改進的弊端，這些弊端大多是因爲戰時金融管理體制在戰後被直接
沿襲下來還未來得及改變而產生的。戰時金融管理體制是一種特殊時期的消
極管理方式，對銀行營業範疇、資金運用及分支行設置等方面都設有重重束
縛，這在抗戰時期有利於維護金融穩定。但抗戰勝利之後百廢待興，諸種束
縛卻使銀行無法放開手腳，充分發揮其調劑資金之功能，致使銀行「有跬步
難行、動則得咎之慨，不特阻礙銀行之營業，抑且影響百業之發展」。銀聯
會請求政府應「撤銷一切戰時金融管製法令，恢復平時狀態」〔註87〕，才能「以
利金融，而便利工商之發展」〔註88〕。最後大會選舉了第一屆理監事，名單
如下：

表 5-7：中華民國全國銀行商業同業公會聯合會第一屆常務理事名單
　　　　（1947 年 4 月）

職　別	姓　名	所屬銀行公會	備　考
理事長	李馥蓀	上海銀行公會理事長	浙江實業銀行董事長
常務理事（6 名）	趙棣華	上海銀行公會會員代表	交通銀行總經理
同上	杜鏞	上海銀行公會常務理事	申彙銀行董事長
同上	徐國懋	上海銀行公會常務理事	金城銀行經理
同上	傅汝霖	上海銀行公會會員代表	中國實業銀行董事長
同上	程覺民	南京銀行公會理事長	交通銀行南京分行經理
同上	鬍子昂	重慶銀行公會會員代表	華康銀行董事長

〔註85〕《成都銀行公會代表楊茂如致成都銀行公會函》（1947 年 6 月 3 日），成都市
　　　　檔案館：104-1-294。
〔註86〕《中華民國銀行商業同業公會聯合會成立大會宣言》（1947 年 4 月 15 日），四
　　　　川省檔案館：6.468/3。
〔註87〕《銀錢業向國府提意見，請取消戰時金融管制》，《新新新聞》1946 年 2 月 15
　　　　日，第 9 版。
〔註88〕成都市檔案館：104-1-294。

說明：1、由於論題所限，本表僅列出理事長及常務理事名單，還有 24 名理事、3 名常務監事、8 名監事，未作列表。2、資料來源：四川省檔案館：6.468/3。

　　由上表可知，理事長及常務理事等重要職位幾乎全部由上海銀行公會控制，上海公會在全國銀聯會中擔當著「主角」，其它公會基本處於「配角」的地位。儘管如此，銀聯會作為全國銀行同業組織的最高中樞機構，領導各地同業、力謀銀行業的改進及發展，為全國金融業的發展指引了方向。此後，因「會員單位必日增月盛，會務成績亦必可超越以往也」，全國聯合會每年召開一次。

中華民國全國銀行商業同業公會聯合會第一屆理監事留影（1947 年 4 月）

照片來源：《中華民國銀行商業同業公會聯合會成立大會》1947 年 4 月。四川省檔案館：6.468/3。

（二）成都銀行公會與全國銀聯會的關係

1、選派代表參加全國銀行公會聯合會

　　全國銀聯會的準備與召開都得到成都銀行公會的積極支持和熱情參與。當上海銀行公會要求成都銀行公會為參加全國銀聯會造送全體會員代表

名冊、理監事名冊、公會月費收入總額及繳納會費辦法時，成都銀行公會很
快便擬定如下兩款，函覆上海銀行公會以資參考：（一）成都市銀行商業同
業公會會員代表及理監事名冊（下表所示）；（二）成都市銀行商業同業公會
三十五年每月月費收入總額九十二萬七千五百五十元整，由本公會會員按月
平均分攤，又本公會繳本市市商會會費全年總額七十八萬元整（在市商會一
百三十權），照本公會會員平均分攤繳納。〔註89〕

表 5-8：成都市銀行商業同業公會現任理監事名冊（1946 年）

職　別	姓　名	某屆某次當選	現任職務
理事長	袁玉麟	第一屆第二次連選連任	川康銀行成都分行經理
常務理事	趙丕休	同上	重慶銀行成都分行經理
同上	沈仁波	同上	美奉銀行成都分行經理
同上	李沅伯	第一屆第二次當選	信華銀行總行協理
同上	王作賓	同上	其昌銀行總行總經理
理事	鍾信恒	同上	成都市銀行經理
同上	解晏清	第一屆第二次連選連任	濟康銀行總行協理
同上	蕭增熙	第一屆第二次當選	克勝銀行總行協理
同上	趙觀白	同上	四川省銀行成都分行經理
常務監事	李自箴	同上	山西裕華銀行成都分行經理
同上	殷靜僧	同上	和成銀行成都分行業務專員
同上	寧季瞻	同上	雲南實業銀行成都分行經理

資料來源：成都市檔案館：104-1-294。

　　根據銀聯會章程草案第十條規定「會員代表由參加本會之各地銀行商業
同業公會就會員代表中舉派之」〔註90〕，成都銀行公會推選藍堯衢、袁玉麟、
楊茂如、李沅伯為出席全國銀聯大會代表。四位代表簡況見下表：

〔註89〕《成都銀行公會致上海銀行公會函》（1946 年 11 月），成都市檔案館：
　　　　104-1-294。
〔註90〕《中華民國銀行商業同業公會聯合會成立大會紀念刊》（1947 年 4 月 15 日），
　　　　四川省檔案館：6.468/3。

表 5-9：成都銀行公會出席全國銀行公會聯合大會代表簡況（1947 年）

代表人姓名	所屬銀行	現任公會職務	備　　註
藍堯衢	成都市銀行	會員代表	又兼豫康銀行代理董事長
衷玉麟	川康銀行	理事長	時任川康銀行成都分行經理
楊茂如	匯通銀行	會員代表	時任匯通銀行總經理
李沆伯	信華銀行	常務理事	時任信華銀行總行協理

資料來源：四川省檔案館：6.468/3；成都市檔案館：104-1-294。

歡送藍堯衢出席全國銀聯會攝影

照片來源：《地方金融》（創刊號），1947 年 5 月 1 日。四川省檔案館：6.26-1/3。

在全國銀聯大會第一屆理監事的選舉中，藍堯衢當選爲 24 名理事中的一員，楊茂如也以高票當選爲監事，使成都銀行公會在全國銀聯大會中能夠擁有一席之地。成都銀行公會派代表參加全國銀聯會是成都銀行界主動融入全國銀行界的表現，增進了與各地銀行界之間的相互瞭解，也爲成都銀行界登上全國金融舞臺並發揮積極的作用提供了一個較好的契機。

2、向全國銀行公會聯合會提出議案

根據全國銀聯大會召開程序，全國銀聯會正式召開前，要向各地銀行公會徵求議案，以便提付銀聯大會進行討論，形成符合實際狀況的決議。1947年3月25日，成都市銀行公會召開理監聯席會議，經眾討論，提出以下議案：關於中華民國銀行公會聯合會的提案有（一）請求減低存款準備金數目並提高存款準備金利率案；（二）請求簡化定期表報案；（三）請求財政部轉知國家銀行對於商業銀行調撥頭寸予以匯兌便利案；（四）請減低普通存款準備金額並提高給息標準以杜弊端而利金融案；（五）請緩徵利息所得稅以免遊資金融脫節案；（六）請轉呈財政部對於銀行辦理貼現放款請免除提付商業行為證件案；（七）請轉呈財政部將現存銀號錢莊一律准予改稱銀行以資劃一案；（八）請轉函中央銀行總行將各商業銀行之存款準備金利率酌量提高以減商業銀行損失並藉以吸收遊資安定物價案；（九）請誘導遊資透過銀行案。關於經濟緊急措施方案的提案有（一）國家行局應發揮其力量以資金為工具積極將省市地方銀行及商業銀行導入正軌扶助其發展案；（二）國家行局及省市銀行應不忽視商業銀行之利益使商業銀行多餘之款自動存入國家行局不必強制案；（三）商業銀行增設分支機構或新設行莊均應以資力為標準、數量多寡以法令定之、不必指定「限制區域」或「一律不准」案；（四）中央銀行對商業銀行停止票據交換時應即徹查全體營業狀況、究悉其緣由而分別議處不必即行勒令停業案；（五）商業行莊有投機囤積或助長投機囤積及其它違反管製法令情事應查明有據移送法院、偵查確實然後勒令停業、政府並嚴令各級法院改進訴訟程序以期處理迅速不誤時機、而不必經常為緊急之措施案。〔註91〕

以上各項提案雖是經過與會代表慎重考慮的結果，符合當時全國金融業之亟需，但內容過於龐雜，不可能一一提付全國銀聯大會逐條進行討論，需將其整合為幾條主要議案，再提付銀聯大會進行討論。後經認真磋商，上述各項提案被綜合為四項主要內容。1947年4月15日，全國銀聯大會正式召開時，該四項提案被大會全部通過。其主要內容如下：

　　第一，補充「加強金融業務管製辦法」案。

　　理由：查加強金融業務管製辦法第八條規定：「商業行莊因周轉

〔註91〕《成都市銀行錢業商業同業公會對中華民國銀行公會聯合會草擬提案會議記錄》（1947年3月26日），成都市檔案館：104-1-294。

不靈，經中央銀行停止票據交換時，應即勒令停止，弔銷執照，限期清理債務，盡先償付所收之存款。」此種規定，意在防止金融業資金流於投機操縱之場所，其詞雖嚴，其意至善。惟查商業行莊票據交換時頭寸短缺，原因不止一端，不能遽認爲經營投機業務，例如其它碼頭調款電信之遲誤，預算中之頭寸因其它往來之失誤而不能即時調奇，以及其它非人力所能抵抗之突發事件延緩時間等等，均非商業行莊自身之過失，更無轉移資金投機之情形，一時失靈，停止交換，隨即將執照弔銷，是因他人之過失而宣告其死刑，於情不洽，於法過苛，實有急謀補救之必要。

辦法：1、各地商業行莊頭寸不足時，當地國家行局應予代收抵撥，頭寸補差；2、上述管製辦法第八條條文「經中央銀行停止票據交換時」一句，應修正爲「經中央銀行撤銷其交換行莊之資格時」，如此項條文不能修改，則請由政府通令説明「停止票據交換」應作爲「撤銷交換資格」之解釋；3、交換頭寸有差，應即查明是否由於本身之過失，抑或轉移資金於投機囤積，以致失靈。有此情形，自當依法處理，果其原因出於其它方面，或非人力所能抵抗之變故，則不應作爲取消交換資格之理由。

第二，請減低普通存款準備金額，並提高給息標準以杜弊端而利金融案。

理由：查現行銀行普通存款準備金爲定期百分之十，每半年結息一次，即在業務較爲寬展之銀行，亦不免於虧折。茲假定某銀行收入定期存款十億元，以月息七分收進，每月須付息金七千萬元，此十億元之款，繳存款準備金一億元，每月只能收息一百六十六萬元。自提現金準備百分之五，全無收入，其餘八億五千萬元，以百分之七十，五億九千五百萬元以月息九分放出，月收息金五千三百五十五萬元，百分之三十，二億五千五百萬元，以日拆二元四角拆放同業，一日不落空，可收息金一千八百三十六萬元，全部共可收息金七千三百五十七萬六千元，除支付息金七千萬元外，只獲毛益三百五十七萬六千元。以目前四川實際狀況論，有十億存款之銀行，每月開支，至少在一千五百萬元以上，其毛益三百餘萬元實只及其

開支之五分之一至四分之一，當存款十億元以下，其折虧狀況尤為嚴重。以此之故，若干銀行為謀自存起見，或則被迫而做法外之經營，或則製造黑帳逃避提存之數額，因而發生之流弊，極為重大：第一，政府全部管理銀行之法令，陷於無法貫徹之境地；第二，造成金融業者作弊逃稅之種種苟免心理，使金融業永遠無法健全；第三，使露天銀行之類的非法組織，乘機而起，破壞正當金融業務；第四，使遊資流入投機囤積之非法途徑，直接危害民生，政府縱明知某銀行另有黑帳，亦恐牽涉過大，不能檢舉，久而久之，形成一種公開之秘密，公開之弊實，其危害於金融經濟者，實非諸墨所能盡述，欲為正本清源之計，勢非呈請政府修改法令不可。

辦法：呈請財政部：1、減低存款準備金額為定期百分之五，活期百分之七點五；2、將存款準備金息提高，照各地同業日拆計算，按月結息；3、嚴格查拿黑帳，澄清金融業所有弊端，配合政府金融經濟政策展開健全之業務。是否有當，敬請公決。

第三，請緩徵利息所得稅以免遊資金融脫節案

理由：查物價繼續上漲，遊資持有者人雖以七分月息存入銀行，亦不能彌補其幣值低落之損失，村夫婦孺，皆能計算，故物價愈波動，遊資愈與銀行脫節。最近中央銀行之統計，全國銀行總存款共五千億左右，約為戰前之一千倍（戰前總存款月五億，通貨流通額約二十億，存款約占通貨之四分之一）。而現在之通貨流通額確數雖不可知，但以物價指數，全國平均一萬倍計算，當為二十億，是銀行存款總額五千億亦及通貨流通額之四十分之一，故今日存款總額，實際只及戰前存款總額之百分之十。換言之，歷年物價上漲結果，已使百分之九十的遊資脫離金融關係，而泛濫於商品投機市場。因而進一步造成物價之上漲，使經濟危機繼續普遍而深入。最近四聯總處，為謀納遊資於金融之正軌起見，曾有通令國家行局提高存款利率之決議，足見遊資與金融脫節之現象，亦政府急謀糾正者，而一般商業銀行以月息七分存入，九分放出，所得毛益，已雖維持其開支，此再將存息提高，務必虧折更大。但在遊資持有人看來，月息七分，與其幣值之損失，已經相差甚遠，而不願存入銀行。

今再課以百分之十的利息所得稅，實於損失之外，再增損失，迫使遊資更進一步與正當金融機構脫離。政府之金融政策，正力取提高存息吸納遊資於金融，而利息所得稅之征收，則又進一步迫使遊資脫離金融，財政政策與金融政策相矛盾，且存息提高，在現實金融業務上，有其不可超越之極限。故解除此種矛盾之方法，只有緩徵利息所得稅：（一）遊資與金融之分離運動，勢必繼續加強；（二）只有黑帳逃稅之銀行或露天銀行等始能吸收存款，正當之金融業，將至無存款臨門之境地；（三）政府之利息所得稅收入，今日已極微秒，且將繼續減少，而金融經濟卻大受損害。

辦法：請具呈財政部，令行直接稅署緩徵利息所得稅，俟通貨穩定，金融經濟轉入正常狀態時，再行開徵。是否有當，敬請公決。

第四，請劃一金融機構名稱案

理由：查我國金融機構之名稱，在昔因地域遼闊，政權不一，故頗分歧，有銀行、銀號、錢莊之別，惟在抗戰以前，政府未積極管理，故業務內容有差，資本額度亦相去懸殊。戰後物價步漲，政府為防止投機起見對金融業管理加嚴，並規定其業務範圍，無論其為銀行、銀號、錢莊均受同一法令之管束，是則名義雖有不同，而實際已無軒輊。現在抗戰早經結束，國內復歸一統，銀行、銀號、錢莊既均受同一官署同一法令管理，而又經營同一之業務，其名稱自應一律，以免糾紛。

辦法：請轉呈財政部，准將全國各地現存銀號錢莊一律改稱銀行，以資劃一。是否有當，應請公決。〔註92〕

上述各項提案並非只是成都銀行公會的一廂情願，因提案切合實際，為當時全國的金融形勢所亟需，所以得到眾多與會代表的認同。提案經交付大會討論獲得一致通過，並轉請政府開始施行。成都代表楊茂如會後致函成都銀行公會，彙報在南京出席銀聯會情形，稱「自開會起迄至閉會，各省共提一百五十二案，本會所提各案均經審查，交付大會通過，轉請政府施行」〔註93〕。成都

〔註92〕成都市檔案館：104-1-294。
〔註93〕《成都銀行公會代表楊茂如致成都銀行公會函》（1947年6月3日），成都市檔案館：104-1-294。

銀行公會通過提案表達了自己的要求和願望，讓全國金融界聽到了來自成都銀行界的聲音。

　　總之，通過參加全國銀聯大會，成都銀行公會首次登上全國銀行界的大舞臺，向全國金融界展示了成都銀行業的風貌。所以，這是成都銀行業走向全國的關鍵一步。

結　語

　　同業公會是近代中國工商業者的新型社團組織，它的產生是中國行業組織從傳統行會向現代同業組織轉變的一個重要標誌。自 1918 年北京政府農商部公佈《工商同業組織規則》和《工商同業公會規則施行辦法》之後，同業公會即在全國各地紛紛成立。銀行公會作為同業公會之一種，它在中國的產生不是由會館、公所、幫會等傳統行業組織自然過渡而成，而是建立在近代的新式金融形態——銀行產生和發展的基礎上，並在外國資本輸出加劇、經濟侵略加深的情況下為與外資銀行相抗衡而產生的，這與其它有歷史傳統的同業組織的發展沿革有很大不同。

　　20 世紀初期，中國銀行業雖有所發展，但舊中國的金融市場一直為外資銀行和本國的錢莊、票號所控制，各類新成立的銀行因缺乏健全的法制環境和行業內部的自律監督機制而各自為政，缺乏整體意識，所以「對外既不足以抵抗洋商銀行之競爭，對內復互相競爭傾軋，不獨消弱本身之力量，致無力應付偶來之風險」〔註1〕。為了擺脫外資銀行及本國錢莊業的束縛與夾擊，維護華資銀行的公共利益，並「矯正營業上之弊害」，上海銀行公會於 1918 年率先成立。這是中國的第一家銀行公會，雖然它是地域性的銀行同業組織，但影響遠遠超出上海一地，對全國各地的銀行同業組織起到「開風氣之先」的示範作用。在上海公會的影響下，北京、杭州、天津、漢口、濟南、蚌埠等地的銀行公會接踵成立。它們是中國出現的第一批銀行公會，都產生於北京政府時期。

〔註 1〕 陳光甫：《我國銀行公會之回顧》，上海商業儲蓄銀行總行調查研究「論文譯
　　　　著」，上海商業儲蓄銀行檔案，上海檔案館館藏資料：S275-1-2130。

　　南京國民政府成立後，爲把民眾組織的目標從「革命之破壞」轉變爲「革命之建設」，〔註2〕較爲重視工商同業組織的建設與發展。1929 年頒佈的《工商同業公會法》爲各工商同業組織的成立提供了法律依據，全國掀起組建同業公會的熱潮。乘此東風，作爲川省兩大中心城市之一的重慶於 1931 年 9 月率先組織成立了「重慶銀行業同業公會」〔註3〕（該公會對成都銀行公會的成立有較強的示範效應）。當時川局尚未統一，成都處於「三軍」共管（1926～1933 年）時期，金融形勢混亂不堪，除中國、聚興成兩家銀行是經財政部註冊備案外，其餘銀行幾乎均與各路軍閥「有染」，隨軍閥勃興沉浮而廢存無常，致使成都的銀行數量一直未能達到成立銀行同業公會的法定數量。1934 年，成都結束「三軍」時期，川政開始統一，局勢趨於穩定。隨著劉湘進駐成都，一批「渝幫」〔註4〕銀行開始向成都開拓業務，設立分支行處，成都的銀行業開始慢慢發展起來。這時，成都銀行界的一些精英人物開始思考並籌劃建立成都銀行公會。1934 年 5 月 20 日，中國、聚興成、川鹽、川康、美豐、重慶市民、四川地方七家銀行在川鹽銀行所在地召開銀行公會成立大會，取名「成都銀行業同業公會」。大會通過了公會章程，成立了委員會，選舉胡濬泉爲公會第一任主席。銀行公會作爲成都的第一個現代金融同業組織就這樣誕生了。

　　論文以民國時期成都銀行公會爲研究對象，通過對其產生、發展、活動及其與政府、其它團體之間互動關係的研究，考察其在成都金融業現代化過程中的作用。1934～1949 年是成都銀行公會存在和發展的重要時期，從川政統一，歷經抗日戰爭、解放戰爭直到中華人民共和國成立，公會解散時止，成都銀行公會退出歷史舞臺。在此 15 年間，成都銀行公會的會員從最初的七家發展到 1949 年的五十多家，其影響也從最初的「名不見經傳」（抗戰之前成都因偏安西南，經濟金融都較落後，就全國來看，成都的金融同業組織社會影響不大，基本上處於「失語」狀態）到抗戰期間的「聲名鵲起」。十幾年的成長，成都銀行公會的組織管理及對外協調能力日漸成熟，對外影響持續

〔註 2〕　《中國國民黨第三次全國代表大會對於第二屆執行委員會黨務報告的決議案》（1929 年 3 月 27 日），《中央黨務月刊》第 10 期。

〔註 3〕　重慶銀行公會成立於 1931 年 9 月 25 日，初始會員有中國、聚興成、川康殖業、美豐、重慶市民、重慶貧民、川鹽 7 家，康心如爲主席。

〔註 4〕　主要包括川鹽（成都分行成立於 1934 年 3 月）、川康（成都分行成立於 1934 年 4 月 1 日）、美豐（成都分行成立於 1934 年 3 月）、重慶市民（成都分行成立於 1933 年 12 月 3 日）、四川地方（成都分行成立於 1934 年 3 月 13 日）。

增長，逐漸獲得社會各方重視，成為成都當地最重要的民間自治團體之一。雖然成都銀行公會無法像上海、南京、重慶等地的銀行公會那樣，因得「近水樓臺」之宜，可以向國民政府的財政、金融、經濟、乃至政治施加一定的影響，提出建設性意見。但它在維護成都的銀行業利益、改進銀行業務，特別是抗戰期間組織會員銀行遵行各項金融法規以保持後方安定等方面做出了重大的貢獻。它為推動成都銀行業發展所做的種種努力，客觀上推動了成都、四川乃至中國金融業的現代化進程。

　　基於上述分析，筆者將民國時期成都銀行公會的發展脈絡大致梳理如下：

　　第一階段：1934～1937 年是成都銀行公會的成立和初步發展時期。此時，四川的軍閥混戰結束不久，社會面貌千瘡百孔，幣值、財政都極度混亂，銀行公會的主要職能是聯繫同業應對各種金融風潮，並在尋找自我定位中努力履行輔助同業發展的職責。但因此時公會成立不久，內部組織結構有待完善，各方運作尚未進入常規，所以在同業自律監督、謀求同業團結及推動銀行業發展等方面發揮的作用十分有限。因為這一時期四川的經濟較為落後，建立在經濟不發達基礎上的金融或金融同業組織，它的資本是薄弱的，組織結構是落後的、保守的，發展也是緩慢的。這一時期成都銀行公會會員數量增加不多（從 1934 到 1937 年三年間僅增加了金城、上海兩家銀行，會員總共僅為九家），社會影響十分有限。

　　第二階段：1937～1945 年是成都銀行業及銀行公會的快速發展時期。這一時期，四川自身的經濟在歷經抗戰之前的初步發展後，已經從以個體小農生產為主的自然經濟中脫穎而出，開始向商品經濟方向過渡。四川的金融業已具有了一定的基礎。據統計，到 1937 年 6 月，四川的金融機構（包括銀行、錢莊、銀號）共計一百二十四家〔註 5〕，主要集中在成都、重慶、萬縣等少數較大的城市；銀行資本額最高可達兩千萬左右，使銀行公會的發展有了一定的基礎。抗戰開始後，隨著重慶被定為戰時陪都，政府機關、學校、廠礦、商業以及沿江沿海的資金、金融機構等隨之西來，大量人力、物力、財力以及新技術、新的經營管理方式方法大量湧來，打開了四川封閉的經濟大門，為四川工商業的發展、繁榮注入新鮮血液，也為川省金融業的發展帶來千載難逢的良機。各類金融機構如雨後春筍般湧現：首先，國家行局（主要是中、中、交、農四行）來川開設分支行處，使戰前已有的三十七家增為

〔註 5〕四川省政府統計處：《四川省銀行分佈之分析》，四川省檔案館：6.460/3。

一百一十六家，增長三倍，占四行在西南西北增設總數二百八十九家的百分之四十〔註6〕。僅在成都先後增設了五個國家行局，連同原有的中國銀行，總數達到六個。這些金融機構資金雄厚，經濟活動能力很大，增強了成都金融的活力，使成都金融業能夠對社會經濟和工商業發展起到重大作用。其次，抗戰時期四川成為「民族復興最後之根據地」〔註7〕，其它各省銀行或因省區淪陷或因臨近戰區，相繼來川設行，可謂盛極一時。省會成都作為川西的經濟中心，是外來人口、金融機關及工場學校內遷的理想之地。成都人口從1935年初的30餘萬，陸續增加為40、50、60餘萬，最多達到70餘萬。〔註8〕當生產迅速發展、購買力大量增加、市場呈現繁榮時，原有金融機構就無法滿足需要，亟需金融業擴大服務。因而成都的銀行業在此形勢下發展起來。最後，錢莊、銀號通過合併、增資及改組等方式紛紛轉變為銀行。抗戰爆發後，成都經濟逐漸發展，工商業日趨繁盛，金融業得以恢復發展。於是，一些軍政界、工商界人士，都想躋身於金融業中斂聚資財。而開設銀行，限制較嚴，乃駕輕就熟開辦銀號錢莊。1939年開業的有復興華、華慶豐兩家，1940年開業的有匯通、涪泰兩家，到1941年發展極為迅猛，一年之中先後有聯成、昌泰、其昌、新亞等二十三家錢莊開業〔註9〕，頗極一時之盛。由於銀行、銀號、錢莊驟然發展過多，業務競爭相當激烈。一般商民認為銀行規模大、資金多、信用可靠且各地通匯，借貸方便。而對新開銀號、錢莊摸不透老底，缺乏信心，致使銀號錢莊不易招來顧客，門庭冷落。於是從1942年開始，成都的銀號、錢莊為了發展業務，就通過增資改組逐漸向銀行轉化。後因改組之風盛行，財政部為防止行莊過多，金融不易控制，遂採取限制銀行設立的辦法，規定必須有兩家以上銀號、錢莊合併才能改為銀行。儘管如此，到1945年止，成都仍有十一家銀行是由銀號、錢莊轉化而來的。

銀行業的繁榮為銀行同業組織的發展奠定了基礎，成都銀行公會組織規模日漸擴大。抗戰開始後的1938年7月，成都市民銀行開業並加入公會，銀

〔註6〕 張與九：《抗戰以來四川之金融》，《四川經濟季刊》，第1卷第2期。

〔註7〕 劉湘：《四川後方國防基本建設大綱》，《四川經濟月刊》1937年第8卷第4期。

〔註8〕 《民國時期成都金融實況概述》（中）。成都文史資料委員會編：《成都文史資料選輯》，1988年第3輯，第128頁。

〔註9〕 《民國時期成都金融實況概述》（中）。成都文史資料委員會編：《成都文史資料選輯》，1988年第3輯，第131頁。

行公會會員增爲十家；1939 年 12 月，同業公會改組時，成都十五家銀行除了
中央銀行外其餘全都加入了成都銀行公會，會員達於十四家；1943 年，許多
由銀號錢莊改組而成的銀行也紛紛加入公會，會員增加到二十八家（此數字
有爭議，另據成都市銀行監理官辦公處 1944 年統計爲 37 家）；到 1945 年抗
戰結束時，由於新改銀行日益增多，會員發展到五十家以上。隨著公會陣營
的擴大，社會影響日漸深遠，除協助政府極力推行戰時金融法規外，還積極
組織會員銀行輔助工商業發展、投資生產建設事業、改善後方生活條件、支
持抗日戰爭。比如，1944 年，成都籌設自來水公司，除公股八千萬元由市府
撥款外，尙有商股六千萬元需要籌募。成都銀行公會組織成都市銀行、匯通
銀行、華康銀行、其昌銀行、濟康銀行及川康興業公司六家會員與四川機械
公司將六千萬商股全部認購。同時，自來水公司還發行公司債券六千萬元，
也由中國、交通、農民、金城、上海、中國通商、川康等會員銀行負責承募。
自來水公司在眾多銀行出資扶持才下才得以開辦起來，使成都市民飲用上消
毒自來水，改善了生活條件。可見，成都銀行公會在成都社會生活中有著重
要影響。

　　此外，成都銀行公會還積極組織會員銀行參加戰時的各項捐獻活動，支
持前線將士。1940 年，成都成立傷兵之友社，專爲傷兵籌募款項，銀行公會
主席擔任該社副理事長，展開籌募工作，取得較好成績。1945 年 1 月，成都
各界爲響應馮玉祥號召，在少城公園開展節約獻金運動，銀行界、工商界帶
頭登臺獻金，鼓動了各界群眾踴躍參加。其它還有防空捐、難民捐等各項捐
款，成都銀行公會均本著有錢出錢的愛國精神，帶頭捐輸，支持抗戰。總之，
抗戰期間是成都銀行公會的快速發展時期，其規模和社會影響與日俱增，儘
管自身面臨種種困難，還是竭盡全力支持前方將士抗戰，扶助後方生產建設
事業，爲抗戰的最後勝利作出了一定的貢獻。

　　第三階段：1945～1949 年是成都銀行業及銀行公會漸趨衰落時期。抗戰
勝利後，國民政府回遷南京，戰時內遷的軍政機關、工廠、商號、學校、金
融機構等紛紛遷回原地，喧囂一時的後方各大都市重新陷於落寞。但因離川
銀行留下的大量分支機構於戰後初期紛紛向成都市集中，使成都的金融業一
度保持繁榮。可好景不常，因內戰爆發，抗戰勝利後已經回落的物價又迅猛
上陞；通貨惡性膨脹，幣值大幅跌落，成、渝一度恢復鑄造銀幣，擬發地方
貨幣。國民政府兩次改換和濫發貨幣，致使金融紊亂愈演愈烈，百業凋敝，

經濟崩潰；許多私營中小銀行、錢莊經受不住打擊，經一番掙扎之後，紛紛陷入破產倒閉或停業的困境。

　　這一時期，成都銀行公會的主要職責是組織會員銀行扶助成都工商業的恢復與發展，以維持生產、安定社會。抗戰勝利後，隨著經濟重心轉移，成都資金短缺、工商業蕭條，各中小工廠為恢復生產，急需金融業提供貸款。資助工商業發展既是成都金融業義不容辭的責任也是維護其自身利益的需要。1946 年，成都銀行公會聯合錢業組織，共同成立了聯合貸款銀團，對中小工廠予以貸款救助。但這一時期，成都銀行公會也曾協助國民政府催促會員銀行以銀錢外幣交兌形同廢紙的金圓券，損害了會員的利益。1948 年 8 月 19 日，國民政府頒佈了「財政經濟緊急處分令」，把 1935 年 11 月起發行已有 13 年歷史的法幣宣佈作廢，改發金圓券來代替它，規定金銀外幣實行國有，人民不得持有和買賣，並限期將金銀外幣按規定的比率向國家銀行兌換金圓券；至於銀行、錢莊等金融機構，無論官辦、私營都必須將所保存的金銀外幣一律送交中央銀行，按規定比率兌換金圓券，不得隱匿。新貨幣貶值更快，許多銀行、錢莊並不願意將作為硬通貨的金銀外幣兌換無信譽可言的金圓券。政府通過向銀行公會施壓威力，轉催各會員銀行將大量黃金、白銀、銀元、美鈔、港元等交兌中央銀行成都分行。國民政府的做法形同對保存金銀外幣的銀行進行了一場掠奪，因為這些銀行是在法幣不斷貶值時將自有資金存購一些金銀外幣，以免遭受更大損失。現在，它們在銀行公會和成都央行的嚴屬催逼下，不得不將所存金銀外幣兌換成金圓券。據中央銀行統計，成都各銀行、錢莊、銀號共交兌黃金 525.55 市兩、銀元 667512.5 元、白銀 1868 件又 4 箱、外匯 6945 元，美金 2 枚（這些金銀外幣後來幾乎都被國民黨運往臺灣）〔註10〕。用這些金銀外幣所兌換的金圓券，隨著 1949 年 6 月被宣佈作廢而全部損失殆盡。成都銀行公會在這過程中有著不可推卸的責任。1949 年 12 月，隨著解放戰爭向西南推進，國民政府倉惶潰退臺灣，成都解放，半殖民地半封建社會的四川金融貨幣，至此全面崩潰。成都銀行公會也就此解散，退出歷史舞臺。

　　綜觀成都銀行公會發展的歷史，可以看出成都作為民國時期尚未開放的內陸省會城市，其銀行業的產生發展具有不同於其它開放城市的特點。同樣，

〔註10〕《民國時期成都金融實況概述》（下）。成都文史資料委員會編：《成都文史資料選輯》，1989 年第 4 輯，第 112 頁。

成都銀行公會的產生、發展、基本走向以及對整個金融業的影響等方面，也有別於其它城市的銀行公會。這些都是值得高度關注和重視的。歸納起來大致有以下幾個方面。

首先，與全國其它主要城市相比，成都銀行公會的成立時間較晚。成都銀行公會成立之前，其現代銀行業受制於軍閥混戰的影響，發展比較緩慢。軍閥共管時期成都的金融局勢混亂不堪。在當時成都的金融市場上，有各軍閥自辦的新式銀行，此類銀行大多是軍閥直接斂財的工具，與軍閥「共存共榮」「一損俱損」，廢存無常。還有非軍閥創辦的銀行，但這類銀行也大多結緣於各路軍閥，為求自身發展，不得不左右逢源，在夾縫中生存，最終淪為軍閥的「外庫」。所以，成都的現代新式銀行業在軍閥期間根本無法正常發展，傳統票號、錢莊仍然佔據成都的金融市場。銀行業沒有發展起來，一直達不到建立銀行同業組織的法定數量。直到 1934 年，川政趨於統一，局勢安定下來，一批渝幫銀行來蓉開拓業務，成都銀行的數量才增加到七家，達到建立公會的法定家數。而此時，上海銀行公會成立的時間（1918 年）已有 17 年之久，北京、天津、漢口、蚌埠、濟南、杭州等地銀行公會（這六各城市的銀行公會都在 1920 年成立）的成立時間已達 15 年之久，就連重慶銀行公會也於 1931 年成立，早於成都三年。成都銀行公會不是因為本地銀行業發展到一定程度為維護同業利益而建立起來的，而是因為外地（主要是重慶）銀行的大量湧入，並搶佔了本地的金融市場的情況下才建立起來的。這說明當時成都本地的現代銀行業尚欠發展，因受戰亂影響工商經濟發展水平較低，無法給現代銀行業提供強勁的發展動力。

其次，成都銀行公會缺乏創新精神，對全國產生的影響不大。成都銀行公會成立時，其它城市銀行公會的組織結構、運作機制等已經發展得較為完善，它們成為成都銀行公會仿傚的對象。對比成都重慶兩地銀行公會的章程和營業規則，可以看出，除將「重慶」二字換為「成都」之外，其餘內容完全一致。可見，成都銀行公會所制定的章程和營業規則是對重慶銀行公會的照搬照抄。當時，兩地公會之間的聯繫比較密切，成都銀行公會的職員中有許多曾有在重慶銀行界工作的經歷，受重慶銀行公會影響較深。在成都銀行公會存在的 15 年中，其主要職能是一邊協助政府推行經濟金融政策的實施，一邊及時反饋會員意見，盡力維護同業的利益，基本上擔負起銀行業自律組織的責任。但成都銀行公會在改進銀行業務特別是建立成都銀行業聯合準備

庫、票據交換所等方面卻少有作爲。不像上海、杭州、重慶等地的公會那樣，在銀行業務的改進、同業規則的制定等方面有所創新。同時，成都銀行公會也不像上海銀行公會那樣與國民政府有著極爲密切的關係，能夠參與國民政府的內債制定、經濟立法等，並施以一定的影響。〔註 11〕更不像重慶銀行公會那樣，在抗戰期間，憑「近水樓臺」之宜，提出建設性意見，向國民政府的財政、金融、經濟、乃至政治施予一定的影響。

最後，成都銀行公會缺乏獨立自主性，對政府的依賴性較強。「同業公會對城市政府存在較大的依附性，這是民國時期成都同業公會最大的特點之一。……這種依賴源於雙方的需要：一方面，同業公會需要政府爲其撐腰，以便有效的行使其管理職能；另一方面，政府亦需要同業公會作爲政府與商民之間的橋樑，成爲其社會控制的一個重要工具，這種相互的需要使二者的結合日益緊密」〔註 12〕。該觀點是對民國時期成都各同業公會與政府之間關係的客觀認知，也是成都銀行公會與政府之間關係的真實寫照。成都作爲內陸省會城市，傳統商業和手工業都較發達，行會組織很多。雖然大多行會組織在南京國民政府頒佈《工商同業公會法》之後，完成了從商幫、行幫到同業公會的轉變，但各同業公會依然保留有濃厚的傳統性，成爲傳統與現代因素的結合體。〔註 13〕成都銀行公會並非由傳統的錢幫組織轉變而成，但作爲成都眾多「傳統性」因素濃厚的同業公會中的一員，也就不可避免的打上「傳統性」的烙印。其最主要的表現之一就是，它雖然是一個現代性的同業組織，但對政府有較強的依賴性。諸如成都銀行公會的成立、改選、改組及行業管理、行業規則的執行等都需要政府的支持和指導。特別在抗戰時期，隨著成都金融業的繁榮，成都銀行公會會員數量迅猛增加。如何管理好如此之多的會員銀行，使它們在國民政府的抗戰經濟體制下充分發揮「資金總匯」之效能，以發展後方經濟、服務抗戰大局，更有賴於政府行政職能的管理和幫助。

總之，成都銀行公會的產生與發展，對民國時期成都金融業的現代化起

〔註11〕 參見王晶：《上海銀行公會研究（1927～1937）》，復旦大學 2003 年博士學位論文，第 137 頁。

〔註12〕 李德英：《同業公會與城市政府關係初探——以民國時期成都爲例》，《城市史研究》第 22 輯，天津社會科學出版社，2004 年，第 232 頁。

〔註13〕 參見李德英：《同業公會與城市政府關係初探——以民國時期成都爲例》，《城市史研究》第 22 輯，天津社會科學出版社，2004 年，第 230 頁。

到重要的推進作用，正如上海銀行公會主席陳光甫在總結銀行公會的作用時所說「銀行公會頗有助於金融實業之發展，對國家有相當貢獻，蓋前此銀行漫無組織，對外既不足以抵抗洋商銀行之競爭，對內復又互相競爭傾軋，不獨消弱本身之力量，致無力應付偶來之風險，且同業間應有之改革、協商、互助等亦無從著手。但公會成立後，則本互相之精神謀業務之合作，成就非鮮，如成立準備庫與票據交換所，訂立銀行營業章程與倉庫業規則，協助政府建立發行制度，廢兩改元，改革幣制與協助推行金融管制政策等，不勝枚舉」〔註14〕。該評價雖是就全國銀行公會而言，但也是對成都銀行公會的中肯評價。

　　論文在結尾時，本想就民國時期成都銀行公會的地位、作用、特殊性等方面作一深入分析，但作者力有不逮，僅能就已有的資料，給出上述分析。

〔註14〕陳光甫：《我國銀行公會之回顧》，上海商業儲蓄銀行總行調查研究「論文譯著」。上海商業儲蓄銀行檔案：S275-1-2130。

附　錄

一、論文所涉及的章程、法規等

（一）《銀行公會章程草案》1915 年 8 月 24 日

第一條　各處銀行、錢莊、銀號等，應照本章程組織銀行公會，辦理左列各事項：一、受財政部或地方長官委託，辦理銀行公共事項；二、辦理支票交換所及徵信所事項；三、辦理預防或救濟市面恐慌事項。

第二條　各銀行、錢莊、銀號，具有左列各條件者，得公共組織公會，稟財政部設立之：一、資本金額在二萬元以上者；二、註冊設立已滿一年以上者。

銀行公會設立後，凡具有上列條件者，得隨時由會核准加入。

第三條　銀行公會設會長、副會長各一人，董事五人至七人，會員無定額。

第四條　會長、副會長，由會員於幹事中選任之。

第五條　董事由會員互選任之。

第六條　凡入會之銀行、錢莊、銀號，均得舉出一人位會員。

第七條　會長、副會長，非有左列資格者，不得被選：一、資本五十萬元以上之銀行經理；二、錢業公所領袖董事；三、商會總理、協理。董事非有左列資格者，不得被選：一、資本十萬元以上之銀行經理、副經理；二、錢業公所董事；三、商會會董。

第八條　會長、副會長，任期二年，但得連任一次。董事任期為四年，每二年改選半數。

第九條　凡有左列各項情節者，不得爲本會會員：一、曾經宣告破產者；二、訴訟尚未了結者。

第十一條　入會銀行有互相維持之責。

第十二條　入會銀行均需於營業盈利項下提出一成，存儲本會作爲公積金。

第十三條　入會銀行於營業資本不敷周轉時，得以確實擔保品向本會借用公積金，其利息臨時會議定之。

公積金非經董事會議決，並查明告貸銀行內容確係殷實，並無別情者，不得借用。

第十四條　公積金所生利息，仍歸原提存之各該銀行所有。

第十五條　入會銀行如有破壞公益，及不遵守本會各項章程情事，得由董事會議決，取消其入會資格。

第十六條　本會辦事各項細則，由董事會議定，詳準財政部施行之。

第十七條　本章程之施行日期，由財政部定之。如有未盡事宜，並得由財政部隨時修正公佈施行。

（北洋政府財政部檔案）

（二）《銀行公會章程》1918 年 8 月 28 日

第一條　依照中華民國法令組織之本國銀行，有五行以上之發起，得遵照本章程，呈准財政部組織銀行公會。辦理左列各事項：一、受財政部或地方長官委託，辦理銀行公會事項；二、辦事支票交換所及徵信所事項；三、發展銀行業務，矯正銀行弊害。

但中外合資設立之銀行，依照中華民國法令註冊設立者，得加入本會。

第二條　入會銀行應具有左列各條件：一、實收資本總額在二十萬元以上者；二、註冊設立已滿一年以上者。

銀行公會設立以後，凡具有上列條件者，經入會銀行多數之同意，得隨時加入。

第三條　入會銀行得舉出會員代表本銀行，其會員之資格及員數之限制，於各地銀行公會章程內定之。

第四條　凡有左列各項情事者，不得爲會員：一、曾經宣告破產尚未撤銷者；二、虢奪公權尚未復權者；三、非中華民國國籍者。

第五條　各地方銀行組織銀行公會，應擬訂公會章程及其它各項規約，呈請財政部核准施行。

第六條　銀行公會章程內應規定左列各事項：一、公會經費及徵收會費之辦法；二、公會所在地；三、公會內部組織；四、公會應辦事項。

第七條　銀行公會得設董事長一人，董事至多不得過七人。

第八條　董事由會員中公選，董事長由董事互選之。

第九條　董事長、董事任期二年，期滿改選，但得連任。

第十條　入會銀行有互相維持之責。

第十一條　入會銀行如有破壞公益及不遵守本會章程情事，得由董事議決，並經入會銀行多數之同意，令其退會。

第十二條　一地方內銀行公會以設立一所為限。

第十三條　銀行公會得附設銀行員俱樂部，其章程由各該地公會令定之。

第十四條　本章程自公佈之日起施行。

（交通銀行檔案）

（三）《工商同業工會法》1929 年 8 月 17 日

第一條　凡在同一區域內經營各種正當之工商業者均得依法設立同業公會。

第二條　工商同業公會以維持增進同業之公共利益及矯正營業之弊害為宗旨。

第三條　工商同業公會之設立須有同業公司行號七家以上之發起，前項發起人於依第四條所規定訂立章程後應造具該同業公司行號及其營業主或經理人姓名表冊連同章程分別呈請特別市政府或由地方主管官署轉呈省政府核准設立。

第四條　工商同業公會章程須有該地同業公司行號代表三分之二以上出席方得議決。

前項章程應載明左列各項事項：一、名稱及所在地；二、辦理之事務；三、組織及職員之選任；四、關於會議之規定；五、關於同業入會出會及會員除名之規定；六、關於費用之籌措及其收支方法；七、關於違背公會章程者除除名外其它之處分方法；八、公會之存立期間。

第五條　同一區域內之同業設立公會以一會為限。

第六條　工商同業公會應於本區域內設置事務所。

第七條　同業之公司行號均得爲同業公會之會員推派代表出席於公會，但受除名之處分者不在此限。

第八條　有左列各款情事之一者不得爲同業公會會員之代表：一、褫奪公權者；二、有反革命行爲者；三、受破產之宣告尚未復權者；四、無行爲能力者。

第九條　同業公會置委員七人至十五人，由委員互選常務委員三人或五人，就常務委員中選任一人爲主席，均爲名譽職，但因辦理會務得核實支給公費。

第十條　商會法關於職員及會議之規定於工商同業公會準用之。

第十一條　工商同業公會之職員有違背會章或其它重大情節者得由公會議決令其退職。

第十二條　工商同業公會有違背法令逾越權限或妨礙公益情事者，其在特別市者得由特別市政府命令解散，其在縣或市者得由縣政府或市政府呈准省政府命令解散，但均需呈明工商部備案。

第十三條　工商同業公會之預算決算及主要會務之辦理情形應於每會計年度終三個月以爲呈報所在地之主管官署備案。

第十四條　本法施行前原有之工商各業團體不問其用公所、行會、會館或其它名稱，其宗旨合於本法第二條所規定者，均視爲依本法而設立之同業公會，並應於本法施行後一年內依照本法改組。

第十五條　本法自公佈之日實施。

（四）《成都市銀行業同業公會章程》1934 年 5 月 20 日

總綱

第一條　本會遵照國民政府公佈之工商同業公會法，由成都市區域內之本國銀行業同業組織而成，故名曰成都市銀行業同業公會。

第二條　本會以推進金融業之公共利益及矯正金融上之弊害爲宗旨。

第三條　本會會所暫設於成都市中新街川鹽銀行。

第四條　本會成立於民國二十三年五月，依照工商同業工會法第四條之規定，存立期間暫定爲三十年。

第一章　會務

第五條　本會辦理之事務如左：一、設立票據交換所及徵信所；二、辦理會員營業必要時之維持事項；三、調節會員與會員或非會員間之爭議事項；四、草擬關於金融業法規建議於政府；五、調查同業營業狀況；六、舉辦其它有利於金融業之公共事項。

第二章　會員

第六條　凡在成都市區域內以完全本國人資本合法組織並與本會章程所規定成立之銀行，由本會會員二人以上之介紹，經全委會審查合格，再提交會員大會通過，發給註冊證書後，始得加入本會爲會員。

第七條　凡加入本會者須塡寫入會志願書，繳納入會費及抄送最近三年營業報告，書其入會志願書應附載下列各款：一、商號；二、設立地點；三、使用人數；四、資本金額；五、已收資本之數目；六、組織性質；七、曾否向政府註冊。

第八條　本會會員由每一銀行推派一至三人爲會員代表並須具有左列資格：一、各銀行之正副經理人；二、各銀行委託全權之行員。

第九條　本會會員應享之權利如下：一、選舉被選舉、罷免及提議表決復決等權；二、本會舉辦各項事務之利益。

第十條　本會行員應盡之義務如下：一、遵守本會章程及議決案並呈准備案之營業規則；二、擔任本會推舉或指派之職務；三、按期抄送營業報告；四、答覆本會咨詢及調查；五、按期繳納會費；六、準時出席會議；七、不侵害他人營業；八、不兼營不正當營業。

第十一條　凡有下列各款情事之一者不得爲本會會員及會員代表：一、虢奪公權者；二、營業期間屆滿或因他項事故自行解散者；三、受破產之宣告尙未復權者；四、與他團體合併或遷移他處者；五、有反國民黨言論行爲者；六、無行爲能力者。

第十二條　本會會員歇業或因事自願出會者須提出理由書，經全委會審查認可後始得出會，但所納之各種會費概不退還。

第十三條　本會會員推派代表須給以委託書並通知本公會其改派代表時亦同

第三章　組織

第十四條　本會由會員大會就會員代表中選舉委員九人，候補委員三人組織全委會，由委員中互選常務委員五人，設常務委員會，就常務委員中選

舉主席一人對外代表本會，對內總攝一切會務。

第十五條　選舉委員以無記名連舉法行之，得票最多者爲當選，得票次多者爲候補，如遇票數相同時以抽籤定之。

第十六條　本會委員任期四年，每屆二年改選半數，應改選者不得連任，第一次之改選以抽籤定之，但委員人數爲奇數時留任人數較改選人數多一人。

第十七條　本會委員有缺額時由候補委員依次遞補，常務委員有缺額時由委員互選補充，均以補足前任之任期爲限。

第十八條　本會得設行市特種委員會金融討論會，幣制研究特種委員會及其它各種特委會，上項各特種委員會由本會委員會就會員代表公推之，其辦事細則另定之。

第十九條　本會設事務主任一人，由主席延聘商承常務委員會辦理下列事項：一、關於辦理本會一切文牘會計各事宜；二、安於整理保管文件事宜；三、關於對外調查事宜；四、關於本會會員大會或執行委員會事宜；六、關於編製各項報告事宜；七、關於考核本會職員事宜。

第二十條　本會設書記會計或事務員若干人，秉承常務委員會或事務主任之命辦理會務，其任免由常務委員會定之。

第二十一條　本會重要事務須經會員大會議決，由委員會執行之，但會中常務得由事務主任商承，常務委員會行之。

第四章　會議

第二十二條　本會會議分下列三項：一、會員大會；二、委員會；三、常務委員會。

第二十三條　本會之會員大會分常會臨時會二種，會員大會之主席以本會常務委員輪流充任之。

第二十四條　常會於每年六月及十二月由全委會負責召集之。

第二十五條　臨時會經委員會認爲必要時得召集之，凡有會員代表五分之一以上將會議事由提出，委員會要求開臨時會時，而委員會亦須負責召集之。

第二十六條　凡召集常會時須將應議事項於十日前通告各會員代表，臨時會議不在此限。

第二十七條　會員大會所議事項只限於通告書上載明之件，但經到會會員代表三分之二以上同意時不在此限。

第二十八條　會員大會之議決權每一會員代表一權。

第二十九條　關於所議事項與會員或會員代表本身有關繫時，該會員代表無表決權，如主席認為有關係，會員代表有迴避之必要時得由主席隨時通知該會員代表退席。

第三十條　會員大會之議決以會員代表過半數之出席代表，過半數之同意行之，出席代表如不及過半數時得行假議決，將其結果通告各代表於一星期後二星期內重行召集會員大會以出席代表過半數之同意對假議決行其決議。

第三十一條　下列各款之議決以會員代表三分之二以上之出席，出席代表三分之二以上之同意行之，出席代表如超過半數而不及三分之二時，得以出席代表三分之二以上之同意，行假議決將其結果通告各代表於一星期後二星期內重行召集會員大會以出席代表三分之二以上之同意對假議決行其議決：一、變更章程；二、會員或會員代表之除名，及會員或會員代表之自行請求退會；三、委員之退職。

第三十二條　全體委員會每月開定期會議一次，於必要時得開臨時會議，均由常務委員會召集之，其開會之主席以本會之主席為當然主席。

第三十三條　常務委員會每星期開會一次，於必要時得開臨時會議，均由主席召集之，開會時亦以本會之主席為當然主席。

第五章　經費

第三十四條　本會經費分下列四項：一、入會費　每一會員代表於入會時繳納洋參拾元；二、年費　每一會員代表於每年繳納洋伍拾元，如收集年費不足開支，仍由各會員平均認繳；三、特別費　如遇特別用費由臨時會員代表大會決定之；四、固定基金　由會員代表大會決定之。

第三十五條　特別費由委員會提出理由，交會員代表大會通過後由各會員分擔，固定基金另籌之。

第三十六條　本會結賬之期定六月三十日及十二月三十一日。

第三十七條　本會全年預算決算應由全委員於召集常會之十日前預備下列各項報告表冊：一、財產目錄表；二、會務報告表；三、收支預算及決算表。

第三十八條　前條所規定各種報告表冊文件由常會通過後，須呈請主管機關備案。

第六章　處分

第三十九條　本會會員有犯下列各款情事之一者，經會員五人以上之舉發，交由會員大會議決處理，輕則警告，重則停止其權利或宣告除名：一、不遵守會章；二、破壞本會會務者；三、有違反國民黨言論或行為者；四、假借本會名義在外招搖撞騙者。

第四十條　本會委員有下列各款情事之一者得召集會員大會，經全體會員三分之二以上出席議決後，得罷免之：一、曠廢職務，經委員五人以上出席議決後得罷免之；二、營私舞弊，經會眾告發有據者。

第七章　附則

第四十一條　本章程經會員大會之議決呈請財政實業兩部及市政府核准施行

第四十二條　本會辦事細則另定之

第四十三條　本章程如有未盡事宜得經會員大會之議決，隨時修正之，但須財政實業兩部及市政府核準備案。

（五）《成都市銀行業同業公會章程》1936年修改版

第一章　總則

第一條　本章程依據工商同業公會發及同法實施細則之規定訂定之。

第二條　本會定名為成都市銀行業同業公會。

第三條　本會以維持增進同業之公共利益及矯正營業之弊害為宗旨。

第四條　本會區域以本市行政區域為區域，同一區域內不得有同樣之第二組織。

第五條　本會會址在成都市中新街川鹽銀行內。

第二章　會員

第六條　凡在本區域內營業並依照中華民國法令註冊之銀行皆應為本會會員，唯須經本會會員二人之介紹，由本會審查合格給予憑證

第七條　凡擬加入本會之銀行，須填具入會志願書，交納入會費，並抄送最近一年內營業報告，書其入會志願書應附載下列各款：一、銀行名稱；二、設立地點；三、使用人數；四、資本金額；五、已收資本之數目；六、組織性質；七、曾否向政府註冊。

第八條　本會會員因變更營業種類或停止營業，得聲請退出本會。

第九條　本會會員有違反本會章程決議或其它不法情事致妨害本會名義信用者，視情節之輕重得由會員大會議決，予以除名或酌量議處。

第十條　會員被除名或請求退會經本會議決照准後須交還一切會員憑證，並由本會開列行號名稱及理由呈報主管官署備案，如有欠費應一律繳清，其已納之各種會費概不退還。

第十一條　本會會員均得舉派代表出席本會，稱為會員代表。

第十二條　會員代表每一會員銀行得派一人至二人，以經理人或主體人為限，但其最近一年間平均店員人數每超過十人時應增派代表一人，由各該會員之店員互推之，唯其代表人數至多不得逾三人。

第十三條　會員推派代表時應給以委託書並通知本會改派時亦同。

第十四條　有左列各款情事之一者不得為本會會員代表：一、虢奪公權者；二、有反革命行為者；三、受破產之宣告尚未復權者；四、無行為能力者。

第十五條　會員代表均有提議權、表決權、選舉權和被選舉權。

第三章　職員

第十六條　本會設置執行委員九人，由會員大會就會員代表中用無記名連舉法選任之。

前項執行委員得互選常務委員三人，並就常務委員中用無記名單記法選任一人為主席。

第十七條　本會於選舉執行委員時另選候補執行委員三人，依得票多寡為序，遇有缺額依次遞補，其任期以補足前任之任期為限，唯未遞補前不得列席會議。

第十八條　常務委員有缺額時由執行委員會補選之，其任期以補足前任之任期為限。

第十九條　主席對內主持一切事務，對外為本會之代表，遇有事故時應於常務委員中推一人代理之。

第二十條　執行委員之任期定為四年，每二年改選半數，不得連任。

前項第一次之改選以抽籤定之，如委員人數為奇數時，留任之人數得較改選者多一人

第二十一條　本會執行委員有左列各款情事之一者應即解任：一、因不得已事故經會員大會議決其退職者；二、曠廢職務經會員大會議決令其退職

者；三、違背會章或有其它重大情節者得由會員大會議決令其退職；四、發生本章程第十三條所列各款情事之一者。

第二十二條　執行委員會得分設下列五股，除主席總理全會事務外，常務委員等得互推分掌各股事務：一、總務股：辦理本會一切事項；二、文書股：辦理本會文牘事項；三、會計股：辦理本會一切賬務事項；四、調查股：辦理本會一切調查事項；五、研究股：辦理本會一切研究事項；六、交際股：辦理本會交際事項。

第二十三條　本會辦理會務得設辦事員若干人，其薪金由執行委員會擬定，會員大會議決。

第四章　會務

第二十四條　本會應辦之職務如左：一、辦理本會會員大會議決之事項；二、辦理本會會員請求之事項；三、辦理商會交辦之事項；四、辦理各業同業公會請託之事項；五、辦理主管官署委辦之事項；六、辦理各級黨部委託之事項；七、辦理各團體請託之事項；八、辦理合於工商同業公會法第二條所揭宗旨之其它事項。

第五章　會議

第二十五條　本會會員大會分定期會議及臨時會議兩種，均由執行委員會召集之：一、定期會議定於每年一月及七月十日各開會一次；二、臨時會議於執行委員會認爲必要或經會員代表十分之一以上之請求召集時召集之。

第二十六條　關於會員大會之召集決議及其它一切事項，悉遵照商會法第二十六、二十七、二十八各條之規定辦理。

第二十七條　執行委員會每月開定期會議兩次，定於月之十二日及二十八日舉行之，臨時會議無定期，由主席召集之。

第六章　經費

第二十八條　本會經費分左列三種：一、入會費：每一會員銀行於入會時交納國幣三十元；二、事務費：由會員銀行分擔，其分擔方法由會員大會決定；三、事業費：由會員大會議決籌集。

第二十九條　本會經費之預算決算及主要會務之辦理情形應於每會計年度終三月以內編輯報告公佈並呈報主管官署備案

第七章　附則

第三十條　本章程未經規定事項悉遵照工商同業公會法及同法實施細則

之規定辦理。

第三十一條　本章程未盡事項得經會員大會出席代表三分之二以上之同意修改之並呈准主管官署呈轉事業部核查備案。

第三十二條　本章程於二十五年四月二日經會員大會出席代表三分之二以上之同意訂定之。

第三十三條　本章程自呈准實業部查核備案後即發生效力。

（六）《成都市銀行業同業公會章程》1948 年 3 月 4 日

第一章　總則

第一條　本章程依據商業同業公會法及商業同業公會法施行細則訂定之。

第二條　本會定名爲成都市銀行商業同業公會。

第三條　本會以維持增加同業之公共利益及矯正弊害並加強會員銀行之團結聯繫爲宗旨。

第四條　本會以成都市行政區域爲區域，事務所設於成都市北打金街。

第二章　任務

第五條　本會之任務如左：一、關於各項營業規章之釐定；二、關於會員營業之統制；三、關於會員營業之指導研究調查及統計；四、辦理合於第三條所指宗旨之其它事項；五、關於會員間之聯繫事項；六、關於政府對會員銀行之委託及向政府建議事項。

本條第二款之統制須經全體會員三分之二以上之同意，呈由主管官署核准後，方得施行，但會員代表出席不滿三分之二者，得以出席代表三分之二以上之同意，行假決議並議定限期在三日內通告未出席之代表，依限以書面表示贊否，逾期不表示者視爲同意。

第三章　會員

第六條　凡在本區域內經營銀行商業或信託商業之公司所設分支機搆，不論公營民營，除法令規定之國家專營事業外，均應爲本會會員，其所推派代表出席者稱爲會員代表。

第七條　本會每一會員推派代表不得超過七人，以經理人、主體人或職員爲限。

第八條　本會會員代表以有中華民國國籍，年齡在二十歲以上者爲限。

第九條　有左列各款情事之一者不得爲本會會員代表：一、背叛國民政府經判決確定或在通緝中者；二、曾服公務而有貪污行爲經判決確定或在通緝中者；三、虦奪公權者；四、受破產之宣告尙未復權者；五、無行爲能力者；六、吸食鴉片或其它代用品者。

第十條　會員舉派代表時應給予委託書，並通知本會撤換時亦同，但已曾選爲本會職員者，非有依法應解任之事由，不得撤換。

第十一條　會員代表均有表決權、選舉權及被選舉權，會員代表因事不能出席會員大會時，得以書面委託其它會員代表代理之。

第十二條　會員非遷移其它地區或廢業或受永久停業之處分者不得退會。

第十三條　會員代表有不正當行爲致妨害本會名譽信用者，得以會員大會之議決通知原推派之會員撤換之。

第十四條　本區域內經營銀行商業之公司，不依法加入本會，或不繳納會費，或違反章程及決議者，得經理事會議決予以警告，警告無效時得按其情節輕重，依照商業同業公會法第二十六條規定之程序爲左列之處分：一、一千元以下之違約金；二、有時間之停業；三、永久停業。

前項第二款第三款之處分非經主管官署之校準，不得爲之

第四章　組織及職權

第十五條　本會設理事九人組織理事會，監事三人組織監事會，均由會員大會就會員代表中用無記名連舉法選作之，選舉前項監事時，應另選候補理事三人候補監事一人，遇有缺時依次遞補，以補足前任人氣爲限，未遞補前不得列席會議。

第十六條　當選理監事及候補理監事之名次，以得票多寡爲序，票數相同時以抽籤定之。

第十七條　理事會設常務理事五人組織常務理事會，就理事中用無記名連舉法互選之，以得票最多者爲當選，常務理事有缺額時由理事會補選之，其任期以補足前任任期爲限。

第十八條　理事會就當選之常務理事中用無記名單記法選任理事長一人，監事會就當選之監事中用無記名單記法選任常務監事一人，均以得票滿投票人之半數者爲當選，若一次不能選出時，應就得票最多數之二人決選之。

第十九條　理事會之職權如左：一、執行會員大會決議案；二、召集會

員大會；三、執行法令及本章程所規定之任務。

第二十條　常務理事會之職權如左：一、執行理事會決議案；二、處理日常事務。

第二十一條　監事會之職權如左：一、監察理事會執行會員大會之決議案；二、審察理事會處理之事務；三、稽核理事會之財政收入。

第二十二條　理事及監事之任期均為四年，每二年改選半數，以抽籤定之，但理事及監事人數為奇數時，留任者之人數得較改選者多一人。

第二十三條　理事監事有左列情事之一者應即解任：一、會員代表資格喪失者；二、因不得已事故經會員大會決議准其辭職者；三、依商業同業公會法第四十三條解職者。

第二十四條　本會辦理第五條第三款所載事項時，得設各項特種委員會，各項特種委員會之委員由本會理事會就會員代表中選聘之，其組織細則另訂之。

第二十五條　本會理事監事均為名譽職。

第二十六條　本會理事所設秘書一人，辦事員若干人，得分科辦事，其辦事細則另訂之。

上列人員之任免由常務理事會定之。

第五章　會議

第二十七條　本會會員大會分定期會議臨時會議兩種，均由理事會召集之，定期會議每年一月及七月各開會一次，臨時會議於理事會認為必要時，或經會員代表十分之一以上之請求或監事會函請召集時召集之。

第二十八條　召集會員大會應於十五日前通知，但有商業同業公會法第二十五條、第二十六條之情形，或因緊急事項召集臨時會議者，不在此限。

第二十九條　本會會員大會開會時由常務理事組織主席團輪值主席。

第三十條　本會會員大會決議以會員代表過半數之出席，出席代表過半數之同意行之，出席代表不滿過半數者，得行假決議，在三日內將其結果通知各代表，於一星期後二星期內重行召集會員大會，以出席代表過半數之同意討論行假決議，行其決議。

第三十一條　左列各款事項之決議，以會員代表三分之二以上之出席，出席代表三分之二以上之同意行之，出席代表不滿三分之二者，得以出席代表三分之二以上之同意，行假決議，在三日內將其結果通過各代表，於一星

期後二星期內重行召集會員大會，以出席代表三分之二以上之同意對假決議行其決議：一、變更章程；二、會員之處分；三、理事監事之辭職；四、清算人之選任及關於清算事項之決議。

第三十二條　本會理事會每月至少開會一次，常務理事會至少每半月開會一次，監事會每兩月至少開會一次。

第三十三條　理事會開會時需要理事過半數之出席，出席理事過半數之同意，方能決議可否，同數時，取決於主席。

第三十四條　監事會開會時需要監事過半數之出席，出席監事過半數之同意，方能決議一切可否，同數時，取決於主席。

第三十五條　監事得列席理事會，常務監事的列席常務理事會，但無表決權。

第三十六條　理事監事開會時不得委託代表出席。

第六章　經費及會計

第三十七條　本會經費分會費事務費兩種，由會員平均分擔之。

第三十八條　會員應繳會費之數額由理事會定之。

第三十九條　會員退會時，會費概不退還。

第四十條　本會會費之預算決算於每年度終了一個月內編製報告書，提出會員大會通過，呈報主管官署並刊佈之。

第四十一條　會計年度以每年一月一日起至同年十二月三十一日止。

第四十二條　事務費之分擔每一會員至少一股，至多不得超過五十股，但因必要，得經會員大會之決議增加之事業費總額及每股數額應由會員大會決議，呈經主管官署核准。

第四十三條　前條之事業費，會員非退會時，不得請求退還，其請求並須於年度終了時爲之。

前項請求退還之事業費，其結算應以退股時本會事業之財產狀況爲準，請求退還之事業費不問原出資金種類，均可以金錢抵還，抵還事業費時，關於本會所辦理事業內之事務有未了結者於了結後計算，並分配其盈虧。

第四十四條　本會會員對於本會興辦事業之責任，得以照辦之決議於擔任股額外另負定額之保證責任，以前提退還事業費之會員對於前項之保證責任於退還事業費後經過二年，始得解除。

第四十五條　本會事業費之預算決算依本章程第三十九條之程序辦理。

第四十六條　本會事業費總額及每股金額之變更，保證責任之規定，或本會事業費之停止，均應依法決議後呈報主管官署，事業停止後，所營事業之財產，應依法辦理清算。

第七章　附則

第四十七條　本章程未規定事項悉依商業同業公會發及商業同業公會發實施細則辦理之。

第四十八條　本章程如有未盡事宜，經會員大會決議呈請成都市政府修改之。

第四十九條　本章程經會員大會決議呈准成都市政府備案施行，並呈報財政部及經濟部備案。

（七）《成都市銀行商業同業公會辦事細則》1948 年 3 月 4 日

第一條　本細則根據本公會章程第二十六條規定訂定之。

第二條　本公會會務由理事長及常務理事依照法令章程規則或議決案執行之。

第三條　本公會理事會設置秘書一人，商承理事長及常務理事，並督辦事務所職員，處理日常事務。

第四條　本公會事務所一切事物由幹事負責，秉承常務理事之意旨或指導辦理之。

本公會收到文件應先送理事會，秘書擬定辦法送請理事長及常務理事批閱。

第六條　凡來文經最後決定辦法後，應由幹事分發有關人員確定照辦。

第七條　本公會一切稿件須由秘書擬妥，送由常務理事會覆核後，再行善校印發。

第八條　本公會文稿如遇急件，得先請理事長判行後提前繕發，然後再將稿件送請其它常務理事補行簽閱。

第九條　本公會笺函、公函、代電及通知由秘書負責，蓋用公會圖記條章或理事長簽字章，發出至呈文則須經理事長簽章發出。

第十條　本公會所有一切收發文件處在每日收發文薄掛號外，應另行編號，分別歸檔，妥為保管，傳達傳送文件應以送件薄送請收件人簽章為憑。

第十一條　本公會會員大會及理事會常務理事會之決議錄，經主席簽署後除分發有關人員照案辦理外，並將原紀錄薄交秘書妥為保管。

第十二條　本公會事務所各服務人員，如有何項建議或請示事件，應繕具簽呈送至呈核核批。

第十三條　本公會收入各種會費並其它收益，概須送存指定之銀行，一切支付均應以支票向存款銀行動支，所有一切經費開支均由會計員填具支票轉請理事長核簽撥付。

第十四條　本公會一切收支款均應填製傳票，以憑登帳並由財務理事簽核。

第十五條　本公會對外單據除經常會費適用市府制定收據格式，應由理事長具章外，悉以財務理事簽章爲憑。

第十六條　本公會支付款由會計員填製傳票，經財務理事照預算案或決議案簽准，得暫行照付（庶務員得長存小款以備零星用項），該項支付並應黏附收款人之憑證。

第十七條　本公會開支款項除遇鉅額專戶得隨時請領外，其餘日用開支應由會計員於每月月終彙齊傳票單據，填具請款書並附開支票送請理事長核簽出賬。

第十八條　本公會收支賬目應由經辦人員於每月終造具表報，經財務理事覆核後，送請常務理事會查核備案。

第十九條　本公會每屆年終，應由財務理事編製全年度收支決算報告，經常務理事會核閱後，提交理事會審查，再提出會員大會通過。

第二十條　本公會每年度開支預算書，應由理事會遵照成都市政府規定編造，經監事會審定後，提交會員大會常會通過施行，凡是超過預算之經常開支，須經會員大會之決議認可。

第二十一條　平時如遇到捐款或特別開支，須提經理事會議決通過，向各會員徵收臨時會費一次，方得支付，並於年終彙刊報告，請求會員大會之追認。

第二十二條　本公會賬冊單據及重要文件均應保存十年。

第二十三條　本公會應備大事記及日常工作日記兩種，以備將來查閱參考。

第二十四條　本公會辦公時間除星期日及例假外，定爲每日上午九時至十二時，下午一時至五時，如有重要事務未法於辦公時間以內了結者，得延長時間辦理之。

　　第二十五條　本公會職員上下午到會時，須於簽到薄上簽到，遲到或早退均須於簽到薄上注明。

　　第二十六條　本公會職員因事請假，須經常務理事會核准，並將經辦事件點明以利工作。

　　第二十七條　本細則經常務理事會決議，報請理事會備案或施行，其修改時亦同。

（八）《成都市銀行業同業公會會員營業規程》1934 年

　　第一條　本規程係成都市銀行業同業公會各會員銀行公訂共守之營業規則，故定名爲成都市銀行業同業公會會員銀行營業規程。

　　第二條　營業時間：一、每年九月一日起至次年五月三十一日止，每日自上午十鐘起至下午一鐘止，下午二鐘起至四鐘止；二、每年六月一日起至八月三十一日止，每日自上午九鐘起至正午十二鐘止，下午一鐘起至三鐘止；三、每星期六日下午休息（但各行向例不休息者得照舊辦理，惟須報明公會備案）。

　　第三條　例假日期如下：一、星期日（如遇比期日照常辦事，設有向例只休息半日者仍得照舊辦理，但須報明公會備案）；二、國曆新年休假三日自一月一日起至三日止；三、總理逝世紀念日（三月十二日）；四、革命政府紀念日（五月五日）；五、結息日（六月二十日及十二月二十日）；六、結賬日（七月一二兩日）；七、國慶紀念日（十月十日）；八、總理誕辰日（十一月十二日）；九、擁護共和紀念日（十二月二十五日）；十、銀行之習慣休假隨時由公會酌定通告之。

　　第四條　營業範圍如下：一、各種定期活期及儲蓄存款；二、各種定期活期放款；三、票據貼現；四、國內外匯兌及押匯；五、買賣生金銀；六、買賣各種有價證券；七、信託業務；八、政府委託代理及特許業務；九、其它關於銀行之事務。

　　第五條　利率：一、存款利率分活期定期兩種，統視市上供求之緩急酌中釐定之；二、押款利率亦分活期定期兩種，統視市上供求之緩急酌中釐定之；三、貼現放款利率視市上供求之緩急酌中釐定之；四、透支利率以往存利率爲底碼，復視市上供求之緩急酌中照加之；五、同業互相借貸款其利率由雙方隨時議定之。

第六條　行市：一、國內匯兌行市每日由銀行公會將各通商巨埠匯兌行市通知各會員銀行，懸牌公佈；二、國外匯兌行市每日由銀行公會將各國匯兌行市通知各會員銀行，懸牌公佈。

第七條　營業準備金：同業中營業準備金除發行紙幣應照法定成數存儲現款準備金外，其餘之對外負債亦應存儲相當現金，準備金至少在其總額百分之二十以上，並須加儲保證準備，至少在百分之十以上（保證準備以最富於流通性之票據及有價證券充之）。

第八條　會員銀行互相往來：會員銀行在每日票據交換後，其差額應以現金交付。

第九條　各項重要單據及手續：

一、定期存單：須由經副襄理或有權代理經副襄理簽章之重要職員簽字蓋章為憑，並須由存款人於存款時留存印簽，為將來到期取款時核對之用，如其不願留存印簽，要求銀行到期憑單付款，銀行亦得允從其請，惟不付一切危險責任。

二、存摺：各種存摺上之簽字蓋章手續與本條第一項相同，亦須由存款人留存印簽，為取款時核對之用，如其不願留存印簽，要請銀行憑摺付款，銀行亦得允從其請惟不負一切危險責任（但以支票取款之往來存款其存摺只作對賬之用不憑支取）。

三、支取：往來戶欲用支票時，應由存款人留存印簽以便銀行驗對付款，每張支票額至少應在五元以上，否則銀行得拒絕支付（其詳細辦法詳各行支票使用法）。

四、本票：本票簽字蓋章手續亦與本條第一項相同並分記名及不記名二種。

五、匯票：匯票上簽字蓋章手續與本條第一項項相同，並分記名及不記名兩種，記名者應憑印章簽字付款，否則憑票付款。

六、保付支票：凡以支票請求銀行保付應由銀行加蓋保付圖章，並經重要職員簽章後方為有效，凡請求保付之支票不得添注塗改，既經保付後如發現添注塗改，其保付應即失效。

七、各種款項收據、抵押品收據及信託業務之收據上簽字蓋章手續亦與本條第一項相同，惟不得於收據上指定之事實及期限以外發生效力。

八、各種借據證書應照銀行公會所訂借款規程縝密辦理，並需由借款人依法黏帖印花，以昭慎重。

九、凡到期匯票及各項正式收據或其它票面數額確定之單據，經銀行加蓋保付章後，與保付支票本票有同等效力。

第十條　各種單據掛失止兌辦法：

一、各種摺據：如遇水火盜竊或途中遺失，准邀同殷實保證人繕具正式信函向存款銀行聲明理由掛失付，並登著名報紙一份聲明作廢，同時向地方官廳存案備查，兩個月後如無糾葛方可由存款人邀同殷實保證人或殷實商號為銀行所信任者，出立保證書向存款銀行要求補給摺據，倘掛失期內發生糾葛應在存款人理清後補給摺據，對於其它方面不付任何責任，其掛失之摺據即作無效，如存款人照票據法第十五條及第十六條之規定辦理亦可。

二、定期存單：在未到期之先如被遺失，由存戶請求掛失止付時即與本條第一項同一辦法補給新單，但未掛失以前倘希憑單支取而款以付出時銀行概不負責。

三、不記名本票：關係銀行信用至深且巨，無論何人凡執有此項本票者均作為現款之用，倘顧客向銀行請求出立本票或已付出行使或已買貨或已貼現，查明確實有帳可稽有貨可指，如自受愚騙票入人手或監守自盜並另有別種關係，無論何時不得向銀行掛失止付，如實被水火盜竊或確係中途遺失者，應由失主覓具殷實保證人為銀行所信任者出具保證書，經銀行審查手續合格後，得允准暫時止付，即有銀行將款項送交銀行公會暫為保管，同時由失主登報存案，經兩個月後毫無糾葛發生時再行付款，倘另有糾葛被銀行查出，雖請求掛失止付不生效力，如未來掛失之先款已付出，銀行不負責任。

四、記名本票：倘有遺失其一切手續應與本條第一項同一辦法。

五、匯票：分記名不記名兩種，記名匯票如有遺失其辦法與本條第一項同，不記名匯票如有遺失其辦法與本條第三項同。

六、支票：如有遺失在未付之先得掛失止付。

七、保付支票：凡執票人向銀行請求保付，一經銀行保付後不得止付，但在銀行尚未付款之前該票所有者確因盜竊或遺失，可邀同殷實保證人出具保證書證明事實，經銀行認可者亦得掛失止付，其一切手續與本條第三項同一辦理。

八、照票：專為驗對票據之真偽有無糾葛及曾否掛失止付起見，來照時由銀行重要職員驗明，無誤即行蓋章，照票後如有糾葛其辦法與本條第三項同。

九、各存戶所執各銀行之支票薄及往來摺，均須謹慎收存，如有遺失等

情應即通知銀行，未通知以前倘有持票摺滋生事端，銀行概不負責。

第十一條　各銀行逐日代收到期各票，倘遇立票人不測，雖票面塗銷而銀未收到，次日仍將原票退還原家，惟不得遲至三日，倘遲延三日尚未退還時歸持票人自理。

第十二條　不記名本票及保付支票遺失，有人拾到得將原票送還者得照每千元酬洋十元正。

第十三條　凡收解款項其票據上加蓋公會抵解圖章字樣者概在公會抵解。

第十四條　本規程分呈財政部實業部成都地方法院及當地主管官署立案，並交各日報公佈

第十五條　本規程於民國二十三年三月十三日起施行，如有未盡事宜隨時由銀行公會酌定之。

二、有關統計表

（一）成都銀行公會歷任主席（理事長）統計表

任職時間	姓　名	備　註
1934 年 5 月	胡濬泉（主席）	新選
1936 年 7 月	黃墨函（主席）	新選
1938 年 8 月	丁少鶴（主席）	新選
1939 年 12 月	丁少鶴（主席）	留任
1940 年 12 月	胡信成（主席）	原任主席丁少鶴因事離蓉，胡信成代理
1941 年 12 月	唐慶永（主席）	因公會主席胡信誠因事離省，推舉上海銀行經理唐慶永代理主席
1942 年 11 月	陳梓材（主席）	因公會主席唐慶永因事離省，推舉聚興成銀行經理陳梓材代理主席
1943 年 8 月	袁玉麟（理事長）	依照國民政府 1942 年頒佈《非常時期團體組織辦法》，公會改委員制為理事制
1945 年 9 月	袁玉麟（理事長）	連任
1947 年 9 月	趙丕休（理事長）	新選
1949 年 9 月	趙丕休（理事長）	連任

說明：本表是根據相關資料整理而成

（二）成都市各銀行概況表（1946 年統計）

名　　稱	總行所在地	成都分行創立時間	成都分行負責人	成都分行所在地
四明商業儲蓄銀行	上海遷到重慶	1943 年 2 月	張子豐（李景翰）	春熙路北段 2 號
四川美豐銀行	重慶	1934 年 1 月	沈仁波	成都署襪街
金城銀行	上海遷到重慶	1937 年 10 月	鄧君直	成都署襪街
光裕銀行	重慶	1943 年 4 月	周恩驤	南頭溝巷 23 號
川康平民商業銀行	重慶	1937 年 9 月	袁玉麟	中新街
通惠實業銀行	重慶	1940 年 3 月	鄧微心	華興街 45 號
永利銀行	重慶	1943 年 3 月 18	岳宗穆（淩蕭如）	南新街
川鹽銀行	重慶	1934 年 3 月	牟品三	中新街
和成銀行	重慶	1938 年 1 月	柴子仁	北新街
勝利銀行	重慶	1943 年 11 月	黃星橋	上北打金街
山西裕華銀行	重慶	1939 年	李自箴	提督東街
建業銀行	重慶	不詳	黃肇奧	湖廣館街 48 號
亞西實業銀行	重慶	不詳	張文江	署襪北三街
四川建設銀行股份有限公司	重慶	1943 年 6 月	胡民翼	中新街
永美厚銀行	重慶	1943 年 9 月 8 日	楊筆甫	南新街
華康銀行	重慶	1942 年 7 月 7 日	劉進之	署襪北二街
豫康銀行	成都	1941 年 3 月	高伯文	北新街 49 號
四川興業銀公司成都分公司	重慶	1944 年 8 月 22 日	鄭祖蔭	城守東大街 84 號
上海商業儲蓄銀行	重慶	1938 年 4 月	許良懷	中新街
郵政儲金彙業局	重慶	1943 年 2 月 17 日	程大文	--
重慶銀行	重慶	1933 年	趙丕休	春熙路
聚興誠銀行	重慶	1915 年 6 月	陳梓材	華興街
昌泰銀行	成都	1941 年 9 月	莫劍鳴	中新街

名　稱	總行所在地	成都分行創立時間	成都分行負責人	成都分行所在地
成都商業銀行	成都	1938 年 7 月	林竹村	北新街三十二號
中國通商銀行	重慶	1944 年 3 月 20 日	湯授武	東華正街 32 號
長江實業銀行	昆明	1941 年 2 月	宋瑞瑞	署襪北街
華康銀行	重慶	不詳	李時輔	中新街
濟康銀行	雅安	1941 年 7 月 24 日	孫卓章	北新街 25 號
其昌銀行	成都	1941 年 9 月	王作賓	南頭溝巷 24 號
克勝銀行	成都	1941 年 10 月 10 日	蕭良村	上中東大街
裕豐銀行	成都	1942 年 11 月 1 日	周叔彭	北新街 316 號
雲南益華商業銀行	昆明市	1941 年 1 月	劉百朋	華興街
華慶豐銀行	成都	1944 年 10 月	陳安策	北新街 50 號
匯通銀行	成都	1944 年 11 月	楊茂如	走馬街
四川省銀行	重慶	1935 年 11 月	楊宗序	署襪中街
雲南興文銀行	昆明	1943 年 4 月	張麓生	城守東大街
中國農民銀行	重慶	不詳	韓松鵠	春熙路
中央銀行	重慶	1935 年 8 月	楊延森	署襪北三街
同心銀行	重慶	1943 年 1 月	余漢陶	總府街
陝西省銀行	西安	1938 年 1 月	卞敏哉	新玉沙街
重慶商業銀行	重慶	1933 年 7 月	趙丕休	春熙路
大川銀行	重慶	1940 年 9 月	鄭隆軒	北新街 26 號
中國通商銀行	重慶	1943 年 2 月	陳夒石	東轅門街
川鹽銀行	重慶	1934 年	李叔聲	中新街
雲南實業銀行	昆明	1943 年 4 月 8 日	寧季瞻	西東大街
福川銀行	成都	1942 年 11 月 26 日	陳尹文	西東大街
族昌銀行	成都	1943 年 5 月 4 日	彭奠安	城守東大街
信華銀行	成都	1943 年 1 月	李元泊	北新街 31 號
中國工礦銀行	上海	1946 年	曾國成	青年路
華慶豐銀行	成都	1944 年 10 月	陳安策	北新街 50 號
華西商業銀行	重慶	1944 年 8 月	趙顯洲	東大街
四川商業銀行	重慶	1946 年 8 月	文介藩	北新街

名　稱	總行所在地	成都分行創立時間	成都分行負責人	成都分行所在地
華孚商業銀行	成都	1941 年 9 月 20 日	葛利民	西東大街 22 號
成都交通銀行	上海	1938 年 6 月	沈青山	署襪中街
怡豐銀行	重慶	1946 年 7 月 5 日	李叔義	南新街 14 號
和通商業銀行	重慶	1945 年	祁壽山	提督東街
四川農工銀行	重慶	1946 年 8 月 22 日	李昌東	走馬街 50 號
新亞銀行	成都	1944 年	由新亞銀號改行	

說明：本表是根據四川省檔案館、成都市檔案館有關各銀行的檔案史料統計而成。

參考文獻

一、檔案資料

1. 成都市檔案館：全宗號 104（成都市商會與銀行公會檔案），目錄號 1，案卷號 188、189、190、191、192、194、199、203、208、213、215、223、227、228、229、231、232、234、237、238、241、244、248、250、259、262、269、291、294、308、348、408、414、473、562。

2. 四川省檔案館：歷史資料目錄（一）綜合類，1.41/1：《國民政府公佈商會法工商同業公會法》，民國十八年十月。

3. 四川省檔案館：1.33/1：《社會團體組織須知》，民國三十二年六月。

4. 四川省檔案館：歷史資料目錄（六）財政經濟類，6.32/3：《全國銀行年鑒》，民國二十三、二十四年。

5. 四川省檔案館：歷史資料目錄（六）財政經濟類，6.38/3，《金融法規大全》，民國三十六年八月。

6. 四川省檔案館：歷史資料目錄（六）財政經濟類，6.40/3，《金融法規續編》，民國三十一年六月。

7. 四川省檔案館：歷史資料目錄（六）財政經濟類，6.455/3，《四川金融》。

8. 四川省檔案館：歷史資料目錄（六）財政經濟類，6.460/3，《四川省銀行業分佈之分析》。

9. 四川省檔案館：歷史資料目錄（六）財政經濟類，6.468/3，《中華民國銀行商業同業公會聯合會成立大會紀念刊》。

10. 四川省檔案館：歷史資料目錄（六）財政經濟類，6.20-（1）/4，《四川省統計年鑒》（第七冊）。

11. 四川省檔案館：全宗號 71（中國農民銀行成都支行檔案），案卷號 495、

1939。

12. 四川省檔案館：全宗號 72（四川省銀行檔案），案卷號 3581。

13. 四川省檔案館：全宗號 74（成都區銀行監理官辦公處檔案），案卷號 27、117、199、586。

14. 四川省檔案館：全宗號 77（川鹽銀行成都分行檔案），案卷號 2、5、8。

15. 四川省檔案館：全宗號 81（山西裕華銀行成都分行檔案），案卷號 1、9。

16. 上海市檔案館：全宗號 275（上海商業儲蓄銀行檔案），目錄號 1，案卷號 2130。

17. 天津檔案館編：《天津商會檔案彙編（1912～1928）》（1），天津人民出版社 1992 年版。

二、民國時期的報刊資料

1. 《銀行雜誌》第 1 卷第 2 號，1923 年 11 月 16 日。

2. 《銀行周報》第 2 卷第 30 號，1918 年 8 月 6 日

3. 《銀行周報》第 5 卷第 15 號，1921 年 4 月 26 日。

4. 《四川官報》光緒乙巳年，第 23 冊。

5. 《四川官報》丁末年第 12 冊，「新聞」。

6. 《彙報》1905 年 6 月 28 日，第 8 期，第 41 號，「時事」第 314 號。

7. 《商務官報》戊申第 25 冊，「公司註冊各案摘要」。

8. 《四川省公安局工作年報》1934 年。

9. 《國民政府公報》1929 年 8 月 17 日。

10. 《國聞周報》1925，第 2 期，第 19 號。

11. 《興中日報》1940 年 4 月 21 日。

12. 《中央日報》1945 年 9 月 27。

13. 《中央日報》1939 年 11 月 17 日。

14. 《新蜀報》1946 年 4 月 25 日。

15. 《新新新聞》1946 年 2 月 15 日，第 9 版。

16. 《新新新聞》1934 年 6 月 25 日，第 3 版。

17. 《新新新聞》1947 年 1 月 7 日，第 10 版。

18. 《成都市市政公報》第十五期，民國十八年十二月。

19. 《經濟類鈔》第 2 輯，1923 年。

20. 《四川經濟季刊》第 1 卷第 4 期，1944 年 9 月 15 日。

21. 《四川經濟月刊》1937 年第 8 卷第 4 期。

三、史料集與論著

1. 中國第二歷史檔案館編：《中華民國檔案資料彙編》第三輯「農商」（二），
   江蘇古籍出版社，1994 年。

2. 中國第二歷史檔案館編：《中華民國檔案資料彙編》第五輯第一編「財政
   經濟」（八），江蘇古籍出版社，1991。

3. 彭澤益主編：《中國工商行會史料集》（上），中華書局，1995 年版。

4. 田茂德、吳瑞雨編：《民國時期四川貨幣金融紀事（1911 年～1949 年）》，
   西南財經大學出版社，1989 年。

5. 沈雲龍主編：《近代中國史料叢刊》第三編，第 24 輯，臺北，文海出版
   社，1988 年。

6. 上海銀行公會編：《上海市銀行業同業公會會務報告彙編》（第一集），1938
   年。

7. 楊瑞六編著：《清代貨幣金融史稿》，生活・讀書・新知三聯書店，1962
   年。

8. 盛宣懷：《請設銀行片》，《皇朝經世文新編》卷 2，《愚齋存稿》第 1 卷。

9. 《中國近代經濟史研究資料》第 4 輯，上海社科院出版社 1985 年版。

10. 張肖梅編：《四川經濟參考資料》，上海中國國民經濟研究所 1939 年刊。

11. 中國第二歷史檔案館編：《中華民國史檔案資料彙編》第三輯，金融（一），
    江蘇古籍出版社，1991 年。

12. 《抗戰時期大後方經濟》第二輯，四川大學出版社 1989 年版。

13. 溫賢美主編：《四川通史》第七冊，四川大學出版社，1994 年。

14. 實業部總務司、商業司編：《全國工商會議彙編》第一編，京華印書館，
    1931 年。

15. 秦孝儀主編：《革命文獻》第 74 輯（臺灣），中華民國六十七年版。

16. 成都市政協文史資料委員會編：《成都文史資料選輯》第 8 輯，1985 年。

17. 成都市政協文史資料委員會編：《成都文史資料選輯》第 12 輯，1985 年。

18. 成都市政協文史資料委員會編：《成都文史資料選輯》1988 年第 3 輯，
    1988 年。

19. 成都市政協文史資料委員會編：《成都文史資料選輯》1989 年第 4 輯，
    1989 年。

20. 四川地方志編撰委員會：《四川省志・金融志》，四川辭書出版社，1996
    年。

21. 中國第二歷史檔案館等合編：《中華民國金融法規檔案資料選編》，檔案
    出版社，1989 年。

22. 重慶市檔案館、重慶人民銀行金融研究所編：《四聯總處史料》，檔案出版社，1993 年。

23. 四川省政協文史資料委員會編：《四川文史資料集粹》第三卷經濟工商編，四川人民出版社，1996 年。

24. 中國人民政治協商會議四川省委員會文史資料研究委員會編：《四川文史資料選輯》第 39 輯，1991 年。

25. 吳晉航：《四川防區制時期金融貨幣紊亂情況》，《文史資料選輯》第 10 輯，中華書局 1960 年版。

26. 《近代史資料》1978 年第 1 期。

27. 《近代史資料》1981 年第 2 期。

28. 沈春雷主編：《中國銀行年鑒》，文海出版社（臺灣），1979 年影印本。

29. 付崇榘：《成都通覽》，宣統二年（1910）刊印。

30. 四川省文史研究館編：《四川軍閥史料》第 4 輯，四川人民出版社，1987 年。

31. 四川省文史研究館編：《四川軍閥史料》第 5 輯，四川人民出版社 1988 年。

32. 周開慶：《四川經濟志》，臺灣商務印書館發行，1972 年。

33. 周開慶：《民國川事紀要》，臺灣四川文獻研究社印行，1974 年。

34. 隗瀛濤主編：《四川近代史稿》，四川人民出版社，1990 年。

35. 匡珊吉、楊光彥主編：《四川軍閥史》，四川人民出版社 1991 年版。

36. 《四川文獻》，1964 年 7 月。

37. 工商部工商訪問局編印：《商會法、工商同業公會法詮釋》，1930 年。

38. 黃鑒輝著：《中國銀行業史》，山西經濟出版社，1994 年。

39. 姜宏業主編：《中國地方銀行史》，湖南出版社，1991 年。

40. 張郁蘭著：《中國銀行業發展史》，上海人民出版社，1957 年。

41. 程霖：《中國近代銀行制度建設思想研究》，上海財經大學出版社，1999 年。

42. 洪葭管：《在金融史園地裏漫步》，中國金融出版社，1990 年 03 月第 1 版。

43. 唐傳泗、黃漢民：《試論 1927 年以前的中國銀行業》，《中國近代經濟史研究資料》第 4 輯，上海社科院出版社 1985 年版。

44. 西南財經大學經濟研究所編：《中國金融史》，西南財經大學出版社 1993 年版。

45. 王志莘：《中國之儲蓄銀行史》，商務印書館 1934 年版。

46. 馬克思:《資本論》第 3 卷,人民出版社 1975 年版。

47. 呂平登:《四川農村經濟》,商務印書館,1936 年。

48. 何一民主編:《變革與發展:中國內陸城市成都現代化研究》,四川大學出版社,2002 年版。

49. 重慶金融編寫組編:《重慶金融(上卷)》,1991 年 8 月第 1 版。

50. 洪葭管編著:《金融話舊》,中國金融出版社。

51. 朱英著:《近代中國商會、行會及商團新論》,中國人民大學出版社,2008 年。

52. 榮孟源:《中國國民黨歷次代表大會及中央全會資料》下冊,光明日報出版社,1985 年版。

53. 中國人民政治協商會議西南地區文史資料協作會議編:《抗戰時期西南的金融》,西南師範大學出版社,1994 年。

54. 壽進文:《戰時中國的銀行業》1944 年版。

55. 劉慧宇著:《中國中央銀行研究(1928~1949)》,中國經濟出版社,1999 年版。

56. 鄭成林:《從雙向橋梁到多變網絡——上海銀行公會與銀行業(1919~1936)》,華中師範大學博士學位論文,2003 年 6 月。

57. 魏文享:《民國時期工商同業公會研究》,華中師範大學博士學位論文,2004 年 6 月。

58. 王晶:《上海銀行公會研究(1927~1937)》,復旦大學博士學位論文,2003 年 6 月。

59. 張天政:《上海銀行公會研究(1937~1945)》,復旦大學博士學位論文,2004 年 6 月。

60. 李柏槐:《民國時期成都工商同業公會研究》,四川大學博士學位論文,2005 年 6 月。

61. 時廣東:《1905~1935:中國近代區域銀行發展史研究——以聚興成銀行、美豐銀行為例》,四川大學博士學位論文,2005 年 6 月。

62. 孫利霞:《成都市商會研究》四川大學碩士學位論文,2004 年 6 月。

63. 胡建敏:《民國時期杭州銀行公會研究(1930~1937)》,浙江大學碩士學位論文,2006 年 6 月。

64. 李燕:《1917~1927 年的上海錢業公會》,東華大學碩士學位論文,2006 年 6 月。

65. 劉俊峰:《民國漢口錢業組織研究(1919~1938)》,華中師範大學碩士學位論文,2007 年 6 月。

67. 潘承俘:《中國之金融》,上海大東圖書公司 1908 年版。

68. 中國銀行編印：《各省金融概略》，1915 年版。

69. 謝霖：《銀行制度論》，中國圖書公司印刷所 1917 年版。

70. 賈士毅：《民國財政史》，上海商務印書館 1917 年版。

71. 馬寅初：《中華銀行論》，商務印書館 1929 年版。

72. 徐寄廎：《最近上海金融史》華豐印刷鑄字所印，1932 年增改第三版。

73. 郭榮生：《中國省地方銀行概況》，重慶中央銀行經濟研究處 1945 年版。

74. 沈雲蓀：《辛亥革命時期的上海中華銀行》，《近代史資料》1958 年第 2 期。

四、論文

1. 杜恂誠：《北洋政府時期華資銀行業內部關係三個層面的考察》，《上海經濟研究》1999 年第 5 期。

2. 高青山：《中國近代銀行性質及作用芻議》，《求是學刊》，1997 年第 1 期。

3. 黃鑒暉：《中國通商銀行是在銀號基礎上改組的嗎?》，1963 年 6 月 30 日《光明日報》，第 4 版。

4. 何益忠：《變革社會中的傳統與現代》，《復旦學報》，1998 年 3 月。

5. 金研：《清末中國自辦的第一家銀行——中國通商銀行史料》，《學術月刊》1961 年第 9 期。

6. 金洪文：《從一家銀行看民族資本家對勞動人民的剝削——上海商業儲蓄銀行解放前的歷史調查》，1965 年 6 月 20 日《解放日報》，第 4 版。

7. 李一翔：《近代中國工業化進程中的銀行與企業關係》，《改革》1998 年第 3 期。

8. 李勇軍、劉俊峰：《漢口錢業公會與地方政府的互動關係（1928～1938）探析》，《中南民族大學學報（人文社會科學版）》2009 年 7 月。

9. 李光香、李怡：《試論中國近代銀行的發展》，《雲南財貿學院學報》，2000 年 12 月。

10. 馬長林：《民國時期上海金融界銀團機制探析》《檔案與史學》，2000 年第 6 期。

11. 李柏槐：《民國時期成都同業公會的行業管理》，《四川大學學報（哲學社會科學版）》，2005 年第 2 期。

12. 李德英：《同業公會與城市政府關係初探——以民國時期成都為例》，《城市史研究》第 22 輯，天津社會科學出版社，2004 年。

13. 吳景平：《從銀行立法看 30 年代國民政府與滬銀行業關係》，《史學月刊》，2001 年第 2 期。

14. 吳景平、王晶：《「九一八」事變至「一二八」事變期間的上海銀行公會》，

《近代史研究》2002 年第 3 期。

15. 吳景平：《評上海銀錢業之間關於廢兩改元的爭辯》，《近代史研究》2001 年第 5 期。

16. 吳景平：《上海銀行公會改組風波（1929～1931）》，《歷史研究》2003 年第 2 期。

17. 吳景平：《近代中國金融中心的區域變遷》，《中國社會科學》，1994 年第 6 期。

18. 吳景平：《從銀行立法看 30 年代國民政府與滬銀行業關係》，《史學月刊》，2001 年第 2 期。

20. 魏文享：《近代工商同業公會的政治參與（1927～1947）》，《開放時代》2004 年第 5 期。

21. 魏文享：《制約、授權與規範——試論南京國民政府時期對同業公會的管理》，《華中師範大學學報（人文社會科學版）》2004 年 7 月。

22. 魏文享：《近代工商同業公會的慈善救濟活動》，《江蘇社會科學》，2004 年第 5 期。

23. 魏文享：《近代工商同業公會研究之現狀與展望》，《近代史研究》，2003 年第 2 期。

24. 王曉暉：《南京國民政府法幣政策述評》，《湖南省政法管理幹部學院學報》，2002 年 12 月。

25. 王能應：《南京國民政府時期的貨幣制度改革》，《湖北行政學院學報》，2004 年第 3 期。

26. 王業興：《論民國初年中國金融業近代化趨向》，《學術月刊》，1999 年第 9 期。

27. 王紅曼：《四聯總處與戰時西南地區的金融業》，《貴州社會科學》，2005 年 5 月。

28. 王紅曼：《四聯總處與西南區域金融網絡》，《中國社會經濟史研究》，2004 年第 4 期。

29. 徐鼎新：《舊上海工商會館、公所、同業公會的歷史考察》，《檔案與史學》，1999 年第 4 期。

30. 鮮明：《芻議歷史上四川貨幣金融的幾個特點》，《四川金融》，1996 年第 8 期。

31. 楊健吾：《民國時期康區的金融財政》，《西藏研究》，2006 年 8 月。

32. 朱華、馮紹霆：《崛起中的銀行家階層——上海銀行公會早期活動》，《檔案與史學》，1999 年第 4 期。

33. 鄭成林：《上海銀行公會與近代中國銀行信用制度的演進》，《浙江學刊》

2007 年第 4 期。

34. 鄭成林：《上海銀行公會與近代中國幣制改革述評》，《史學月刊》2005
    年第 2 期。

35. 鄭成林：《上海銀行公會與銀行法制建設述評（1927～1936）》，《華中師
    範大學學報（人文社會科學版）》2004 年 7 月。

36. 張天政：《「八一三」時期的上海銀行公會》，《抗日戰爭研究》2004 年第
    2 期。

37. 張天政：《略論上海銀行公會與 20 世紀 20 年代華商銀行業務制度建設》，
    《中國經濟史研究》，2005 年第 2 期。

38. 朱英：《同業公會——中國近現代社會經濟史研究的新領域》，《華中師範
    大學學報（人文社會科學版）》2004 年 5 月。

39. 朱英：《近代中國同業公會的傳統特色》，《華中師範大學學報（人文社會
    科學版）》，2004 年 5 月。

40. 趙雲旗：《論國民政府初期的財政金融改革》，《財政研究》，2002 年第 10
    期。

後　記

　　本書是在我博士論文的基礎上修改而成。從幾年前博士論文的定稿到現如今出版成書，歷時已近六年。回首十二年前，已屆而立之年的我毅然放棄效勞七年的工作單位，懷揣夢想，憑藉尚存一點的「青春激情」，來到千里之外的蓉城，投向素有「西部第一學術殿堂」美譽的四川大學的懷抱。曾以爲這裏就是夢想開始的地方，然而尚未體驗「學術」的眞意，三年碩士生活就在興奮、迷茫、懵懂中悄悄溜走，終於在三年後栀子花開的沁人芬芳裏漸行漸遠。我不願就這樣來去匆匆，不想在「揮一揮手，不帶走一片雲彩」的瀟灑轉身裏和川大說再見。於是，當同學們都在憧憬著碩士畢業之後的美好生活時，我毅然決然走進教室，重拾英語，備考川大歷史文化學院博士研究生。經過幾個月的艱苦奮戰，我終於如願以償，拜到敬慕已久的陳廷湘教授門下。博士三年，何其之苦，難以名狀：期刊發表如何之難、挖掘資料如何之艱、論文寫作如何之苦、思想壓力如何之重，幾乎每天如履薄冰。我並非無病呻吟，可能是我天資駑鈍，冥頑不靈，所以才有此感觸。經歷了這三年，雖不能說是人生中的一次華麗蛻變，但確實影響了我的人生之路和我對待人生的態度，影響了我的現在和將來。

　　2010 年畢業至今，一直任職於四川農業大學馬克思主義學院。幾年來，工作及職稱晉升的壓力、生計的奔波勞碌、科研的焦頭爛額，使我一直無法靜下心來對博士論文進行精心打磨，沒有公開出版。從去年下半年至今，因工作生活上的壓力稍有放鬆，我騰出時間對博士論文進行了整理和修改。今呈奉讀者面前的這部著作雖耗費了不少心力，仍有一些瑕疵。猶如捕魚之網，捕些魚覺得完整，擱在水中，其殘缺即顯。懇請各位讀者賜教。

如今，著作付梓出版之際，心裏生出萬千感慨。這讓我想起在每一齣盛大的頒獎典禮上，獲獎嘉賓無不重複著這樣的感激「感謝我的領導、上司、老闆！感謝我的同事！感謝我的……！等等」。我不願意千篇一律地老生常談，可是此時此刻心中的感激充盈，必須「情動而言形」了。

感謝恩師陳廷湘教授，是恩師給了我人生一個新的機會。先生德才雙馨，博學強識、求實嚴謹，為學、為人都讓我深受啟發。這篇論文從選題的確定、提綱的調整、資料的收集、語詞的斟酌，無不傾注著先生的心血。我會將恩師的諄諄教誨，化成永不退色的感謝、感激與感動，深深地埋藏在心中，激勵今後的人生之旅。

……

本書寫作過程中，吸收和借鑒了相關著作的研究成果，恕不一一注明，在此致以誠摯謝意。

本書的出版得到了臺灣花木蘭文化出版社的大力支持，特別對編輯們的辛勤付出說聲「謝謝！」。

由於作者力有不逮，本書還有一些不足之處，真誠地希望方家及讀者不吝賜教。

張強

2016 年 4 月 9 日